UNE HISTOIRE HORIZONTALE DE L'HUMANITÉ

BRIAN FAGAN & NADIA DURRANI

UNE HISTOIRE HORIZONTALE DE L'HUMANITÉ

*Traduit de l'anglais
par Hélène Collon*

ALBIN MICHEL

*Ce livre est publié
sous la direction de Francis Geffard*

© Éditions Albin Michel, 2021
pour la traduction française

Édition originale parue sous le titre :
WHAT WE DID IN BED : A HORIZONTAL HISTORY
Publiée par Yale University Press
© Brian Fagan et Nadia Durrani, 2019
Tous droits réservés.

Pour Matt

My Bed, de Tracey Emin,
exposé au Tate Modern à Londres en 1999.

Introduction

Groucho Marx l'a dit : « Il y a ce qu'on peut faire dans un lit et le reste. Le reste ne vaut pas cher. » Il avait sans doute raison, car à un moment ou un autre de leur histoire, les êtres humains y ont pratiquement tout fait. Dans l'Égypte ancienne, le lit représentait un lien fondamental avec l'au-delà. Au temps de Shakespeare c'était un lieu de sociabilité conviviale, et c'est entre ses draps que, lors de la Seconde Guerre mondiale, Churchill présida aux destinées de la Grande-Bretagne.
De nos jours, en revanche, le lit est relégué en arrière-plan. Les différentes thérapies du sommeil recommandent de ne s'en servir que pour dormir et faire l'amour. C'est peut-être à cause de cet exil dans la sphère intime qu'historiens et archéologues contemporains ne s'en préoccupent guère. Les publications consacrées à son histoire et aux multiples rôles qu'il a pu jouer dans nos vies sont étonnamment peu nombreuses. Pourtant, nous y passons un tiers de notre existence. Il a donc d'importantes choses à en dire. La gamme des activités auxquelles nos ancêtres se livraient au lit va de la conception à la mort, avec toutes les étapes intermédiaires. Vu le nombre infini de possibilités

qui s'ouvraient à nous pour ce livre, nous avons décidé d'y classer les lits par thème et de choisir pour vous les meilleures histoires.

Faire l'amour, naître, mourir, manger, gouverner, comploter, redouter, rêver : au fil du temps, le petit théâtre de la chambre à coucher a largement eu de quoi inspirer les artistes. Par exemple, dans l'iconographie médiévale européenne, on retrouve souvent le motif des Rois mages frappés par la révélation divine alors qu'ils se reposent tous les trois dans le même lit. Les peintres du XVIIIe siècle, eux, aimaient à représenter des dames dénudées alanguies sur un méli-mélo de draps froissés, parfois en plein désarroi face à la perspective imminente d'être enlevées par l'ennemi ou par quelque bête sauvage, telle la jeune fille du *Cauchemar* de Henry Fuseli (1781). Lorsque Jacques-Louis David peint – à la veille de la Révolution française – Socrate s'apprêtant à boire la ciguë (1787), c'est sur son lit de mort, sous les traits d'un sexagénaire vigoureux et musclé incarnant la résistance de principe face à l'injustice du pouvoir. On trouve aussi des tableaux représentant des lits en bois inoccupés, tel celui, rouge sang et désarmant, de *La Chambre* de Van Gogh (1888) ou le *Lit* de Robert Rauschenberg (1955), avec sa courtepointe mêlant vernis à ongles, dentifrice et peinture à l'huile. Plus récemment, on peut citer les œuvres conceptuelles, complexes et oniriques de la plasticienne Chiharu Shiota figurant des lits, comme dans sa série *During Sleep* (2002), qui montre des femmes en chemise de nuit blanche endormies dans des lits d'hôpital et reliées les unes aux autres par un enchevêtrement de fils noirs symbolisant une interprétation féminine de la maladie, de la faiblesse et de la mythologie.

INTRODUCTION

Mais l'une des plus célèbres représentations du lit est peut-être *My Bed* (1998), de la Britannique Tracey Emin, laquelle, sous le coup de l'inspiration, a voulu exposer son lit défait entouré de divers objets (culotte tachée de sang menstruel, bouteilles d'alcool vides, cendrier rempli de mégots, préservatifs usagés...). L'installation s'est attiré des critiques au vitriol, non seulement parce qu'on s'est demandé si c'était vraiment de l'« art », mais aussi parce que le lit est, de nos jours, considéré comme un lieu strictement privé qu'on ne voit ni n'évoque en bonne compagnie. Or, cette conception est très récente. Au début de l'ère moderne – que la facétieuse historienne Carole Shammas surnomme justement « l'Ère du lit » –, celui-ci était fréquemment installé dans la pièce principale et exposé à tous les regards : c'était le meuble le plus précieux de la famille, celui auquel elle tenait le plus.

Notre obsession remonte toutefois plus loin encore. Nous n'avons pas gardé la trace des lits de nos tout premiers ancêtres. Ceux-ci, vivant au cœur du continent africain où rôdaient de nombreux prédateurs, ont d'abord dormi dans les arbres puis, le temps passant, dans des abris rocheux, des cavernes, des campements à ciel ouvert, blottis les uns contre les autres autour d'une bonne flambée. Comment se protéger, dans le noir, contre les animaux sauvages ? Une fois apprivoisé, le feu leur prodiguait sa chaleur et permettait la cuisson des aliments, mais c'était aussi un lieu sécurisant où l'on pouvait se rassembler et, bien sûr, dormir. Il apportait lumière et réconfort dans les ténèbres des paysages primitifs où, la nuit, des bêtes cherchaient de quoi se nourrir. On imagine bien une bande de chasseurs assis autour d'un brasier, à la lueur de flammes vives palpitant dans les ténèbres. De temps à autre des yeux luisent brièvement : un animal en quête de proie ou d'ossements rejetés par les humains. Une fois le soir venu, la vie de nos ancêtres était centrée autour du foyer et de l'abri sous roche.

Les plus anciens lits connus ont été retrouvés dans une grotte d'Afrique du Sud. Enfouis dans le sol, ils ont été laissés là par *Homo sapiens* il y a quelque soixante-dix mille ans. Or, la racine protogermanique du mot anglais *bed* (« lit ») signifie justement « lieu de repos creusé dans la terre » ; non seulement les premiers lits étaient effectivement creusés, mais le lit nous a toujours servi à nous reposer, même aux époques où on y faisait beaucoup d'autres choses.

Aujourd'hui, dans nos maisons bien chauffées, nous avons tendance à oublier que nos ancêtres étaient à la merci de leur environnement et des phénomènes naturels ; leurs conditions de couchage y étaient déterminantes, en termes de chaleur comme de sécurité. Sous les températures négatives de la fin de l'ère glaciaire ou du Grand Nord canadien il y a encore deux cents ans, on se mettait au lit dès que le froid arrivait et que les jours raccourcissaient ; on hibernait, ou presque, sous un tas de fourrures. Il y a quatre mille ans, les habitants de l'île de Baffin, de l'Indépendance au bord du détroit, passaient les mois de nuit polaire dans un état de semi-somnolence, pelotonnés les uns contre les autres dans leurs « maisons d'hiver » sous d'épaisses peaux de bœuf musqué, avec à portée de main nourriture et combustible.

Aujourd'hui, des millions de personnes continuent à dormir à même la terre, le ciment ou un plancher, emmitouflées dans des couvertures ou des fourrures, ou bien

INTRODUCTION

sous plusieurs couches de vêtements. Mais l'émergence de la civilisation, il y a plus de cinq mille ans, s'est accompagnée presque partout de l'émergence du lit, tout particulièrement au sein des classes dirigeantes. En Égypte, la sécheresse du climat a préservé quelques spécimens de ces couchages. Dès le règne de Toutânkhamon, vers la moitié du XIVe siècle av. J.-C., la structure élémentaire du lit (tel que nous le concevons aujourd'hui) est bien établie, même s'il est un peu surélevé à la tête et pourvu d'un cale-pied pour empêcher le dormeur de tomber. Il existe peu de variantes de cette « estrade à dormir » mais, en creusant un peu, on en trouve d'autres. Notamment des lits-armoires, des hamacs, des lits à eau ou juchés à cinq mètres du sol. Cependant, la forme rectangulaire de base a remarquablement peu évolué au fil des millénaires et il en va de même pour le matelas dans sa plus simple expression. Le sac de toile rempli de foin, d'herbe séchée et de paille rend bien des services depuis des siècles. Quand on en avait les moyens, on en superposait plusieurs pour se mettre hors de portée des insectes et se protéger du rembourrage irritant. Les suprêmes raffinements de la literie, avec leur cortège d'astuces plus ou moins charlatanesques pour combattre l'insomnie, sont un produit de notre époque.

D'abondants travaux de recherche ont été consacrés au sommeil et à son histoire, et notamment à la pratique du « sommeil segmenté », semble-t-il très courante avant que l'électricité ne vienne muer la nuit en jour. On dormait, disons, quatre heures, après quoi on faisait l'amour, on analysait ses rêves, on priait, on accomplissait des travaux ménagers ou on commettait des crimes et délits, entre autres activités diaboliques, puis on retournait se coucher pendant plus ou moins quatre heures. Au XVIIᵉ siècle, les rues d'une ville comme Londres retentissaient encore jusqu'à trois heures du matin des cris des marchands ambulants – c'est donc qu'à ce moment-là il y avait encore des acheteurs potentiels. Certains auteurs pensent que nous devons notre ruineuse dépendance envers les somnifères au désir récent d'oblitérer ce rythme « naturel ». Pourrions-nous résoudre le problème en nous penchant sur nos anciennes pratiques en la matière ?

Le lit ne servait toutefois pas qu'à dormir, loin de là. Selon les mœurs du temps et du lieu, c'était souvent lui qui accueillait les ébats. Qui couchait avec qui, quand et comment ? Cela variait selon les sociétés. Les princes Charles et William en frémiraient d'horreur aujourd'hui à Buckingham, mais entre têtes couronnées le sexe était jadis une affaire soigneusement orchestrée. Des scribes tenaient un registre de la vie sexuelle des pharaons, ou des empereurs de Chine. En dehors des palais, les cabrioles étaient plus débridées, encore que condamnées par les autorités religieuses, lesquelles voyaient d'un mauvais œil tout ce qui contrevenait à la règle.

On a également tendance à oublier à quel point la conversation occupait une place centrale dans un monde encore sans écriture, où tout se transmettait de génération en génération par le bouche-à-oreille. Les longues nuits d'hiver étaient l'occasion, pour les anciens ou les chamanes, de conter des histoires, d'entonner des mélopées et d'invoquer de mystérieux êtres surnaturels. Ces récits étaient ressassés, on les connaissait par cœur, mais ils expliquaient le cosmos, les origines de l'humanité et les liens de celle-ci avec les forces invincibles des mondes mystique et naturel. Ainsi,

INTRODUCTION

le temps passé au lit devenait un ciment qui rapprochait les êtres dans l'amour et la connaissance. Ce lieu où l'on dormait et où l'on passait tant de temps était capital.

La « vie privée » au sens que nous lui donnons aujourd'hui est restée un phénomène inconnu pendant la majeure partie de l'histoire de l'humanité. On partageait sa couche avec de nombreuses personnes, qui représentaient la sécurité – enfants, parents, maisonnées entières ou famille élargie. Les normes sociales entourant le lit étaient souples et en constante mutation. Les compagnons de lit pouvaient changer d'une nuit à l'autre. Ce partage du couchage était notamment caractéristique du voyage, sur terre comme sur mer, jusqu'au XIXe siècle, tant en Europe qu'en Amérique, et il existe encore dans certains pays. Les auberges vous proposaient soit un lit simple, pour une personne, soit une place dans un lit commun, peu propice à la sérénité nocturne. Andrew Barclay, poète anglais du XVIe siècle, se plaignait par exemple en ces termes : « Celui-ci rue, l'autre bredouille, d'autres viennent ivres au lit. »

La chambre à coucher comme pièce distincte du logis était autrefois l'apanage des membres de la famille royale et de la noblesse, mais elle n'en servait pas moins de lieu d'expression public. Louis XIV gouvernait la France et en conduisait les affaires depuis son lit. Quant à nous, simples roturiers, il y a seulement deux siècles que nous l'avons « spécialisé » pour en faire un espace strictement privé. Cette évolution est néanmoins remise en cause par le futuriste « lit connecté », qui promet de nous raccorder subtilement à la sphère électronique. Jusqu'à la révolution industrielle, et même un peu après, le lit était un endroit à la fois pragmatique et symbolique, un décor de théâtre, en quelque sorte : le théâtre de la vie.

Et quelle scène il a offerte à la pièce qui s'y jouait ! La vie commence et s'achève le plus souvent dans un lit. Enfantements et trépas royaux faisaient l'objet d'enjeux considérables, surtout en cas de succession controversée (ce qui n'était pas rare en des temps où l'espérance de vie était limitée et où le monarque pouvait décéder à tout moment). Les empereurs de Chine et des Indes dormaient à l'écart, et sous bonne garde. Ce fut aussi le cas d'Elizabeth Ire d'Angleterre, ou encore des pharaons. Naissances et décès se déroulaient devant témoins : le *Home Secretary* (l'équivalent du ministre de l'Intérieur en Grande-Bretagne) a assisté à la naissance des héritiers de la couronne jusqu'à celle du prince Charles en 1948, date à laquelle on mit officiellement fin à cette pratique. Autre exemple : quarante-deux éminents personnages de la vie publique sont allés confirmer la venue au monde du fils du roi James II au palais Saint-James, à Londres, en 1688 – un événement qu'un historien de Cambridge a qualifié de « premier exemple de cirque médiatique autour d'une naissance royale ».

Le lit de mort a lui aussi joué un rôle symbolique, ainsi que le lit funéraire. On a retrouvé à Berel, au Kazakhstan, un tumulus-mausolée datant de 200 av. J.-C. abritant la sépulture de deux nobles scythes gisant sur de belles couches en bois. À l'extérieur de leur chambre funéraire se trouvaient onze chevaux au harnachement intact, qui reposaient eux-mêmes sur un « lit » d'écorce de bouleau. Le tout coïncide étroitement avec la croyance mongole en un dieu chevauchant dans le ciel, symbole d'un monde où le pouvoir et la survie

INTRODUCTION

dépendaient de la mobilité que permettait cet animal. Sans leurs étalons, ces chefs auraient sans doute été vulnérables.

Sous l'ère victorienne, le rassemblement autour du lit de mort est encore un rite majeur, même si la chambre à coucher ne sert plus de lieu de sociabilité (c'est désormais mal vu). À l'époque, on sépare les hommes et les femmes avec une obstination frôlant le fanatisme, notamment au sein de la classe moyenne citadine alors en cours de formation. Pour les Victoriens, la chambre à coucher devient le refuge de l'intime ; depuis, cette conception s'est répandue dans tout l'Occident. Par ailleurs, la structure élémentaire du lit évolue pour la première fois depuis des siècles : il se raffine. Les ressorts font leur apparition vers 1826 en lieu et place du traditionnel sommier de sangles ou de cordes, et le linge de lit en coton filé par les machines de la révolution industrielle envahit les armoires des demeures aisées. Par crainte de la tuberculose, on prend dorénavant soin de conserver les draps à l'abri de l'humidité omniprésente. Telle maîtresse de maison se plaint ainsi de ce que les domestiques ne fassent jamais correctement les lits, leur instinct étant plutôt de les recouvrir hermétiquement, si bien qu'ils sentent « le renfermé, ce qui est fort désagréable ». Les reconstitutions contemporaines montrent qu'il fallait au moins une demi-heure pour s'acquitter correctement de la tâche. On doit toutefois attendre les années 1970 pour que survienne une autre révolution majeure : l'invention de la couette. Finie, la corvée sans fin consistant à changer et laver drap de dessus, drap de dessous et couvertures, entre autres strates de literie.

De nos jours, le summum de la modernité en matière de lit se fait l'écho d'une société post-industrielle de plus en plus envahie par la technologie et le multitâche. Le nec plus ultra est même équipé de ports USB et autres dispositifs destinés à connecter son occupant à la Toile. Pendant ce temps, l'augmentation de la population urbaine et les prix astronomiques de l'immobilier nous contraignent à nous entasser dans de petits appartements ou en colocation, dans des studios exigus et des tours bondées. Soit le lit s'y replie contre le mur, soit il refait son apparition dans l'espace commun du foyer.

Ce livre soulève les couvertures pour dévoiler la place actuelle du lit, objet technologique humain par excellence, quoique trop souvent négligé, et en retrace l'histoire, tantôt bizarre, tantôt comique, mais toujours passionnante. Depuis les compagnons de lit batifolant dans les vastes chambrées médiévales jusqu'aux habitudes de sommeil des présidents des États-Unis, nous explorerons ici les variantes complexes de cet objet injustement méconnu, et tout ce que les gens ont pu y faire par le passé.

1

Le lit mis à nu

« Si l'on considère les biographies historiques et sociales dans leur ensemble, force est de constater qu'il manque un tiers du temps », écrivait dans les années 1960 Lawrence Wright, peintre en architecture et expert en mobilier, en s'interrogeant sur l'absence criante du lit dans notre connaissance du passé[1*]. La même lacune se fait sentir dans la majorité des travaux archéologiques. Toutefois, qui creuse trouve, et dans ce domaine, en tant qu'objet manufacturé, le lit fournit un bon point de départ à notre histoire horizontale.

Aller se coucher : un besoin impérieux

Peut-on situer précisément le moment où les humains ont inventé le lit ? Tout dépend de la définition qu'on en donne. Comme aujourd'hui nos cousins les primates, nos lointains ancêtres dormaient très certainement au-dessus du sol, peut-être dans des agglomérats d'herbe et de branches.

---

* Les notes numérotées, de nature bibliographique, sont à retrouver en fin d'ouvrage.

C'était nécessaire : le berceau de l'humanité, l'Afrique de l'Est, fourmillait d'animaux dangereux dont nous étions la pitance. Pendant des millions d'années, le couchage aérien permet ainsi à nos ancêtres de prospérer sans la protection que leur apporteront plus tard le feu et les armes de chasse complexes. Particulièrement vulnérables quand ils dorment ou allaitent leurs petits, ils cherchent un abri sur des branches à la fois flexibles et résistantes où ils confectionnent sans doute des matelas d'herbe et de feuilles. Ces « lits de cime » ont, bien entendu, disparu depuis longtemps. Mais notre plus proche parent vivant, le chimpanzé, nous donne quelques indications sur ces lointaines pratiques. Dans la réserve de Toro-Semliki, en Ouganda, il confectionne des couchages durables en tressant des pousses de *muhimbi*, ou « bois de fer d'Ouganda[2] ». D'autres populations de chimpanzés sélectionnent elles aussi avec soin les matériaux qui constitueront leur nid, et la plupart se recréent tous les jours une nouvelle litière. Résultat, celle-ci est étonnamment propre : on y trouve bien moins de bactéries fécales et cutanées que dans le lit humain moyen[3]. On peut être certain que nos ancêtres procédaient de même. Ainsi perchés, ils devaient utiliser ces nids pour dormir, se reposer pendant les heures chaudes de la journée, et s'accoupler. De nos jours, plus aucun groupe d'humains ne niche dans les arbres.

Puis, il y a environ deux millions d'années (la datation reste à établir), ils ont apprivoisé le feu. Outre la chaleur qu'il procurait, celui-ci rendait bien sûr possible la cuisson des aliments mais, par-dessus tout, il éloignait les bêtes sauvages. Forts de cette découverte, nos ancêtres se mettent alors à dormir par terre – autour du foyer, au sein de campements en plein air, sous des abris rocheux ou dans des cavernes. Le feu incite au partage de la nourriture et sa bonne chaleur pousse les individus à se blottir les uns contre les autres, ce qui facilite la naissance de relations étroites au sein de petits groupes. La notion d'habitat fixe mais aussi les liens du sang prennent de l'importance. À ce stade, les rapports entre hommes et femmes ont dû connaître de profonds bouleversements. La proximité du feu et le contact physique rapproché, un soir après l'autre, font que du coït de circonstance, on passe peu à peu aux rapports sexuels récurrents avec le ou les mêmes partenaires dans un lieu de couchage désormais partagé. La formation de couples est peut-être un phénomène relativement récent dans l'évolution de l'espèce humaine, et il est fascinant d'imaginer que des techniques telles que la confection du feu et du lit ont joué un rôle dans son apparition. Le lit, qui n'est encore qu'un matelas d'herbe ou une peau de bête, occupe désormais une grande place dans la vie de tous les jours : il n'est plus exclusivement voué au sommeil, mais sert aussi au partage et au toilettage quotidiens.

Ce portrait de nos comportements ancestraux relève en grande partie de la conjecture éclairée. Car en matière de couchage, on n'a de preuves concrètes que grâce aux plus anciennes « literies » connues de l'archéologie, celles retrouvées dans l'abri sous roche de Sibudu, au creux d'une falaise surplombant la rivière uThongathi, en Afrique du Sud, à quarante kilomètres au nord de Durban et quinze kilomètres du rivage de l'océan Indien[4]. Des êtres humains modernes, des *Homo sapiens* qui devaient beaucoup nous ressembler, physiquement et sans doute mentalement, y ont séjourné et passé leurs nuits à quinze reprises au moins entre 77000 et 38000 av. J.-C. D'épaisses paillasses d'herbe, de joncs et de roseaux (lesquels poussent encore aujourd'hui en bordure du cours d'eau) indiquent qu'ils y dormaient régulièrement et en prenaient grand soin. Il devait être ardu d'assurer la propreté de ces cavernes ou abris et d'en éloigner les insectes, mais les habitants de Sibudu étaient passés maîtres dans cet art : ils utilisaient les feuilles aromatiques d'un arbre appelé *Cryptocraya woodii*, ou laurier du Cap, qui contiennent des substances à même de repousser moustiques et parasites. Nos dormeurs avaient également coutume de brûler régulièrement leur literie pour éliminer la vermine et les déchets, puis d'étaler sur le sol de l'herbe et des roseaux fraîchement coupés pour se fabriquer de nouveaux lits. Il semble qu'ils aient apprécié le format *king size* : la plupart mesurent au moins trois mètres carrés. C'est que, sur cette végétation bien tassée, on ne faisait pas que dormir : on y préparait aussi la nourriture, on s'y allongeait pour y prendre ses repas et, apparemment, on aimait bien y conjuguer les activités.

Il y a cinquante mille ans, nos cousins Neandertal de la caverne d'Esquilleu, au sud-ouest de Santander, dans le nord de l'Espagne, dormaient eux aussi sur des tas d'herbe. Vingt-trois mille ans plus tard, nos ancêtres en ligne directe, chasseurs-cueilleurs et pêcheurs, occupaient un site appelé Ohalo II au bord de la mer de Galilée, en Israël[5]. Ce campement englouti, réapparu à la faveur d'une baisse du niveau des eaux, a révélé un sol de hutte ovale soigneusement recouvert de tiges tendres et fragiles issues d'une herbe qu'on trouve toujours sur le rivage. Les individus qui les ont ramassées à l'époque se sont servis d'outils tranchants en pierre taillée, puis ont tassé ces tiges par terre avant de recouvrir le tout d'une couche d'argile compacte à même de protéger cette strate végétale et de former un matelas sommaire, fin et moelleux, qui devait constituer une literie de choix. Les dormeurs plaçaient ce tuilage d'herbe compressée contre les murs, en ménageant un espace pour le feu au centre de la hutte. De fait, le couchage des habitants d'Ohalo était très élaboré. En complément, des paillasses toutes simples disposées autour du foyer et près de l'entrée servaient à préparer les aliments et fabriquer les outils. Pas tout à fait un *bed & breakfast* préhistorique, mais un lieu où l'on prenait quand même au sérieux le confort nocturne, avec des lits installés à l'écart, comme dans les campements des chasseurs modernes.

Pendant des milliers d'années, ces êtres ont dormi pour ainsi dire les uns sur les autres, pelotonnés près du feu afin de se tenir chaud et, sous les latitudes moins clémentes, emmitouflés dans des fourrures et des peaux de bête. Chaleur et protection étaient leur préoccupation principale, car la notion d'intimité était encore inconnue : on s'accouplait, on accouchait, on allaitait, on tombait malade et on mourait à proximité immédiate des siens. De rares sites viennent nous le rappeler, dont Hinds Cave, dans l'est du Texas, dans le canyon d'un affluent de la rivière Pecos[6]. Cette caverne révèle des traces de présence humaine qui remontent à 7 000 ans av. J.-C. et ses trois mètres de remblai sec constituent un véritable trésor archéologique, car y ont été préservés de l'humidité, outre des plantes, toute une série d'objets : nattes, panières, litières. Cette grotte-abri a été fréquentée par des groupes de dix à quinze individus qui en ont fait un même usage pendant des millénaires. Deux aires, l'une située au fond et l'autre dans une alcôve latérale, contenaient des vestiges d'âtres et de cavités tapissées d'herbe qui servaient au couchage, et on a identifié une fosse d'aisances dans une autre aire, très vaste, entre les deux espaces de sommeil. Les occupants creusaient pour dormir des trous peu profonds où ils tassaient d'abord de petits feuillages, puis des fragments de végétation tressés en couche épaisse – avec parfois des sandales mises au rebut – et, pour finir, une strate d'herbe moelleuse supportant une natte à dormir. On devait y être à l'étroit, car ces cavités mesurent environ quatre-vingt-dix centimètres de long sur soixante de large. On ne pouvait donc rien y faire d'autre que dormir, peut-être même en position fœtale pour mieux conserver la chaleur corporelle.

Dormir avec les ancêtres

Avançons rapidement jusqu'à 3200 av. J.-C., cette fois au bord de la baie de Skaill, dans l'archipel des Orcades, au nord de l'Écosse, un rivage venté, souvent balayé par les tempêtes. En 1850, l'une d'entre elles, assortie d'une marée exceptionnelle, écime un tumulus appelé Skerrabra (aujourd'hui orthographié « Skara Brae »), révélant des vestiges de constructions très anciennes. Le « laird » (lord) local, William Watt of Skaill, fait excaver le site et met au jour quatre demeures, mais s'en tient là. En 1925, une nouvelle tempête particulièrement violente endommage le site ; les habitants édifient une digue afin de préserver les structures dégagées et, ce faisant, découvrent d'autres maisons. De 1928 à 1930, l'un des plus éminents archéologues de l'époque, Vere Gordon Childe, alors professeur à l'université d'Édimbourg, les fait extraire de leur gangue de sable.

Malgré son érudition sans pareille en matière de civilisations préhistoriques européennes, l'infatigable Childe n'a jamais rien vu de tel[7]. Il dégage à Skara Brae huit

LE LIT MIS À NU

habitations admirablement conservées, reliées entre elles par des passages couverts de faible hauteur dont le toit en dalles est intact. Les murs sont toujours debout. Mieux, les équipements intérieurs en pierre ont survécu. Ces maisons consistent en une grande pièce carrée pourvue d'un âtre central et de deux lits flanquant l'entrée, le mur du fond étant occupé par une sorte de dressoir étagé. La datation par le carbone 14 nous apprend que le site a été occupé durant dix siècles, entre 3200 et 2200 av. J.-C., par des agriculteurs de l'âge de pierre. C'est à cette époque reculée que le lit fait sa première apparition dans l'histoire des îles Britanniques.

Ces habitations en pierre marquent un changement profond dans le mode de vie de la société orcadienne. Trois siècles plus tôt, on y vivait encore dans des constructions en bois subdivisées en compartiments. Curieusement, cette configuration se retrouve aussi dans les tombes. Nous n'avons pas de certitudes à ce sujet, mais il se peut que dans ce monde nouveau où, désormais, on cultive et investit la terre, les Orcadiens aient tenu à maintenir un lien visible avec leurs ancêtres. Ces implantations peu peuplées étaient sans doute organisées en petits groupes d'individus apparentés au sein desquels les prétentions territoriales devaient être essentielles et où le droit ancestral jouait probablement un rôle fondamental dans la vie quotidienne.

Toutefois, dès que ces peuplades se mettent à bâtir en pierre, l'équilibre entre la vie et la mort se modifie du tout au tout. À l'inverse des maisons en bois, les nouvelles habitations en dur de Skara Brae et d'autres implantations contemporaines vont se maintenir pendant des générations. On vit ainsi dans la même demeure solide et durable que ses ancêtres, ou bien on l'agrandit et on enterre ses morts à proximité. Nos agriculteurs orcadiens sont à présent rivés à leurs champs et à leur prés, qu'ils se transmettent de génération en génération. Or, pour travailler la terre et construire en pierre, il faut réunir de nombreux individus habitués à travailler et à vivre côte à côte.

Dans la hutte n° 8, un dressoir à étagères en pierre fait face à la porte d'entrée, tandis que l'âtre occupe le centre de la pièce. De chaque côté il y a deux couchettes en saillie, taillées dans la pierre à même le mur. Ici comme dans les autres habitations, le lit situé à droite en entrant est plus grand que celui de gauche. On suppose que le premier était pour l'homme et le second pour la femme, mais une autre distribution est possible, notamment en fonction de l'âge. Dans l'une des maisons de Skara Brae, le lit le plus proche de l'entrée révèle une teneur en phosphore plus élevée, ce qui suggère la présence de nourrissons et de jeunes enfants sujets à l'énurésie. Ce ne sont toutefois que des hypothèses.

Le grand lit est donc invariablement aménagé à droite et le petit à gauche. Mais à l'inverse des couchages de Sibudu et Ohalo, qui semblent avoir rempli plusieurs fonctions, les lits de Skara Brae sont petits, manifestement voués à un éventail d'activités plus restreint. Ils ne pouvaient accueillir qu'un adulte, plus éventuellement un enfant, surtout une fois tapissés de peaux de bête ou de fourrures. Le dormeur agité s'y sentait peut-être à l'étroit, mais dans ces conditions climatiques glaciales et ces lieux ventés, il est vraisemblable que la tiédeur prévalait sur l'espace. Durant les sombres et interminables hivers des Orcades, on devait passer beaucoup de temps engoncé dans ses couvertures et fourrures, allongé ou assis devant le feu. C'est sans doute dans la lumière et la chaleur de cette zone centrale qu'on racontait des histoires, qu'on bavardait, qu'on plaisantait, qu'on allaitait les bébés, qu'on mangeait et, peut-être, vu l'exiguïté des lits et la notion préhistorique d'intimité, fort différente de la nôtre, qu'on s'unissait. La nuit, on se retirait sans doute dans la solitude douillette des couchettes en creux. Les trous qui entourent parfois celles-ci laissent penser qu'elles étaient surmontées de tringles supportant des tentures, soit pour contenir la chaleur, soit pour occulter le soleil pendant l'été écossais.

Une maison à Skara Brae, dans l'archipel des Orcades, en Écosse, avec à gauche et à droite de l'entrée ce qui était sans doute des lits en pierre.

UNE HISTOIRE HORIZONTALE DE L'HUMANITÉ

Cependant, non loin de là, la hutte n° 7 a dû avoir une autre vocation. Isolée de ses voisines, elle n'est accessible que par un passage latéral. On y a retrouvé deux corps féminins dans une tombe en pierre, sous le lit du mur de droite. Or, cette « ciste » sculptée est antérieure à l'édification de la maison. Ce devait donc être un élément de rite funéraire – la porte de la hutte n° 7 ne se fermait que de l'extérieur, vraisemblablement pour empêcher les occupants de sortir. Les archéologues se sont interrogés sur l'usage de cette hutte. Y étendait-on les défunts dans un lit avant de les ensevelir ? Était-ce au contraire une maison de naissance, où des rites spécifiques étaient accomplis à l'écart de la vie quotidienne ? Ou bien les dépouilles qu'on y a retrouvées marquent-elles une préoccupation pour la persistance de la vie entre passé, présent et avenir ? Dans les sociétés agricoles, c'était le cycle sans fin des saisons, semailles, pousse et moisson, qui rythmait l'existence des êtres humains. Le symbolisme de la naissance, de la croissance jusqu'à l'âge adulte, puis de la mort venait alors leur rappeler avec force qu'il en allait déjà ainsi du temps de leurs ancêtres, et qu'il en serait de même du vivant de ceux qui n'étaient pas encore nés.

Mais ces dormeurs-là ont disparu depuis longtemps ; les textiles ou l'herbe qui leur procuraient chaleur et réconfort se sont eux aussi évanouis dans un insaisissable passé. Comment pouvons-nous être sûrs, dans ce cas, que ce sont réellement des lits qu'on a retrouvés dans ces habitations ? Même sur le site bien préservé de Skara Brae, Childe a été contraint d'émettre des hypothèses éclairées. Certaines découvertes récentes révèlent toutefois qu'il a très certainement vu juste. Un village contemporain composé d'une quinzaine de constructions indépendantes, situé à

Barnhouse sur la grande île des Orcades, juste au nord du site cérémoniel des « pierres levées de Stenness » sur la pointe d'Antaness, comporte des aménagements intérieurs en pierre, dont des lits clos, là aussi. Et dans une de ces maisons, on a trouvé six alcôves ayant pu abriter des lits[8].

Ce « mobilier » orcadien est parvenu jusqu'à nous parce qu'il est en pierre, mais quid des lits en bois pourvus de pieds ? La plupart du temps il n'en reste rien. Toutefois, à l'occasion, des fouilles réalisées avec un grand savoir-faire mettent au jour des trous dans le sol, disposés en dents de scie et signalés par une décoloration. Les lits, ou du moins leurs supports, apparaissent alors comme par miracle sous nos yeux.

À l'autre bout de la Grande-Bretagne s'étend sur un sous-sol de craie la grande enceinte préhistorique (*henge*) de Durrington Walls, à trois kilomètres au nord-est de Stonehenge. Pinceau et truelle en main, l'archéologue Mike Parker Pearson et ses collègues, passés maîtres dans l'art d'interpréter ces décolorations peu visibles, y ont identifié des trous de pieux correspondant aux murs des huttes, ainsi que des sillons dans la craie laissés par les planches ou rondins qui se trouvaient là dans un lointain passé[9]. Ces « tranchées de fondations » sont tout ce qui reste des lits clos et des citernes de stockage du village. Parker Pearson a tout de suite pensé aux lits de Skara Brae, mais ceux-là avaient été enclos dans des meubles en bois. Ses découvertes ne s'arrêtent toutefois pas là. Une grande maison carrée bordant une avenue entre le site et la rivière voisine comprenait une entrée face au sud et un sol en plâtre. Le long du mur ouest, on a retrouvé les fondations d'un lit clos, puis les traces d'un autre contre le mur opposé. Trois autres maisons se sont avérées contenir des lits clos entourant un âtre central. Les lits de Durrington Walls ne sont plus aujourd'hui que des spectres à peine esquissés dans le sol crayeux.

Que ce soit dans les villages de Durrington Walls ou des Orcades, les lits étaient simplement faits pour dormir et rester au chaud. Mais, à en juger par les découvertes faites dans les îles, cela ne les empêchait pas de revêtir une profonde signification en tant que symboles de permanence et de continuité, comme ceux, contemporains, des petites îles de Malte et de Gozo, en Méditerranée centrale. Pourtant, ils comportaient une innovation majeure : des pieds.

Entre 3500 et 2500 av. J.-C., au moment où de grandes civilisations se développent en Égypte et en Mésopotamie, les petites sociétés agricoles de Malte et Gozo possèdent une tradition artistique centrée sur les sites funéraires et les temples épars qui relient entre elles ces communautés par ailleurs isolées, le rivage des deux îles étant peu accessible pour les embarcations modestes. Cet isolement semble avoir donné lieu chez ces cultivateurs à une cosmologie particulièrement foisonnante, qui se manifeste donc autour des lieux cérémoniels.

Les temples préhistoriques de Malte et Gozo étaient complexes. Une étroite entrée menait à une avant-cour extérieure, une sorte de parvis d'où l'on pouvait observer le déroulement des rites. Des lignes de fuite soigneusement étudiées canalisaient le regard, à partir des couloirs d'accès, en direction des autels et autres constructions où étaient disposés les objets rituels, miniatures et figurines par exemple. L'intérieur du temple se composait de pièces ovales et de couloirs mais il semble que peu de gens aient pénétré jusqu'aux chambres centrales, dont les accès étaient barrés. Ces sanctuaires et œuvres d'art sont des métaphores liturgiques dont le sens nous échappe. Une salle funéraire souterraine (ou hypogée) reproduit le plan du temple, mais en plus labyrinthique et avec un accès encore plus restreint. Or, sur ces sites où l'on se rassemblait pour accomplir des rites d'inhumation, on a contre toute attente retrouvé des évocations de lits.

Les abondantes peintures murales d'un de ces hypogées montrent en effet des figures féminines et masculines assises ou allongées sur un divan ou un lit[10]. Ailleurs, ce sont sept sculptures dans la même attitude, dont plusieurs proviennent de sites funéraires, comme pour représenter la mort sous la forme d'un long sommeil. Toutes portent la jupe, ce qui dénote peut-être leur rang. La « Petite Dame endormie » découverte dans l'hypogée de Ħal Saflieni, à Malte, gît à plat ventre, les bras au-dessus de la tête et les jambes bien droites. Sa tête repose sur un bras, comme si elle s'était confortablement installée pour dormir. Selon l'archéologue Caroline Malone, il se peut que cette position reflète une expérience onirique, peut-être un voyage entre les étapes d'un cosmos stratifié – le royaume des vivants, celui des morts et celui du surnaturel. Deux figures sculptées trouvées dans l'hypogée de Brochtorff/Xagħra, toujours à Gozo, sont représentées assises au bord d'un lit, l'une d'elles tenant une figure plus petite, peut-être un enfant, ainsi qu'une coupe à offrandes. La posture est majestueuse, le lit décoré de motifs curvilignes, et on les a trouvées entourées de multiples petites coupes destinées à contenir de l'ocre rouge. Caroline Malone émet l'hypothèse que celles-ci, à l'image des nombreux squelettes gisant à proximité, eux-mêmes enduits d'ocre rouge, symbolisent le cycle éternel de la naissance, de la vie et de la mort.

UNE HISTOIRE HORIZONTALE DE L'HUMANITÉ

Deux statuettes sur lit provenant d'un tas de gravats découvert dans un autre site, celui de Tarxien, à Malte, ont un torse amovible (à moins que seule la tête ne se détache). L'une étend ses jambes rebondies sur le côté du lit tandis qu'en dessous des silhouettes plus petites nous regardent entre des entretoises. Ces figures superposées représentent peut-être des déités ancestrales veillant sur les générations successives de vivants et de morts. Les lits proprement dits possèdent, outre les entretoises, un confortable siège ovale en lanières de roseaux ou de paille tressées disposées en strates et attachées au châssis, qui semble avoir comporté des pieds courtauds.

*La Dame endormie de Hal Saflieni,
Malte, aux environs de 3000 av. J.-C.*

La conception de ces temples et de leurs sépultures collectives souterraines semble donc renvoyer à une cosmologie du vivant et du surnaturel en niveaux superposés allant du règne souterrain de la mort jusqu'aux cieux. Tout n'était pas calme et serein à Malte aux temps préhistoriques, mais les représentations trouvées sur l'île – y compris la dame de Hal Saflieni – évoquent une existence pacifique et confortable. Et bien plus qu'un lieu où se livrer aux activités quotidiennes, le lit y était une plate-forme cosmologique reliant les vivants à leurs ancêtres.

Au ras du sol

Malgré les vestiges de lits à pieds qu'on a retrouvés, on constate que la plupart du temps les gens dormaient par terre. C'est encore le cas aujourd'hui aux quatre coins du monde, surtout parmi les populations pauvres et pratiquant l'agriculture de subsistance, qui n'ont guère le choix. Un lit surélevé était un signe extérieur de richesse, un des premiers marqueurs de rang social. Dans l'Égypte des pharaons, le peuple couchait presque toujours à même le sol, sur une natte de roseaux, voire un matelas sommaire bourré de paille ou de laine, pour en amortir un peu la dureté. Les dormeurs d'aujourd'hui, habitués aux matelas modernes, auraient du mal à l'accepter, mais il paraît que c'est bon pour la santé.

Michael Tetley, kinésithérapeute de son état, a passé sa vie à étudier les hommes et les primates non humains qui dorment ainsi. Lui-même en a pris l'habitude au sein du peloton de soldats africains qu'il a commandé en 1953-54 ;

couché sur le côté, il dormait sans oreiller pour pouvoir détecter le danger par les deux oreilles. Il avait constaté cette pratique chez les gorilles des montagnes, les chimpanzés et les gibbons. Nombre d'humains se contentent d'ailleurs de caler leur tête sur leur bras replié, les épaules positionnées de manière à bien soutenir le cou. Tetley a catalogué toutes sortes de postures de sommeil, dont certaines n'avaient encore jamais été observées. Par exemple, les nomades du Tibet dorment à genoux, penchés vers l'avant, le front à terre, et certains peuples du Sahara, accroupis[11]. Quand on est habitué, ce sont paraît-il des positions tout à fait confortables. Notre kinésithérapeute, qui n'était pas du genre à négliger les détails pratiques, a même décrit celles des hommes qui, devant dormir dehors, font tout pour éviter que les insectes piquent leurs parties intimes. Toutefois, rares sont les humains qui dorment nus à la belle étoile : nous nous sentons trop vulnérables, ne serait-ce, en effet, qu'à l'idée de toutes les bestioles susceptibles de s'enfouir dans notre peau ou nos divers orifices...

Certaines populations préfèrent dormir par terre que dans un lit en vertu d'un choix délibéré, civilisationnel ou esthétique, indépendamment de la richesse ou du rang. En Asie notamment, la pratique est restée courante après l'apparition en Chine de l'estrade comme équivalent du lit, dès les XIIIe-XIe siècles av. J.-C. Quant aux Japonais, ils ont dormi à même le sol jusqu'à l'époque moderne. À partir du VIIIe siècle ap. J.-C. environ, ils ont ajouté de petits tapis tissés ou tressés reproduisant plus ou moins la forme du corps humain et recouvrant toute la pièce : les *tatami* (du verbe *tatamu*, « plier », « replier »). On s'en servait aussi pour s'asseoir, et leur usage s'est universalisé au point que les statistiques du logement s'appuyaient sur la quantité de tatamis pour estimer le nombre de pièces des foyers japonais (les deux coïncidaient). Quant au *futon*, ce matelas en coton rembourré et posé sur un tapis, apparu au XVIIe siècle, il a le grand avantage d'être transportable ; dans les logis d'aujourd'hui, on le roule pour récupérer de la place.

Le lit surélevé était totalement inconnu à la cour de Constantinople, capitale de l'Empire ottoman. Le sultan lui-même dormait sur une estrade couverte de tapis et de coussins à peine rehaussée. En fait, on pouvait dormir partout où l'on déposait ses tapis et couvertures. Les ecclésiastiques appartenant aux ordres mendiants préféraient souvent passer la nuit à même le sol, l'inconfort étant censé les rapprocher de leur idéal de pauvreté. Toutefois, dès qu'on se met à dormir dans un lit bien au-dessus du sol, la dynamique du sommeil change, l'oreiller devient indispensable et on a davantage de douleurs lombaires. On voit donc que le couchage au sol n'était pas forcément une mauvaise chose, jusqu'à ce qu'entrent en jeu les considérations de hiérarchie sociale – hiérarchie dans laquelle les pieds de lit furent un moyen de s'élever symboliquement, le plus souvent chez les riches et les aristocrates.

S'élever dans la société

Sachant que les inégalités sont une des principales caractéristiques de toute civilisation, on ne s'étonnera guère que leur émergence ait mis en avant le lit sur pieds. Chez les Sumériens (Mésopotamie) ils sont en bois. En Égypte, les tout premiers lits se résument à un cadre sur lequel on pose un sommier en lanières de cuir ou de toile, ou bien constitué de roseaux tressés. Les pieds sont souvent de taille inégale, les plus hauts se trouvant au chevet, et le tout peut être complété par un repose-pied.

Les pays au climat aride sont les meilleurs amis de l'archéologue : les fouilles y mettent au jour des objets en bois parfois millénaires. En Égypte, l'air du désert a ainsi préservé de majestueux lits. Le vizir Mérérouka, haut dignitaire du roi Téti à la fin de la VIe dynastie (vers 2300 av. J.-C.), était le deuxième personnage du royaume et, en tant que tel, avait de lourdes responsabilités (il était par exemple « Supérieur des Scribes des Documents royaux[12] »). Il épousa en outre la fille aînée de Téti, Sechéshet Watetkhethor, ce qui faisait de lui le gendre du roi. Le couple sera enseveli dans un *mastaba* (monument funéraire) comptant trente-trois chambres à Saqqara, en Basse-Égypte. Les peintures et reliefs ornant les murs du sépulcre décrivent de manière colorée les activités quotidiennes des époux... et leur lit. Cinq de ces chambres sont consacrées à Watetkhethor. Une des scènes représente le vizir assis à la tête du lit conjugal, apparemment accoudé à un appui-tête (ou « chevet »), tandis que son épouse joue de la harpe, agenouillée au pied du lit. Sous ce dernier s'alignent des jarres à offrandes ou destinées à la conservation, ainsi que des coffrets. Ailleurs, un « registre » (succession de motifs peints) montre un grand lit à pattes de lion sur lequel deux hommes tendent des draps sous le regard de cinq serviteurs aux bras croisés, qualifiés de « superviseurs du lin[ge]. » Mérérouka s'approche du lit en tenant son épouse par la main, suivi de serviteurs des deux sexes. Sur le panneau suivant, les draps sont en place ainsi que le chevet, l'ensemble symbolisant l'union imminente des

LE LIT MIS À NU

époux. Mérérouka est ici surnommé « Celui dont le lit est fait », et Watetkhethor « Celle qui se tient au chevet ». Une scène aussi érotique que peuvent se permettre d'en représenter les peintres de l'Égypte ancienne chargés de décorer les parois des tombeaux. Naissance et renaissance entourent les lits nobles et royaux. Les chevets, faits de pierre, d'argile ou de bois, qu'on associe au soleil levant et à la renaissance, servent aussi bien aux vivants qu'aux défunts.

En tant que gendre du pharaon, Mérérouka a droit à un lit de tout premier ordre. Trois siècles plus tôt, entre 2580 et 2575 av. J.-C. environ, la reine Hétep-Hérès Ire était entrée dans l'éternité entourée d'un somptueux mobilier funéraire comprenant un lit à baldaquin en bois doré sur pieds. Ce bois s'étant décomposé il y a fort longtemps, l'égyptologue George Reisner, découvreur du monument, a reconstitué l'ensemble à partir des morceaux de feuilles de métal précieux qui le recouvraient. Des siècles plus tard, l'enfant-roi Toutânkhamon entrera à son tour dans l'éternité en compagnie de six lits à pieds de félin, le plus spectaculaire étant en ébène et recouvert d'une épaisse feuille d'or[13]. Celle-ci arbore des égratignures, comme si le lit avait servi du vivant du souverain. Dans l'antichambre se trouvaient trois lits funéraires fabriqués pour la circonstance et dont la tête s'orne de deux têtes d'animaux : un lit à têtes de lion pour représenter le « lit rituel en forme de lion » ayant servi à la momification, un autre à têtes d'hippopotame probablement dédié à Taouret, déesse de l'enfantement et de la fécondité, et un troisième à têtes de vache qui évoque peut-être la déesse-vache Meret-Weret (Methyer), elle aussi puissamment associée aux notions de renaissance et de création.

*Les lits de Toutânkhamon
retrouvés dans l'antichambre de son tombeau, 1922.*

Les faits et gestes du pharaon étaient entourés d'une puissante aura de symbolisme jusque dans sa vie sexuelle, et chaque minute de sa vie était strictement régentée et organisée. L'historien grec Diodore de Sicile écrit par exemple, au Ier siècle av. J.-C. : « Il y avait un temps déterminé non seulement pour les audiences et les jugements mais encore pour la promenade, pour le bain, pour la cohabitation, en un mot, pour tous les actes de la vie[14]. » Cela reste sans doute valable, des siècles plus tard, pour Mérérouka, dont le tombeau montre, par l'intermédiaire de ses peintures murales, que ses devoirs de dignitaire se rappelaient encore à lui lorsqu'il allait se coucher en compagnie de son épouse.

Plus tard, mais toujours dans l'Antiquité, le lit sera l'objet de mythes persistants. Les textes grecs et romains fourmillent de références à ses vertus réconfortantes et protectrices. Le lit des privilégiés, tant à Athènes qu'à Rome, ressemble à celui des Égyptiens par sa forme rectangulaire étroite, mais avec des pieds plus hauts, et il arrivait qu'il fasse aussi office de table. Pas de cale-pied ici, mais un chevet où l'on peut s'appuyer lorsqu'on y est à demi allongé. D'ailleurs, la célèbre *klinè* grecque était à l'origine un divan où l'on s'installait pour dîner. Le sommier était composé de sangles en lin ou en cuir. Dans le monde romain, le mot latin de base pour désigner le lit, *lectus*, s'est vite décliné selon les divers usages qu'on en faisait : on dormait dans un *lectus cubicularis*, littéralement « lit de chambre » (*cubiculum*), on passait sa nuit de noces dans un *lectus genialis*, et le *lectus discubitorius* était une table à manger, souvent placée du côté gauche du dîneur afin que sa main droite reste libre. On s'y attablait généralement à trois, le convive important prenant place au milieu des deux autres. Mais il y avait aussi des *lecti* pour étudier et travailler et des lits à roulettes pour les malades, sans compter ceux où l'on sanglait les fous. Enfin, le *lectus funebris* emportait les morts vers leur bûcher funéraire[15].

Chez les riches Chinois, le lit est également un meuble haut. Sur les neuf scènes des rouleaux horizontaux intitulés *Conseils de la monitrice aux dames du Palais* et attribués à Gu Kaizhi, père de la peinture classique chinoise (environ 345-406), un empereur et sa concubine se regardent d'un air circonspect (un mot de trop pourrait susciter la méfiance), assis sur un lit à panneaux, piliers et dais en tissu précieux, le tout leur assurant sans doute un certain degré d'intimité dans un palais sans chambres privatives. Les lits devaient être durs, comme c'est encore le cas aujourd'hui en Chine, mais les puissants aimaient tout de même la literie fine. Le savoir-faire chinois en matière textile mettait à leur disposition de magnifiques tentures souvent brodées de symboles porte-bonheur, notamment des personnages mythiques volant dans les airs. Avec le temps, le chevet cédera la place aux coussins, auxquels on peut s'adosser de biais et faire autre chose que dormir – recevoir, par exemple – sans déranger sa coiffure complexe et raffinée.

Ces diverses conceptions du lit n'ont guère évolué au fil des millénaires. Presque partout, plus on dormait près du sol, plus on était pauvre. Les nantis, eux, avaient des lits hauts abondamment pourvus en literie confortable qui, rehaussés et entourés de tentures (pour se protéger des moustiques et des courants d'air), reflétaient le rang social de leurs occupants. Les Grecs, mais surtout les Romains, dormaient dans des lits étroits et légèrement inclinés grâce à des traversins glissés sous la tête, comme les pharaons des milliers d'années avant eux.

À la mode européenne

Côté couchage, on retrouve cette différence entre nobles, riches et gens du peuple dans l'Europe médiévale. Chez les paysans – les plus nombreux –, foin de tout cela ! Car c'est précisément dans le foin qu'ils dorment, enveloppés dans une simple couverture, voire une cape. Les premiers lits de l'ère moderne vont du simple tas de fourrage étalé sur la terre au matelas de toile rempli de paille et posé sur une estrade, au lit clos poussé dans une alcôve ou au lit gigogne à roulettes. Au XIIe siècle, ils s'élargissent (atteignant parfois quatre mètres) et deviennent peu à peu des meubles massifs, assez hauts pour qu'on puisse ranger des choses dessous. On y entassait un sommier bourré de paille, puis un sous-matelas en laine ou en lin et enfin un matelas en plume tendu d'un drap.

À la fin du Moyen Âge, les composantes essentielles du lit moderne se stabilisent. Parmi les éléments de literie appartenant aux super-riches de l'époque (du moins ceux qui sont parvenus jusqu'à nous), citons par exemple la « courtepointe Tristan », une véritable splendeur qu'on peut admirer au Victoria & Albert Museum de Londres. Fabriquée en Sicile dans les années 1360-1400, elle se compose de deux morceaux de tissu de lin brodé rembourrés de coton reproduisant pas moins de quatorze scènes extraites de la légende (alors en vogue) de Tristan et Iseut. Les indications fournies par le musée précisent que la courtepointe, « avec ses scènes de bataille, ses navires et ses châteaux, devait produire un effet particulièrement saisissant à la lueur des bougies[16] ». Aucun doute là-dessus, mais contemplée avec notre sensibilité moderne, elle paraît quand même bien lourde et bien rêche...

Outre les courtepointes et couvertures qui garnissaient leur lit, les dormeurs européens du Moyen Âge disposaient, pour soutenir leur tête, d'un traversin qui en occupait toute la largeur, tandis que coussins et oreillers leur permettaient de s'y asseoir confortablement, et sans doute aussi d'y dormir à demi allongés. On ne sait pas bien pourquoi les gens se couchaient parfois de biais, ou dormaient presque assis. Peut-être parce que les matelas avaient tendance à s'affaisser, ou parce qu'ils redoutaient la position horizontale, largement associée à la mort. On dit par exemple que le peintre Rembrandt, au XVIIe siècle, dormait quasiment à la verticale dans l'un des lits clos exigus de sa maison d'Amsterdam. Certains hommes trouvaient les coussins efféminés, et il y en avait même pour poser leur tête sur une bûche. L'idée paraît peu séduisante, mais ces chevets durs n'avaient rien de nouveau : on les trouve en Chine et en Égypte anciennes, chez les Nubiens, les Grecs et, plus tard, au Japon et en Afrique, avec un creux pour loger la chevelure.

Au Moyen Âge, toujours en Europe, le lit de la haute société vise à impressionner les visiteurs, et il est souvent entouré de rideaux tombant du plafond ; en ces temps où l'air frais est considéré comme malsain, ils gardent la chaleur tout en tenant à distance les démons, sorcières et autres spectres de la nuit. Vers l'an 1290, un marchand cossu du nom de John Fontin passe commande d'un de ces dais pour sa maison de Southampton, en Angleterre. On peut aujourd'hui voir la reproduction de son lit et de ses lourds rideaux dans un coin de sa chambre, à la Medieval Merchant's House. Vers la fin du XVe siècle, les Italiens inventeront le lit à baldaquin, qui remplira le même usage.

Ces lits deviennent vite la norme chez les riches Anglais de l'ère Tudor, et se répandent aux XVIe et XVIIe siècles dans les bonnes maisons d'Europe. Comme les modèles précédents, le sommier se compose souvent de toile ou de courroies tendues sur un châssis, et devaient donc se creuser comme des hamacs, même quand on prenait soin de les retendre périodiquement, si bien que les dormeurs roulaient au milieu du lit. On entend souvent – surtout dans la bouche des guides touristiques qui font visiter les grandes demeures d'Angleterre – que la comptine anglaise *Good night, sleep tight** viendrait de là, mais rien n'est moins sûr car elle ne se popularise vraiment qu'au XXe siècle (la première occurrence connue remonte à 1860). Quel que soit le pedigree de la formule, il est certain qu'on retendait les cordes de sommier. Là encore, il était rare qu'on dorme à plat : on préférait s'appuyer sur des oreillers. Pendant les deux siècles suivants, les lits à baldaquin des gens fortunés vont rivaliser de munificence et de gabarit, jusqu'à emplir presque toute la chambre. Dans l'Europe prémoderne, c'est le meuble le plus précieux, le plus coûteux de la maisonnée. Il représente un investissement considérable. Avoir un lit supplémentaire est considéré comme un luxe inouï. Au XVIIe siècle, le célèbre diariste londonien Samuel Pepys écrit ainsi : « Je suis extrêmement fier de pouvoir offrir un lit d'appoint à mes amis[17]. »

Si on ne vit pas dans un tel raffinement dans les colonies d'Amérique, les colons cherchent cependant à y reproduire les lits de leur pays d'origine ; de style anglais ou hollandais, ces couchages sont dotés de multiples couvertures pour lutter contre le froid et l'humidité. Quand on vient des Pays-Bas, on préfère les lits clos (ou « lits-placards »), les plus répandus dans ce pays à la même époque. Ce ne sont pas à proprement parler des meubles, car ils sont généralement intégrés à l'un des murs lambrissés de la pièce.

---

* « Bonne nuit, dors bien ». *Tight* signifie « tendu, serré ». (*N.d.T.*)

Au XIXᵉ siècle, en Occident, les maisons se modernisent, notamment sur le plan sanitaire. William Morris, designer textile, entre autres talents, conçoit de jolies tentures en coton léger bien proprettes, qui viennent remplacer la laine et le damas pesants et la soie fragile[18]. Il reste très attaché à son vieux lit à baldaquin, dans sa famille depuis le XVIIᵉ siècle, mais l'entoure de rideaux dessinés par sa propre fille. Un poème de son cru court tout autour de la cantonnière, pour se conclure par le vers : *Right good is rest* – littéralement, « fort bon est le repos ».

Ce « bon repos » est particulièrement de mise en ces temps où les heures de travail sont de plus en plus longues. L'avènement de l'industrialisation fait qu'on jette les anciens matelas, généralement rembourrés avec tout ce qu'on avait sous la main (laine, mousse, chiffons), car la mode du lit en métal s'installe, avec sommier à ressorts et tête de lit en fer forgé fabriqués en usine. Il est idéalement équipé d'un sous-matelas en crin et d'un matelas en plume, avec drap de dessous, drap de dessus, trois ou quatre couvertures, un édredon et des oreillers dans leurs taies. Les classes moyennes et aisées ont des exigences élevées en la matière, et certains manuels pratiques préconisent de retourner quotidiennement le matelas et de changer les taies deux fois par jour ! On comprend mieux pourquoi il était indispensable d'avoir des domestiques...

C'est seulement après le désastre de la Première Guerre mondiale que disparaît en Occident l'ancienne hiérarchie de la domesticité, du petit personnel au majordome. Les femmes de chambre se faisant rares, la tâche de refaire le lit devient une redoutable corvée. C'est donc avec soulagement que, dans les années 1970, les maisonnées « dans le vent » voient arriver la couette scandinave popularisée par le designer Terence Conran. Pour la toute première fois de l'Histoire, on peut refaire un lit sur pieds en trois secondes ! Si l'on ajoute à cela le fait que, fabriqué à la chaîne, le lit s'achète désormais pour un prix modique auprès de marques mondialisées, on comprend qu'il ne suscite plus de commentaires et soit oublié dans un coin[19]. Pourtant, il en dit long sur nous, qui nous sommes, comment nous vivons et ce que nous pensons. Et ce depuis toujours.

2

Le sommeil à travers les âges

En 1612, l'écrivain gallois William Vaughan (1577-1641) écrit dans ses *Recommandations attestées pour la bonne complexion* que le sommeil (modéré) « renforce l'esprit, conforte le corps, apaise les humeurs [...] retire les chagrins et dissipe les fureurs[1] ». À la même époque, un proverbe italien ajoute : « Le lit est bon remède », faisant écho à l'opinion dominante de la Faculté : dormir est essentiel à la santé. Et dans la région britannique d'East Anglia, on dit que c'est une manière d'« oublier le monde ». Beaucoup de gens pensaient jadis que le sommeil conditionnait la bonne fortune, dans ce monde comme dans l'autre. Selon William Phiston (ou Fiston), pessimiste auteur de *L'École des bonnes manières* (1609), la nuit est symbole d'« horreur, ténèbres et malheur » ; pour lui, le lit est le modèle de sa future tombe[2].

En ce temps-là, on a encore peur du noir, et on considère qu'une bonne nuit de sommeil garantit la santé de l'âme, le lit où l'on dort étant un lieu de transformation physique et spirituelle. Au XIXe siècle, les Victoriens s'entourent d'objets de la vie courante, et avant de s'endormir ils contemplent les images saintes brodées sur leur literie, font leur prière et lisent la Bible. Tous les soirs, on fait la paix avec le Seigneur, de préférence à genoux. Cette crainte du sommeil a reculé face au matérialisme et à l'agitation du monde moderne ; de nos jours, ce n'est plus qu'un moyen d'évacuer la fatigue. Quant aux rêves – quand on s'en souvient –, en règle générale on préfère les garder pour soi. Mais les habitants de l'Égypte antique, eux, en faisaient grand cas, car ils croyaient que les dieux s'en servaient pour leur prodiguer leurs conseils. La meilleure manière de susciter ou d'« incuber » ces visions était de se rendre dans un sanctuaire ou autre lieu de culte en s'imprégnant d'un rêve décrit par un manuel d'interprétation (certains nous sont parvenus) ; celui du scribe Qenhirkhopeshef de Deir el-Medina, siège de la confrérie des artisans bâtisseurs des tombeaux de la vallée des Rois, en propose ainsi plus d'une centaine, de bon ou de mauvais augure. Entre autres : « Si un homme se voit lui-même portant un vieillard en terre, c'est bon signe et promesse de prospérité. » Ou encore : « Si un homme se voit lui-même en rêve faisant l'amour avec une femme, c'est mauvais signe, car cela présage un deuil. » Pour les Égyptiens, les rêves à connotation sexuelle étaient presque toujours mauvais signe, surtout pour les femmes (même quand elles rêvaient de leur époux), sauf s'ils faisaient intervenir des animaux, comme dans ce rêve aux réjouissantes perspectives domestiques extrait du *Papyrus Carlsberg XIII* : « Si c'est un ibis qui copule avec elle, elle aura une maison bien pourvue. »

Les scribes emploient le mot *ad* (lit à pieds) pour évoquer le sommeil et ajoutent *rswt* (figuré par un œil ouvert) pour désigner le rêve. La traduction littérale de *rswt* étant « s'éveiller », le hiéroglyphe pour « rêve » représente donc un lit et un œil ouvert, ce qui résume bien la conception égyptienne : le rêve est un état d'éveil au sein du sommeil, un moyen de communiquer avec les dieux et avec l'au-delà, une manière de parvenir à la guérison et d'être guidé dans sa vie.

Ces temples du sommeil se retrouvent aussi dans la Grèce antique. Comme les Égyptiens, les Grecs croient que les dieux leur envoient des messages ou des indications en rêve. Aristote remet en cause cette notion dans son *Traité de la divination dans le sommeil* et, pragmatique, conclut que les rêves ne sont probablement que des images fondées sur des pensées et expériences passées. On n'en continue toutefois pas moins à croire fermement en leur potentiel prophétique. Par exemple, Jésus rêve de la trahison de Judas, et quand l'empereur romain Caligula se voit debout devant le trône de Jupiter, roi des dieux, puis brutalement renvoyé sur terre, il interprète cela comme l'annonce de sa mort. Il sera assassiné le lendemain.

En 1590, la jeune Madrilène Lucrecia de León est arrêtée dans le cadre de l'Inquisition de Philippe II sous prétexte que ses rêves prémonitoires causent « troubles et scandales ». Parmi ses quelque quatre mille visions apocalyptiques telles que recensées par deux prêtres au fil des années figurent notamment la future défaite de l'Invincible Armada face aux troupes anglaises et turques (la seule de ses prophéties à s'être réalisée) ainsi que la fin du monde. Son propre père dut la rappeler à l'ordre : « Les rêves ne sont que des rêves », en ajoutant : « Si vous continuez à y croire, ma fille, je donnerai l'ordre que l'on vous tue. » Traitée de sorcière, elle sera condamnée à recevoir cent coups de fouet et à passer deux ans au couvent.

Certains rêves sont jugés divins… sur d'autres plans, et funestes pour l'harmonie conjugale. Par exemple, au plus fort de la Grande Peste de 1666 à Londres, et après une nuit de passion imaginaire avec la belle lady Castlemaine, le diariste Samuel Pepys écrit qu'il a fait « le plus beau rêve qui fut jamais ». Son épouse Élisabeth (née de Saint-Michel) en conçoit de tels soupçons qu'elle inspecte l'organe mâle de Samuel pour détecter d'éventuels signes d'érection. Il faut dire que leur mariage souffrait déjà des frasques (bien réelles, celles-ci) du chroniqueur, notamment en compagnie de la femme de chambre de son épouse, Deb Willet. Toutefois, Pepys fut si affecté par la mort d'Élisabeth, emportée par la fièvre typhoïde à l'âge de vingt-neuf ans, qu'il ne consigna plus jamais rien dans son journal.

C'est dans l'Angleterre du XVIIIe siècle que l'habitude de noter ses rêves atteint son apogée dans la bonne société. Un horloger et inventeur londonien fait ainsi fortune avec son « remémorateur nocturne », sorte de tablette en parchemin pourvue d'un guide horizontal permettant de consigner ses rêves par écrit à la lueur d'une bougie[3]. À la fin du XIXe siècle, un nouveau genre de penseurs en revient à la notion de rêve comme guide, avec à leur tête Sigmund Freud. Dans l'*Interprétation des rêves* (1900), ce dernier y voit des manifestations symboliques de désirs, peurs et aspirations trop pénibles pour qu'on les éprouve ou se les remémore consciemment ; ils sont donc refoulés via un mécanisme de « censure psychique[4] ». Freud reprend là la pensée d'Artémidore d'Éphèse, qui traduisit au IIe siècle nombre de symboles oniriques égyptiens tels que le rêve de la main droite représentant le père, le fils ou l'ami, la main gauche (senestre, voire sinistre) figurant la mère, l'épouse ou la maîtresse. On sait aussi que pour Jung, le rêve dévoilait les secrets de la vie intérieure et montrait au rêveur ou à la rêveuse les aspects cachés de sa personnalité. Leur contemporain Alfred Adler, lui, préférait y voir un moyen de résoudre les problèmes, allant jusqu'à dire que plus on en faisait (ou plus on s'en remémorait), plus on avait de difficultés.

En revanche, pour le Pr Jim Horne, attaché au Centre de recherche sur le sommeil de l'université de Loughborough, en Angleterre, les rêves ne sont que le cinéma de l'esprit, qui crée des « séries B » distrayantes mais dénuées de sens, et ils ne méritent que l'oubli : « un pastiche surréel de ce que nous venons de vivre et de penser à l'état d'éveil[5] ». Certains chercheurs pensent que les phases de rêve ont pour but d'optimiser la récupération physique et mentale et de contribuer à la pérennisation des souvenirs. Mais la valeur immémoriale que nous leur accordons a la vie dure : pour le psychologue des religions et théologien Kelly Bulkeley, créateur de la « Sleep and Dream Database », une archive numérique doublée d'un moteur de recherche ayant pour vocation d'appuyer la recherche sur le rêve, et auteur de sites d'analyse de rêves tels que IDreamOfTrump.net, ils sont essentiels à la compréhension de la vie elle-même[6].

À l'occasion, les rêves semblent de fait contenir un certain degré d'« inspiration éveillée », comme auraient pu le dire les Égyptiens. Descartes, par exemple, prétend qu'en 1619, une série de rêves lui ont révélé les fondements du *Discours de la méthode* (il ne faut quand même pas oublier que le savant arabe Ibn al-Haythan, dit Alhazen, avait déjà inventé la méthode scientifique expérimentale cinq siècles

UNE HISTOIRE HORIZONTALE DE L'HUMANITÉ

plus tôt). James Watson, codécouvreur de la structure hélicoïdale de l'ADN, rêve quant à lui en 1952 d'un escalier en spirale après avoir vu les clichés de Rosalind Franklin obtenus par diffraction de rayons X. Mary Shelley a dit que *Frankenstein* lui avait été inspiré par un rêve, Paul McCartney a entendu en rêve la mélodie de « Yesterday » (en la prenant pour une comptine de son enfance), et le cinéaste James Cameron a eu l'idée de *Terminator* à l'occasion d'un rêve fébrile alors qu'il était malade.

Une très volumineuse documentation a été consacrée au rêve dans les sociétés non occidentales. Les Aborigènes d'Australie préfèrent dormir à proximité immédiate d'un parent car pour eux, les conditions matérielles du sommeil ont un effet sur la capacité de se mettre en phase par l'esprit avec le Temps du Rêve[7]. Les individus dotés de pouvoirs surnaturels prétendent pouvoir accéder à des mondes métaphysiques puissants et se rendre dans des endroits inaccessibles au commun des mortels ; ils acquièrent ces pouvoirs soit en dormant dans des lieux particuliers, soit par l'intermédiaire d'esprits vus en rêve. La privation de sommeil est aussi, chez certains peuples amérindiens, un moyen de parvenir à la révélation spirituelle et de développer des pouvoirs, et les individus partis seuls en quête d'une vision « voyagent » alors en état de transe. En fermant les yeux, le chamane peut ainsi franchir hors de son corps de formidables distances. Ces périples, nés d'une culture, d'un vécu et de liens interpersonnels formant ensemble une expérience qui défie les lois de la nature, restent à jamais gravés dans l'esprit de celui qui les accomplit. Les visions oniriques ont une importance considérable, quoique souvent invisible, au sein de nombreuses sociétés non occidentales.

Tic tac, tic tac...

Naturellement, le rêve fait partie d'un processus qui le dépasse en durée. Tous les êtres vivants suivent le rythme d'une horloge interne au cycle de vingt-quatre heures, dit « circadien ». Dans l'œil humain, quelque vingt mille cellules nerveuses non dédiées à la vue détectent les phénomènes qui nous entourent, y compris la lumière, et les transmettent au cerveau, qui s'en sert pour régler cette horloge. Dans le cadre d'une expérience menée au début des années 1990, un psychiatre de l'Institut américain pour la santé mentale, le Dr Thomas Wehr, a placé dans le noir un groupe de volontaires pendant quatorze heures par jour afin de recréer une alternance et d'en étudier la photopériodicité[8]. Au bout d'un mois, ses sujets dormaient environ huit heures par nuit, mais pas d'un seul tenant : une fois couchés, le soir, ils avaient tendance à rester éveillés une ou deux heures, puis à s'endormir d'un coup après la survenue d'un pic de mélatonine déclenché par la survenue de l'obscurité. Au bout de trois à cinq heures de sommeil, ils se réveillaient l'espace d'une heure ou deux avant de se rendormir pour une durée de trois à cinq heures supplémentaires. Pour décrire cet intervalle, Wehr parle d'« éveil non anxieux », d'état « quasi méditatif » doté de caractéristiques endocrines propres, avec notamment un taux élevé de prolactine, une hormone associée à la lactation et à l'orgasme ayant entre autres effets de réduire le stress. Pour lui, la structure biphasique du sommeil mise en évidence par cette expérience correspond chez l'être humain à l'alternance diurne/nocturne naturelle.

UNE HISTOIRE HORIZONTALE DE L'HUMANITÉ

Frappé par cette étude, le Pr A. Roger Ekirch, historien rattaché à l'université de Virginia Tech (États-Unis), a entrepris de compiler toutes sortes de sources historiques faisant référence au sommeil biphasique[9]. Il a ainsi découvert que certains textes latins tels l'*Histoire romaine* de Tite-Live ou l'*Énéide* de Virgile, tous deux composés au Ier siècle av. J.-C., contiennent de multiples allusions au *primo somno*. Plusieurs auteurs de l'époque médiévale (dont Chaucer, à qui l'on doit notamment les *Contes de Canterbury*) nous révèlent eux aussi dans leurs œuvres que les Anglais allaient souvent se coucher de bonne heure pour chercher ce « premier sommeil », après quoi ils se relevaient, mangeaient un morceau puis se rendormaient à l'aube pour un « sommeil matinal ». Pendant cette veille (ou *vigile*) nocturne, on pouvait s'interroger sur ses rêves, converser, avoir des relations sexuelles (des textes juifs le recommandent, car le moment serait propice à la procréation), ou encore se livrer à de pieuses activités.

En effet, plusieurs religions considèrent les toutes premières heures de la journée comme un moment empreint de spiritualité. Le Coran conseille de faire la prière de la nuit (le « Tahajjud ») vers deux ou trois heures du matin, chez soi ou à la mosquée ; ensuite les fidèles regagnent leur lit jusqu'à la prière obligatoire du matin (« Fajr »). Dès le VIe siècle, la règle de saint Benoît de Nursie, fondateur de l'ordre des Bénédictins, impose aux moines de se relever après minuit pour dire « au moins douze psaumes » (« matines »). Durant le haut Moyen Âge, il est courant que les catholiques profitent du calme du petit matin pour prier, ces dévotions ayant en prime le pouvoir de repousser le démon. Dans les traditions populaires occidentales, les maléfices sont réputés plus efficaces au lever du jour.

LE SOMMEIL À TRAVERS LES ÂGES

Entre 1484 et 1750, quelque deux cent mille femmes sont assassinées en Europe de l'Ouest suite à des accusations de sorcellerie, l'un de leurs grands torts étant de s'être trouvées dehors en pleine nuit sans motif valable. L'expression anglaise *the witching hour*, littéralement « l'heure de la sorcellerie », et par analogie « l'heure du crime », dont la première apparition connue remonte à 1883, désigne la période entre minuit et quatre heures, et ces persécutions étaient de toute évidence une manière de surveiller les faits et gestes des femmes. En réalité, c'étaient les hommes qui profitaient de ce moment pour commettre de sombres méfaits. Le révérend Anthony Horneck déplore ainsi en 1680 que les voleurs et autres bandits de grand chemin se relèvent la nuit pour occire les gens. Un siècle plus tard, en 1775, c'est au tour du révérend J. Clayton de publier un austère « Conseil amical aux pauvres », dans lequel il les met en garde contre les « Dangers des Réjouissances nocturnes ».

Pour d'autres, surtout les citadins ordinaires, c'est plutôt l'heure d'aller travailler. Au début du XVIIe siècle, le musicien Orlando Gibbons compose une « chanson de marché » (évoquant des scènes de rue) polyphonique intitulée « Les Cris de Londres ». Un marchand commence seul par ce vers : *God give you good morrow, my masters, past three o'clock and a fair morning* (Dieu vous fasse bonne journée mes chers ; passé trois heures que voilà belle matinée) avant d'être rejoint par quelque quatre-vingts « cris » vantant telle ou telle marchandise (moules, huîtres, harengs, châtaignes…). C'est donc que le chaland était à portée de voix – la vie battait son plein en ville à trois heures du matin !

UNE HISTOIRE HORIZONTALE DE L'HUMANITÉ

Si le sommeil segmenté était autrefois chose courante, comment expliquer qu'on en ait tout oublié, et pourquoi la littérature n'y fait-elle pas davantage référence ? Peut-être parce que ce phénomène étant la norme, justement, on n'éprouvait pas le besoin de l'analyser. Quand les grands auteurs anglais du XVIIe siècle, tels George Wither ou John Locke, mentionnent ces deux phases du sommeil, ils en font une caractéristique ordinaire de l'existence. « Tout homme dort par intervalles », remarque ainsi ce dernier sans autre forme de commentaire. Sachant qu'à l'aube du XVIIIe siècle, diaristes et autres chroniqueurs, assez rares jusque-là, se mettent à proliférer, on pourrait s'attendre à ce que l'art et la manière de dormir soient mentionnés dans leurs écrits. Mais c'est aussi à cette époque que l'éclairage artificiel fait son apparition dans les logis ; se coucher tard devient à la mode chez les gens fortunés (ceux, justement, qui tiennent un journal), ce qui peut laisser à penser que le sommeil biphasique était étroitement lié au mode de vie antérieur, dénué de frontière bien nette entre jour et nuit.

L'anthropologie peut-elle faire toute la... lumière sur cette question ? Les recherches menées au XXe siècle sur certains groupes ethniques africains d'agriculteurs sans éclairage artificiel tels que les Tiv (Nigéria), les Chaggas (Tanzanie) et les Gwi (Burkina Faso, Côte d'Ivoire) ont montré que cette forme de sommeil y était courante[10]. En 1969, les agriculteurs tiv du centre du Nigéria mesuraient encore le temps par les expressions traditionnelles de « premier sommeil » et « second sommeil ». En revanche, l'équipe du chercheur Jerome Siegel (Centre d'étude des troubles du sommeil rattaché à l'université de Californie à Los Angeles, ou UCLA) a observé en Tanzanie, en Namibie et en Bolivie trois sociétés de chasseurs-cueilleurs sans contact les unes avec les autres. Ils n'ont trouvé dans chaque cas aucune trace probante de sommeil segmenté, mais une même habitude de sieste diurne, surtout pendant les mois d'été. Ces scientifiques ont aussi constaté que les individus dormaient en moyenne six heures par nuit, c'est-à-dire moins que ne le recommande la médecine occidentale moderne, sans montrer aucun des effets indésirables généralement liés à la privation de sommeil (obésité, diabète, troubles de l'humeur). Pour Siegel et son équipe, ces schémas de sommeil (six heures d'un seul tenant) correspondent à la « structure fondamentale du sommeil humain, très probablement caractéristique de l'*Homo sapiens* prémoderne[11] ».

Cela dit, aucun groupe humain actuel, quel que soit son degré d'isolement, n'est une machine à remonter le temps. Aucune des sociétés étudiées ne vit dans une bulle préhistorique intacte, à l'abri du monde industrialisé. Les pionniers de l'anthropologie qui ont observé des peuples n'ayant jamais eu de contact avec les Occidentaux et leurs techniques n'ont pas fait mention de leur sommeil, sauf pour noter çà et là qui couchait avec qui et à quel moment. Ils ne le considéraient pas comme une donnée intéressante en soi. Le Polonais Bronislaw Malinowski (1884-1942), qui a fait de longs séjours en immersion chez les habitants de l'archipel des Trobriands (à l'ouest de la Papouasie-Nouvelle-Guinée), note souvent dans ses carnets qu'il va se coucher alors que les insulaires sont tout à fait réveillés, ce qui illustre bien la différence de perspective classique entre les anthropologues et leur sujet d'étude quand il s'agit du sommeil. Tout en décrivant soigneusement les huttes où dorment les autochtones, Malinowski ne fait pratiquement aucune allusion à leurs lits ou leurs pratiques en la matière. Il relève seulement que c'est une phase dangereuse pendant laquelle on risque davantage de subir un raid ou d'être ensorcelé. D'autres anthropologues de la même époque, tel Alfred Radcliffe-Brown (1881-1952), qui a étudié les Nuer, un peuple d'éleveurs de bétail de la haute vallée du Nil, ont rapporté des observations similaires.

En dernière analyse, chaque société transmet à ses enfants des pratiques différentes : le sommeil est un phénomène culturel autant que physiologique. En outre, *Homo sapiens* est très doué pour s'adapter. Nous avons toujours eu de multiples manières de faire les choses ; on ne peut donc partir du principe que les humains ont toujours eu les mêmes pratiques en matière de sommeil. Le modèle biphasique semble dominant dans les rares travaux anthropologiques consacrés au sommeil chez les peuples non industriels, mais il a certainement existé d'autres schémas. Reste que cette tendance peut expliquer certaines des perturbations qu'il connaît aujourd'hui.

L'industrialisation du sommeil

Dans le monde actuel, où chaque instant est planifié, une véritable industrie a émergé pour nous aider à nous endormir et à nous réveiller à heure fixe. Le premier somnifère moderne – un barbiturique de synthèse – a été mis au point en 1903 sous le nom de Véronal. En 1930, le nombre de comprimés absorbés annuellement aux États-Unis atteignait un milliard. En 2013, un rapport du CDC (Center for Disease Control and Prevention) indique que neuf millions de Nord-Américains – soit 4 % de la population adulte des USA – consomment des somnifères. En 2014, la dépense mondiale dans cette classe pharmaceutique se monte à cinquante-huit milliards de dollars, et on estime qu'elle dépassera les cent milliards en 2023. L'amère vérité est pourtant que ces médicaments n'augmentent que de vingt minutes à peine la durée totale du sommeil et possèdent énormément d'effets secondaires, qui vont du risque de chute à la démence.

Les hypnotiques n'ont pourtant rien de nouveau. On prétend que l'empereur romain Valérien (Publius Licinius Valerianus, 253-260 apr. J.-C.) était amateur d'une certaine concoction au point qu'on donna son nom à la plante. L'opium était lui aussi recherché pour ses « vertus dormitives » : un papyrus médical égyptien préconise déjà de le mélanger avec de la lavande et de la camomille. À la fin du XVIe siècle, le médecin français Jacques Ferrand conseille des « sangsues derrière les oreilles et sur la plaie un grain d'opium », mais en général, les riches insomniaques préfèrent le *laudanum*, une teinture d'opium mêlée à de l'alcool dilué. Au XIXe siècle, en Europe et aux États-Unis, la potion narcotique la plus consommée est connue sous le nom de « vin d'opium ». Composée d'alcool, là encore, mais aussi de sucre, elle a des effets quasi morphiniques et coûte souvent moins cher qu'un verre de gin ou de vin. D'ailleurs, l'alcool est en lui-même recherché comme remède : les Allemands buvaient à l'époque une *Schlaftrincke* (« boisson de sommeil ») avant d'aller se coucher.

La progression exponentielle de la consommation de somnifères va de pair avec la révolution industrielle. Les théoriciens de l'évolution y verront peut-être une stratégie adaptative – l'être humain en aurait besoin à cause de l'emploi du temps strict que lui impose le capitalisme. On doit désormais se lever suffisamment tôt pour être au travail à l'heure (le plus souvent hors de chez soi), et se plier à une durée de travail imposée. Pour paraphraser la journaliste Arianna Huffington, avec l'avènement de l'ère industrielle le sommeil est devenu une marchandise comme une autre, à exploiter au maximum[12]. Cet endoctrinement commence tôt : dès cinq ans les enfants doivent se lever à heure fixe pour aller à l'école et sont pénalisés s'ils sont en retard. Thomas Jefferson, dont on ne peut pas dire qu'il était un ardent défenseur de l'industrialisation, considérait la scolarité obligatoire comme indispensable à l'établissement d'une véritable république démocratique, mais telle qu'elle est pratiquée elle a aussi pour effet – c'est bien commode ! – de préparer la génération montante aux cadences impitoyables du travail.

En conséquence, si l'on se réveille trop tôt, peut-être conformément au schéma de sommeil naturel biphasique, on prend peur : *comment vais-je tenir le coup ?* Certains s'angoissent ainsi jusqu'à l'heure du lever, mais des milliards d'autres prennent un comprimé pour se rendormir. Pourtant, avant les montres, les pointeuses et les horaires de train, le sommeil n'obéissait pas à une régularité aussi stricte. Quand on se couchait plus tard que d'habitude, la seule conséquence était le décalage de la « veille/vigile » et du second sommeil. Ainsi, dans le « Conte de l'écuyer » de Chaucer, il est dit que Canacée, fille du roi du pays de Tartarie, « s'en alla coucher tôt après vêpre [...] et elle dormit son premier sommeil, et puis s'éveilla [...] avant que le soleil commençât sa montée » alors que parmi ses compagnes de voyage « tout le monde repose » encore après avoir veillé bien plus tard, et ne se lève qu'avec le jour.

L'ère industrielle apporte une tentation nouvelle : tout à coup, la nuit devient un petit monde en soi grâce à la lumière artificielle. Une conception qui n'est pourtant pas neuve, puisque dans l'Antiquité certains quartiers d'Éphèse et d'Antioche sous occupation romaine étaient déjà éclairés la nuit. C'est aussi le cas, au IXe siècle apr. J.-C., de la Cordoue musulmane. Mais cette pratique ne se généralisera qu'avec la révolution industrielle. Le gaz et l'électricité étant alors bon marché, à la fin du XIXe siècle, l'aristocratie n'est plus la seule à pouvoir se coucher tard. Matthew Walker, chercheur à l'université de Californie-Berkeley, avance que c'est en résistant ainsi au sommeil que nous sommes devenus trop gros, moins bien portants, et dépressifs[13].

Jadis la nuit était synonyme d'obscurité. Certains de nos travaux archéologiques personnels nous ont conduits dans des régions fort reculées où nous avons pu faire l'expérience d'un monde sans électricité. Quand nous travaillions sur un chantier de fouilles dans une région isolée de la plaine de la mer Rouge au Yémen, par exemple, nos soirées se déroulaient selon un modèle quasi invariable : nous restions assis autour du feu de camp jusqu'à la nuit tombée (en hiver, c'était assez tôt dans la journée) puis, surpris par l'obscurité, nous allumions des torches, ce qui attirait aussitôt une quantité apocalyptique d'insectes ailés ; nous nous empressions donc d'éteindre la lumière, puis nous nous rappelions opportunément que le lendemain matin il fallait se lever à cinq heures, et nous nous réfugiions sous nos tentes pour aller nous coucher. Le sentiment d'oppression suscité par la nuit est aujourd'hui oublié. La langue anglaise se dote au XVIe siècle d'une expression poétique, qu'on retrouve sous la plume de maints auteurs, pour désigner les ténèbres : *the night season,* la « saison de la nuit ». Au Moyen Âge, même dans les grandes villes européennes, quand on se déplace on loue les services d'éclaireurs pour trouver son chemin. À Londres on appelle *link boys,* du nom de la filasse des torches, ces garçons qui escortent les gens jusque chez eux[14].

Les choses ne commencent à changer qu'en 1667, sous Louis XIV, lorsqu'on équipe les rues de Paris en lampes à pétrole : en 1670, on en compte déjà trois mille, et le double en 1730. À la fin du XVIIe siècle, cinquante villes d'Europe suivent l'exemple, et en 1807 l'avenue londonienne appelée Pall Mall devient la première artère éclairée au kérosène (ou « pétrole lampant »). En 1823, on dénombre près de quarante mille de ces lanternes à Londres, qui couvrent plus de trois cents kilomètres de rues.

L'éclairage public révolutionne la vie urbaine. On se sent dorénavant à l'abri des tire-laine qui jusque-là attendaient le passant, cachés dans les sombres recoins. Pour la première fois, toutes les classes sociales des cités en pleine expansion peuvent vivre la nuit, fréquenter les lieux publics jusqu'au petit matin. Le chahut des fêtards crée des problèmes nouveaux et les bars ou pubs ouverts tard font scandale. C'est entre autres pour cela que dans la première moitié du XIXe siècle, Londres se dote de sa première police professionnelle. Petit à petit, la nuit devient plus sûre, plus protégée. Quels que soient les troubles du sommeil dont nous souffrons aujourd'hui, le sentiment de sécurité favorise l'endormissement (par exemple, on a constaté que les chats domestiques et les chevaux dressés dorment plus longtemps quand ils sont bien à l'abri dans une maison ou une étable). Ainsi, ce que nous avons perdu en termes de rythme et de durée est peut-être compensé par certains gains dont nous n'avons même plus conscience[15].

Et que penser de l'idée selon laquelle la privation de sommeil augmenterait notre productivité ? Il n'est pas rare que les dirigeants (on pense notamment à Margaret Thatcher, Bill Clinton ou Donald Trump, parmi d'autres) affirment dormir peu. Toujours d'après Arianna Huffington, se passer de sommeil en est venu à signifier la force, la mesure de virilité, l'efficacité maximale. Pourtant, la virilité n'est pas née d'hier : les civilisations (du moins celles qui ont laissé des traces écrites) sont patriarcales depuis toujours – ce sont les hommes qui règnent. Le machisme remonte à la Mésopotamie.

Les généraux célèbres de l'Histoire tels qu'Alexandre le Grand, Hannibal ou Napoléon ont été admirés pour la brièveté de leurs nuits. Churchill, c'est bien connu, faisait la sieste (depuis, des scientifiques ont démontré qu'elle était naturellement inscrite dans notre rythme circadien). « Il faut dormir à un moment entre déjeuner et dîner, et pas de demi-mesures, conseillait-il. Déshabillez-vous et allez vous coucher. Je n'y manque jamais. Et ne croyez pas qu'ainsi vous abattrez moins de besogne [...] C'est tout le contraire ! On bénéficie ainsi de deux journées en une [...] Quand la guerre a éclaté, j'ai dû opter pour la sieste, seul moyen pour moi de faire face à mes responsabilités[16]. » C'est cette habitude qui lui permettait de se coucher très tard le soir et de ne dormir que quatre heures, au grand dam de son staff. Mais dans son lit, il ne se contentait pas de dormir : il prenait des décisions d'une grande importance, s'entretenait avec ses généraux et ses ministres, et il y travailla même à la défaite d'Hitler.

D'autres individus dynamiques ont déclaré être de petits dormeurs. On dit que Léonard de Vinci (mais l'anecdote est peut-être apocryphe) a peint la *Joconde* en dormant deux heures par jour, fractionnées en petits sommes de quinze minutes toutes les quatre heures. Benjamin Franklin a quant à lui déclaré : « Se coucher et se lever tôt rend l'homme sain, riche et sage » – même si ses carnets montrent qu'en fait, il dormait beaucoup, le plus souvent de dix heures du soir à cinq heures du matin. Voltaire se contentait pour sa part de quatre heures par nuit... mais cela s'explique sans doute par le fait qu'il buvait quarante cafés par jour. On ne s'étonnera guère que la consommation de café ait énormément augmenté depuis le début de l'ère industrielle.

En général, si on ne dort pas assez, on souffre. Churchill surnommait « le chien noir » la dépression qui le hantait. Mais de rares individus se contentent aisément de cinq heures de sommeil par nuit sans que leur santé en pâtisse. Cette élite de « petits dormeurs naturels » est plutôt positive, optimiste, alors que les gros dormeurs ont tendance à déprimer. Thomas Edison, qui fit plus que quiconque pour éliminer le sommeil biphasique, figure parmi les plus petits dormeurs de l'Histoire – on dit qu'il ne dormait que quatre heures par nuit, souvent dans son bureau, sur un lit de camp, voire à même le sol. Tout à son dédain des gens qui pensent avoir besoin de plus, il écrivit dans le *New York Times*, à l'âge de quatre-vingt-six ans : « L'homme de demain passera moins de temps au lit [...] Autrefois on se levait et se couchait avec le soleil [...] Dans un million

LE SOMMEIL À TRAVERS LES ÂGES

d'années, on n'ira plus au lit. Franchement, dormir est une absurdité, une mauvaise habitude. Il n'y a rien de plus dangereux au monde pour l'efficacité que de trop dormir[17]. »

Comme on peut s'y attendre, dans notre monde où tout est dicté par l'horloge, l'avenir (ainsi que la richesse et la renommée) appartient à ceux qui se lèvent tôt. En 1859 est fondée à New York l'« Association des jeunes lève-tôt », dont les membres attribuent leur réussite à cette pratique. Cette idéologie trouve un écho dans l'actuel mouvement lancé en ligne par l'exubérant DJ et écrivain Hal Elrod, qui exhorte ses *followers* à se lever dès cinq heures du matin s'ils veulent déployer une productivité phénoménale. Dans l'intérêt de la recherche, les auteurs de ces lignes ont fait l'expérience : ça marche. Nous n'avions jamais été aussi productifs. Ça a duré à peu près une semaine. Ensuite, nous nous sommes sentis un peu fatigués ; nos réjouissances nocturnes nous manquaient et nous entendions résonner l'appel du lit. À présent, nous sommes plutôt des disciples de Tom Hodgkinson, rédacteur en chef du magazine *The Idler* (littéralement, « L'Oisif ») et auteur d'un certain nombre d'ouvrages sur l'oisiveté qui préconisent de faire la grasse matinée et de profiter un peu de la vie.

Mais combien de temps doit-elle durer, cette grasse matinée ? En 2002, dans le cadre d'une très grande étude pour le Scripps Sleep Center, Dan Kripke a interrogé plus d'un million de Nord-Américains afin de déterminer la durée optimale du sommeil. Il a constaté que la mortalité était plus basse chez les gens qui dormaient à peu près sept heures par nuit (ce qui était alors la moyenne aux États-Unis)[18]. En 2017, le « Rapport sur les habitudes de sommeil en Grande-Bretagne » du British Sleep Council a pour sa part révélé que 74 % des Britanniques dormaient moins de sept heures et 12 % moins de cinq, tandis que 30 % signalaient « mal dormir presque toutes les nuits ». La solution n'est pas évidente, mais à nos yeux il serait bon que chacun trouve un moyen de se « re-préindustrialiser » en travaillant pour soi et en se couchant à l'heure qui lui convient. Ceux dont le sommeil est naturellement biphasique se réveilleraient alors au milieu de la nuit, tout simplement, et feraient ce qu'ils ont envie de faire au lieu de prendre un somnifère ou de s'angoisser en regardant défiler les minutes sur leur réveille-matin. Après tout, il y a des tas de choses que l'on peut faire au lit.

3

Le Big Bang

En 64 apr. J.-C., l'empereur Néron se marie pour la cinquième fois, mais c'est lui qui joue le rôle de la promise toute rougissante tandis que Pythagore, son esclave affranchi, joue le rôle du mari – à moins qu'il ne s'agisse de Sporus, ou encore de Doryphore, les sources différant sur ce point. Ce qui est sûr, c'est que le mariage fit scandale. Tacite écrit, outré :

> *Néron, souillé de toutes les voluptés que tolère ou proscrit la nature, semblait avoir atteint le dernier terme de la corruption, si, quelques jours après, il n'eût choisi, dans cet impur troupeau, un certain Pythagoras auquel il se maria comme une femme, avec toutes les solennités de noces véritables. Le voile des épouses fut mis sur la tête de l'empereur : auspices, dot, lit nuptial, flambeaux de l'hymen, rien ne fut oublié. Enfin, on eut en spectacle tout ce que, même avec l'autre sexe, la nuit cache de son ombre*[1].

À l'époque romaine, la fonction du mariage est de perpétuer la lignée mâle en ayant des enfants, et de préférence des garçons, lesquels sont destinés à faire carrière dans l'armée ou l'administration coloniale. Dans les bonnes familles gréco-romaines comme dans bien d'autres, les enfants sont des pions qu'on place sur l'échiquier politique, avec des enjeux considérables. On ne plaisante pas avec le devoir conjugal et on attend des femmes qu'elles enchaînent les grossesses. La fécondité ainsi établie, et la descendance assurée, la pérennité de l'Empire tout entier dépend de la procréation au sein des couples. Musonius Rufus, qui enseigna la philosophie stoïcienne jusqu'à ce que Néron le contraigne à l'exil, affirme que la possession d'organes génitaux et l'acte de se marier n'ont pour but exclusif que l'enfantement, et à travers lui la survie de l'espèce humaine[2].

Notre sexualité a vraisemblablement peu évolué depuis l'apparition d'*Homo sapiens* il y a trois cent mille ans. Avec des variantes individuelles, nous éprouvons les mêmes pulsions sexuelles que les artistes rupestres du paléolithique, les pharaons ou les dames de la bourgeoisie victorienne. Cependant, notre façon de vivre avec ces pulsions va de l'austérité à la licence, en passant par toutes les nuances intermédiaires. Qui a le droit de coucher avec qui, pourquoi et comment : les lois régissant les mœurs changent profondément selon le contexte social, et le lit a bien souvent été le témoin de ces ébats.

Couche-toi là

Sur les bas-reliefs de sa chambre mortuaire, Mérérouka, le vizir égyptien dont il est question dans le premier chapitre, s'avance vers son lit nuptial en tenant son épouse par la main[3]. Ce qui s'ensuit est indubitablement un rapport sexuel, mais avec pour but la conception. Pour un pharaon ou un haut dignitaire, le devoir conjugal est de fait une occupation sérieuse, car à tout moment le monarque peut inopinément passer de vie à trépas, et s'il n'a pas d'héritier c'est la crise de régime. La cour n'est que conjurations et contre-conjurations ; parmi les conspirateurs, c'est à qui s'attirera les faveurs du souverain, et ce qui se trame dans son lit – où il est tenu d'assurer sa descendance – les concerne au premier chef. Le pharaon est en permanence rappelé à ce devoir, même lorsqu'il enlace son épouse dévêtue. Les artistes qui décorent les chambres funéraires ne font allusion au sexe que de manière très formelle, ainsi qu'il sied à ces hauts personnages dont il convient de préserver la dignité jusque dans leur imposant sépulcre, et on ne connaît qu'un seul exemple de représentation hiéroglyphique d'un couple faisant l'amour : elle se trouve dans un hypogée de Béni Hassan datant du Moyen Empire, mais a depuis longtemps été effacée par les doigts des visiteurs trop curieux. Toutefois, il existe beaucoup de représentations informelles de rapports sexuels dans les graffitis, ainsi que sur le *Papyrus érotique de Turin*, qui semble montrer une maison de prostitution contenant divers accessoires érotiques, dont l'un est en forme de chariot.

Comme toutes les civilisations préindustrielles (du moins celles dont on a déchiffré les traces écrites), l'Égypte ancienne est organisée autour des hommes. Les terres et les biens se transmettant de père en fils, la lignée mâle devait absolument être assurée. Mais il fallait pour cela en passer par les femmes... d'où l'importance de contrôler celles-ci ainsi que leur sexualité, et là, le lit conjugal avait son rôle à jouer.

Pour les Sumériens, le mariage est une transaction[4]. Dans leur langue, le mot signifiant « amour » peut aussi se traduire par « délimiter une terre ». On rédige un contrat et les deux familles versent une dot. Aussitôt la cérémonie du mariage célébrée et le festin terminé, l'épouse emménage avec son mari chez le père de celui-ci. Suit l'accouplement, l'espoir étant qu'elle soit vierge et tombe rapidement enceinte. Si une seule de ces étapes est contournée ou improprement accomplie, le mariage peut être annulé.

Les Gréco-Romains formalisent également le rôle de chaque sexe dans le lit nuptial. Au sein des classes moyennes et supérieures, le père – chef de famille – prépare soigneusement le mariage arrangé de ses filles ou confie cette tâche à un tuteur. Dans *L'Économique*, Xénophon fait par exemple dire à cet affreux pragmatique d'Ischomaque devant sa fiancée de quatorze ans :

> *Commences-tu à comprendre pourquoi je t'ai prise et pourquoi tes parents t'ont donnée à moi ? Ce n'était pas qu'il nous fût difficile d'en trouver quelque autre avec qui partager un même lit : je suis sûr que toi-même en es convaincue. Mais après avoir réfléchi, moi pour moi, et tes parents pour toi, aux moyens de s'assortir le mieux possible pour avoir une maison et des enfants, je t'ai choisie, de même que tes parents m'ont probablement choisi, comme le parti le plus convenable*[5].

La virginité même de la jeune Romaine ne lui appartient qu'à hauteur d'un tiers : les deux autres sont à ses parents, qui remettent leur fille entre les mains de leur futur gendre, assortie de la dot adéquate. Une fois mariée, ses responsabilités sont lourdes, et cela commence dès qu'elle franchit le seuil de la maison de son mari. On lui demande d'être fidèle et sexuellement vertueuse, de concevoir et d'élever des enfants, d'assurer la bonne marche de la maisonnée et de filer la laine. Si elle a une progéniture nombreuse et un ménage bien tenu, elle est entourée d'honneurs. La *madrona* n'est l'épouse que d'un seul homme dans sa vie, et son devoir sacré est de donner naissance de préférence à des garçons, lesquels, une fois adultes, intégreront l'administration civile ou militaire et perpétueront la lignée. Le poète Catulle (Ier siècle av. J.-C.) écrit d'ailleurs dans un épithalame que sans « l'hymen [...] la patrie n'a point de guerriers qui protègent ses frontières ». Plus cynique, son contemporain Properce refuse que ses fils deviennent soldats.

Au temps de l'empereur Auguste, les femmes ont un statut comparable à celui des enfants et des esclaves. Elles sont soumises à leur père, leurs frères, leur mari. Le sexe et la procréation font partie de leurs devoirs d'épouses. On ne sait pas si elles y prenaient du plaisir, mais souvent – surtout pour celles qui n'en pouvaient plus des grossesses incessantes – ce devait plutôt être une corvée à supporter en silence. Aux yeux de la religion, et donc de l'État, la sexualité remplissait une fonction primordiale. Cicéron, juriste et homme d'État, évoque notamment dans le *Traité des devoirs* le « besoin de se reproduire » commun « à tous les êtres animés », ajoutant que « le mariage est la première société [et] la famille le principe de la cité, et en quelque façon la semence de la république[6] ». Même si les filles comme les fils étaient soumis à la *patria potestas*, l'autorité paternelle, on trouvait encore, dans les premiers temps de la Rome impériale, des femmes instruites, dites

« émancipées », qui, sans pour autant être éligibles (sauf pour accéder au rang de vestales), ni même détenir le droit de vote, exerçaient tout de même une certaine influence.

Juste après s'être séparé de son épouse Terentia, qui avait été très active auprès de lui, Cicéron s'entendit demander s'il comptait se remarier ; il répondit qu'il ne pouvait s'occuper à la fois de philosophie et d'une épouse. Toutefois, il dut bientôt revenir sur ses déclarations : il devait rembourser la dot de Terentia et, pour cela, n'avait d'autre choix que de convoler en secondes noces. Comme tous les couples mariés aisés, il est probable que Cicéron et sa femme dormaient dans la même chambre. Il s'agissait le plus souvent d'une pièce carrée située au rez-de-chaussée ou au premier étage, et donnant sur une cour. Les fenêtres étaient petites, pas forcément pour préserver l'intimité des habitants mais parce que l'architecture était simple, à base de linteaux en pierre ou de simples arches en brique. Le mobilier se réduisait au lit, seul lieu relativement privé de la maison, qui servait aussi bien à dormir qu'à abriter les ébats conjugaux. Les lits de bonne qualité étaient en bois, les plus coûteux s'ornant de fer forgé, avec une structure légère, si bien que très peu sont parvenus jusqu'à nous. Ce que nous en savons, nous le tenons surtout des frises de Pompéi et d'Herculanum, ainsi que de peintures et reliefs retrouvés ailleurs. Souvent fermés sur trois côtés et posés sur des pieds, ils étaient parfois surélevés à chaque extrémité pour accueillir des coussins. Ce *lectum* – qui tenait du lit ou du divan grecs classiques – pouvait être assez humble ou comporter au contraire des raffinements considérables dans les riches maisonnées.

LE BIG BANG

Dans l'Europe du Moyen Âge, les femmes jouissent d'un statut très différent selon les pays. Certaines – comme Aliénor d'Aquitaine (1122-1204) – possèdent richesse et pouvoir, quand d'autres deviennent de puissantes abbesses ou dirigent des communautés religieuses. Mais dans le cadre des liens du mariage, le pouvoir revient à l'époux, avec des nuances selon le rang. Dans l'Angleterre des Tudor, les filles sont la propriété de leur père, puis de leur mari. Un matin de bonne heure, le juriste et homme politique sir William Roper rend visite à l'érudit sir Thomas More afin de choisir parmi ses filles celle qu'il demandera en mariage. Thomas More l'introduit alors dans sa propre chambre, où deux de ses filles dorment dans un lit gigogne, et ôte le drap qui les recouvre. Les jeunes filles attendent, la chemise de nuit remontée jusqu'au cou. Par pudeur, elles se retournent, ce qui fait dire à sir William : « J'ai vu les deux côtés. » Sur quoi il en tapote une sur le postérieur et déclare qu'elle sera sienne. Ce qu'en pensent les intéressées n'a pas été rapporté[7].

À l'époque, chez les élites, le coucher des époux est un spectacle qui se joue devant la cour. Les mariages sont arrangés, souvent avec d'importantes conséquences diplomatiques ; leur consommation symbolise donc une alliance indéfectible. Après le repas de noces, la mariée est déshabillée et mise au lit par ses suivantes. Puis le marié vient la rejoindre, en chemise de nuit et accompagné de ses valets de chambre, avec parfois des musiciens et un prêtre pour bénir leur union. Alors on tire les rideaux du lit. Il arrive que les témoins restent sur place jusqu'à ce qu'on voie les jambes nues des conjoints se toucher, voire plus longtemps encore, en guettant tout bruit suggestif. Le lendemain matin, on exhibe parfois la literie tachée pour prouver que le mariage a bel et bien été consommé.

La fiancée doit évidemment être vierge, mais ce n'est pas toujours le cas, et pour produire un saignement convaincant on peut par exemple lui introduire du sang dans le vagin au moyen d'une éponge. Plus récemment, au XIXe siècle, la rumeur voulait que les prostituées d'Europe et des États-Unis – qui pouvaient se faire payer plus cher en se prétendant vierges (donc sans maladies sexuellement transmissibles) – utilisent des morceaux de verre brisé, voire des sangsues, pour produire un drap taché.

On considérait généralement que pour être bien assortis les conjoints devaient avoir à peu près le même âge et être de rang et de fortune équivalents. Toutefois, en cas de secondes noces, on pouvait déroger à la règle. Par exemple, en France, Louis XII (1462-1515) se remarie en 1514, donc à l'âge de cinquante-deux ans, avec Marie d'Angleterre, sœur d'Henry VIII, âgée de dix-huit ans ; il mourra trois mois plus tard, peut-être épuisé par ses efforts au lit. Mais il est probable que peu de couples royaux ont fait preuve d'une telle ardeur : la nécessité d'assurer la continuité de la dynastie comptait beaucoup plus que l'attirance sexuelle ou l'amour romantique. Les membres de la noblesse et de la famille royale s'y prenaient bien à l'avance : le prince Arthur d'Angleterre (né en 1486) avait deux ans lorsqu'on le fiança à Catherine d'Aragon, qui en avait alors trois.

Dans l'Angleterre du XVIIe siècle, le mot *bed* était si étroitement lié à la notion de mariage qu'il faisait partie de sa définition juridique et servait à en décrire l'état : si l'un des deux époux se rendait coupable d'adultère, on disait qu'il ou elle avait profané la couche de son conjoint, qui pouvait alors le ou la « bannir de son lit ».

En Chine, le mariage traditionnel était lui aussi le plus souvent arrangé, au point de prendre des allures formelles de transaction immobilière. En effet, des intermédiaires en réglaient les conditions financières et sociales, et le fiancé ne rendait visite à sa promise qu'une fois les négociations conclues. Après quoi cette dernière rentrait avec lui dans sa nouvelle demeure. Le dîner de noces avait lieu le jour même, puis l'union était consommée dans la chambre nuptiale, dite « mystérieuse ». Là encore l'épouse était censée être vierge et on en demandait la preuve sous forme de drap taché. L'époux avait coutume de lui offrir, en vue du coït, un manuel illustré représentant diverses positions. Une fois mariées, les femmes ne voyaient que rarement leur époux, excepté à l'heure des repas et au lit[8].

Il semble que dans les familles fortunées les rideaux du lit aient revêtu une importance particulière aux yeux des épouses : ils symbolisaient le lien qui les attachait à leur mari jusqu'à la fin de leur vie. Quand on en avait les moyens, on investissait dans des soieries brodées de personnages célestes qui créaient en quelque sorte une « chambre dans la chambre », laquelle protégeait les occupants du froid et des moustiques et les isolait des regards, car la pièce était grande et d'autres personnes y dormaient. Le texte intitulé *Conseils de la monitrice aux dames du Palais* (IIIe siècle apr. J.-C.) évoque ainsi un lit à baldaquin en forme de podium sur pieds dont les montants sont flanqués de tissu léger.

Comme les dignitaires égyptiens, les courtisans chinois administrent la vie sexuelle de l'empereur, qui doit respecter un calendrier très strict. Il est courant que les concubines se livrent une concurrence implacable pour obtenir ses faveurs, l'accès au souverain étant régi par un bataillon d'eunuques. Lorsqu'il a fait son choix pour la nuit, on habille les concubines d'un simple tissu doré, on les transporte jusqu'à la chambre impériale, on les dépose au pied du lit et elles rampent alors doucement sous les draps jusqu'à la royale contenance. Les empereurs avaient la réputation d'être de véritables bêtes de sexe capables d'honorer neuf femmes dans la nuit en les amenant à l'orgasme après leur avoir prodigué maintes caresses, mais sans éjaculer eux-mêmes, ce qui nécessitait donc une grande maîtrise de soi. On ne sait pas dans quelle mesure ces récits relèvent du fantasme, et on ne sait rien non plus de ce que ressentaient réellement les jeunes femmes, mais elles savaient que leur rôle était de divertir et de feindre l'extase. Toutes ces femmes « orgasmiques » partageant sa couche étaient censées être bénéfiques pour l'empereur, car on disait que leurs sécrétions vaginales renforçaient son essence masculine (yang).

En plus de satisfaire ses concubines, ce dernier devait passer la nuit de la pleine lune avec l'impératrice ; l'astrologue et le médecin de la cour calculaient l'heure à laquelle il devait éjaculer afin d'engendrer un descendant mâle. Cette formalisation des rapports sexuels était omniprésente. On racontait que Huangdi, l'« empereur jaune », mythique fondateur de la civilisation chinoise, avait accédé à l'immortalité en ayant mis dans son lit mille vierges nubiles. Un autre empereur, Sui Yangdi (604-618), entretenait trois mille servantes au palais avec qui il couchait parfois, en plus de ses soixante-dix concubines. On dit qu'il les préférait adolescentes et vierges, et qu'au lieu de les convoquer dans son lit il les faisait attacher bras et jambes écartés dans un fauteuil roulant pourvu d'un siège mécanique qui les plaçait dans la position voulue pour « recevoir les faveurs impériales ». Cette obsession pour les jeunes vierges inexpérimentées mais fertiles se manifeste à de multiples reprises dans les sociétés patriarcales, ce qui s'explique si on garde en mémoire que la priorité est de s'assurer une descendance.

L'Angleterre victorienne, traversée de tabous et d'idées préconçues, est, du moins en surface, l'exemple même de la respectabilité et des comportements gourmés. Interdiction absolue d'aborder les choses du sexe, auxquelles on ne se livre que pour faire des enfants et seulement dans le secret de la chambre à coucher. Les femmes se doivent d'être chastes, le modèle ultime étant, pour les chrétiens, la Vierge Marie. Si l'on découvre que vous avez forniqué pour le plaisir, votre réputation en est sérieusement entamée. La sanction de la transgression est sévère et publique, et l'opprobre jeté sur les « bâtards », c'est-à-dire les enfants nés hors mariage, on ne peut plus réel. Mais les préceptes victoriens dépassent vite les frontières de la Grande-Bretagne pour se répandre dans toute la bonne société européenne. La masturbation, dont la Grèce antique avait fait un sujet de comédie, est désormais proscrite et empêchée par d'impitoyables dispositifs tels que l'anneau pénien hérissé de picots, qui réveille le dormeur impénitent avant que ses rêves érotiques ne s'épanouissent. Sous le règne d'Henry VIII, la pénétration anale – homosexuelle ou hétérosexuelle –, considérée comme allant « contre la volonté des hommes et de Dieu », avait été punie de mort. Toujours à l'époque victorienne, l'homosexualité masculine est vue comme une maladie ; quant à l'homosexualité féminine, elle n'est même pas envisageable. L'éducation sexuelle n'existe pas et la figure (fictive) de Mrs Grundy, incarnation de la pruderie, vient renforcer l'attitude générale envers la chambre à coucher, considérée comme lieu de procréation d'où le plaisir doit être banni[9].

Cependant, à côté de la structure patriarcale des grandes civilisations, il a existé des peuples au sein desquels les femmes étaient en position de force, ou au moins les égales des hommes, pour ce qui avait trait au lit. Malinowski a ainsi découvert, en étudiant il y a un siècle les mœurs sexuelles des habitants des îles Trobriand, que dans cette société matriarcale, comme chez les Hopis ou les Iroquois aux États-Unis, les enfants et les biens matériels restaient dans la famille de la mère[10]. On encourageait les femmes à s'affirmer, à se montrer dominantes quand elles poursuivaient de leurs assiduités un amoureux ou, au contraire, le repoussaient. Il n'existait pas à proprement parler de cérémonie de mariage, le jeune couple se contentant de partager un lit. Si les amoureux souhaitaient bel et bien s'épouser, la jeune fille acceptait une offrande – de préférence des ignames – de la part de son compagnon, et les parents avalisaient le mariage. Le divorce était facile et déclaré par consentement mutuel. Si l'homme désirait revenir au côté de la femme, il la courtisait, là encore en lui offrant des ignames ainsi que d'autres présents, mais c'était à elle de le reprendre ou non dans son lit. On pensait que les enfants procédaient d'une intervention magique de la part d'un esprit ancestral qui entrait dans le corps de la mère. Après chaque naissance, le frère de la mère offrait des ignames à sa sœur afin que l'enfant soit nourri avec des aliments provenant de son matrilignage. À partir de sept ou huit ans, garçons et filles se livraient à des jeux sexuels de manière à faire l'apprentissage de la vie à l'intérieur de leur groupe d'âge. Les rapports sexuels à proprement parler intervenaient quatre ou cinq ans plus tard. La plupart des villages possédaient une hutte spéciale appelée *bukumatula* qui contenait des lits (non décrits par l'anthropologue) destinés aux relations extraconjugales. Toutefois, ce n'était pas pour autant une société d'anarchie et d'amour libre. Malinowski a bien pris soin de relater les lois qui régissaient ces rencontres ; il était notamment malséant de regarder un couple en train de faire l'amour.

Le sacré et le profane

L'Épopée de Gilgamesh, œuvre littéraire remontant aux premiers temps de la civilisation mésopotamienne, fait figurer la sexualité parmi les grandes joies terrestres. Quand Enlil, roi des dieux, épouse la déesse Ninlil, leur première nuit est ainsi décrite comme extatique : « [...] dans la chambre à coucher, sur la couche fleurie, embaumée comme une forêt de cèdres, Enlil, dieu de la fertilité et de la sagesse, fit l'amour à sa femme et y prit grand plaisir[11]. » Bien que le mariage soit là encore arrangé par la famille, les Mésopotamiens apprécient l'amour et ont laissé de nombreux chants évoquant la passion naissante entre deux êtres. Un de ces poèmes d'amour s'intitule par exemple : « Va-t'en, sommeil ! Je veux serrer dans mes bras mon chéri[12] ! »

Les Mésopotamiens ont donc une sexualité épanouie, mais pas toujours au lit. On a retrouvé de très explicites tablettes en terre cuite produites en grand nombre au début du second millénaire av. J.-C. L'une d'elles représente par exemple une femme aspirant avec une paille le contenu d'une cruche pendant qu'un homme la pénètre par-derrière en buvant goulûment une coupe de vin, le tout symbolisant la fellation et le cunnilingus. Le *coitus a tergo* était une pratique très répandue, peut-être parce que le sexe anal permettait d'éviter les grossesses. D'autres tablettes montrent les deux partenaires debout ou bien dans la position du missionnaire. Selon un expert, elles faisaient partie de la culture populaire et étaient donc accessibles aux hommes, aux femmes et aux enfants.

En Égypte, à côté du grand sens moral qui prévaut à la cour du pharaon, les gens ordinaires disposent de multiples mots et expressions pour évoquer la sexualité, dont « dormir avec » (par euphémisme), l'enthousiaste formule « prendre du bon temps avec », et cette imprécation : « Qu'il soit violé par un âne ! » Pas trace de notre pruderie moderne envers la représentation du pénis en érection, symbole de fertilité. En mettant au jour le port de Naucratis, dans le delta du Nil, les archéologues du XIXe siècle ont été scandalisés par les centaines de figurines érotiques qu'ils y ont découvertes, dont certaines arboraient un énorme phallus. Jugées trop inconvenantes pour être exposées, elles ont été cachées dans les entrepôts des musées. Il y avait notamment parmi elles une statuette en roche calcaire d'Horus enfant affublé d'un pénis démesuré qui fait de l'ombre à sa tête, comme une palme géante. Le même genre de figures « naucratiques » – comme les ont dénommées leurs découvreurs, là encore par euphémisme – ont été retrouvées à l'occasion de fouilles dans de nombreuses villes de la Basse Époque

(664-332 av. J.-C.), surtout dans le delta du Nil, et on est quasi certains qu'elles servaient aux rites de fertilité tels que le « festival de l'ivresse », lequel célébrait l'inondation saisonnière des terres par le Nil.

Les textes romains abondent eux aussi de références aux plaisirs du lit. Le fameux mythe mettant en scène Éros, dieu de l'amour, et Psyché, la déesse d'une grande beauté dont le nom signifie « âme », fait état du grand attachement de celle-ci pour son lit ainsi que pour la nuit – elle redoute le jour. Fiancée à Cupidon, il lui est pourtant interdit de le voir. Pomponnée en vue de sa nuit de noces, elle attend son futur époux dans un lit pourvu des draps les plus fins et, cette nuit-là comme toutes les suivantes, elle accueille son homme pour des ébats orgiaques tout en ayant juré de ne jamais chercher à voir son visage. Malheureusement, elle succombe à la tentation et Éros s'enfuit à jamais.

Même dans les mariages arrangés il arrive que les conjoints soient dévoués l'un à l'autre, et les stèles funéraires nous en apportent la preuve : ainsi, Lucius Aurelius Hermia et sa femme Aurelia Philematium, deux esclaves affranchis d'origine grecque qui vécurent à Rome au Ier siècle av. J.-C., se connaissaient depuis l'âge de sept ans et restèrent ensemble trente-trois ans. Leur relief mortuaire, qui nous est par chance parvenu et est désormais conservé au British Museum de Londres, se lit comme suit : « Ma compagne, qui quitta cette vie avant moi, avait le corps pur et l'esprit aimant. Je n'en eus pas d'autre », pour lui, et pour elle : « Celui que j'ai perdu, hélas, fut véritablement et incontestablement beaucoup plus qu'un père pour moi[13]. »

Les Chinois, eux, tenaient sur le sexe en chambre un discours agréablement sans équivoque, voire quasi dogmatique. Leurs manuels sexuels sont de véritables catalogues d'instructions et d'attentes précises. « Plus grand est le nombre de femmes avec qui un homme a des rapports, plus il en retirera de bénéfice », écrit Ge Hong, lettré taoïste, au IVe siècle av. J.-C[14]. La doctrine du Tao, ou « Voie suprême de la Nature », qui a dominé la société et la pensée chinoises pendant plus de deux mille ans, estime fondamentalement que c'est en vivant en parfaite harmonie avec la nature qu'on accède au bonheur et à la longévité. Chacun est censé rechercher un équilibre entre le yin, force passive, et le yang, force active. Lorsqu'ils sont étroitement liés, ils entraînent le souffle de vie vers la « Voie » (le Tao). Celui qui s'écarte de la Voie naturelle peut y être ramené par la discipline du corps, laquelle inclut la sexualité qui, on l'a vu, assurait chez l'empereur la nécessaire interaction entre le yin et le yang – entre, d'une part, l'essence humide représentée par les sécrétions qui lubrifient le sexe féminin et, d'autre part, le sperme de l'homme. Ainsi le sexe était-il une des voies menant au paradis. Quantité de traités sans ambiguïté apprenaient aux lecteurs à parvenir à un équilibre idéal entre yin et yang, qui dépendait autant du plaisir des femmes que de celui des hommes.

Ces ouvrages étaient habituellement divisés en six parties. Après une introduction abordant des questions d'ordre cosmologique ainsi que le sens et la portée de l'acte sexuel, ils traitaient des préliminaires, puis des positions et des techniques de pénétration. Le Tao affirme que « l'homme est né pour s'allonger à plat ventre et la femme pour être sur le dos », mais d'autres possibilités sont évoquées. Les chapitres suivants exposent les vertus thérapeutiques de l'activité sexuelle, l'art de choisir la femme qui convient et, pour celle-ci, les comportements à adopter pendant la grossesse, tout tournant toujours autour de l'harmonie yin/yang. L'essence féminine yin est inépuisable, au contraire du yang, qui est en quantité limitée. Donc, dans l'idéal, et là encore comme pour les empereurs, il est souhaitable de faire durer le rapport sexuel le plus longtemps possible. Dans les *Instructions secrètes de la chambre de jade*, il est dit qu'un garçon de quinze ans solidement bâti peut émettre du sperme deux fois par jour, et un homme de soixante-dix ans, lui aussi de bonne constitution, une fois par mois.

En ce qui concerne l'acte proprement dit, il peut avoir lieu sur toute surface plane. Le lit chinois est à l'origine une natte sur laquelle on s'allonge ou se tient assis. L'estrade ne se répand qu'à l'arrivée du bouddhisme, autour de l'an 200 apr. J.-C., Bouddha étant représenté sur un podium. Elle se mue rapidement en siège destiné aux hôtes de marque ou aux hauts dignitaires, et le lit lui aussi se voit agrémenté de quelques raffinements. Des coussins rebondis apportent un confort supplémentaire... et permettent des positions sexuelles inventives. Les hivers étant très froids en Chine, on apprécie un lit bien pourvu en couvertures. Aux temps préhistoriques, on allume un feu sur un sol en argile, puis, pour dormir, on étend des nattes sur l'emplacement encore chaud du foyer après en avoir balayé les braises. Mais dès l'an 100 av. J.-C., nombre de maisons sont équipées d'une estrade appelée *kang*, qui surmonte un fourneau. La gent féminine y passe beaucoup de temps pendant la journée, et cette plate-forme chauffante accueille toutes sortes d'activités, notamment sexuelles.

En Inde, le sexe est pour les hindous considéré comme un devoir religieux, une manière plaisante de soigner son *karma*, donc d'espérer se réincarner en un être meilleur. Le karma est une quête individuelle, centrée sur soi et souvent marquée par un pragmatisme impitoyable. Le *Kâma Sûtra* fait son apparition vers 600 av. J.-C., à une époque où la classe marchande s'agrandit, s'enrichit et prend conscience de son rôle, ce qui incite ses membres à codifier leurs comportements, tant dans la sphère religieuse que dans ses rapports avec le reste de la société. Ce célèbre recueil de pratiques sexuelles se répand dans la population au moment où les hindous se rendent compte que le sexe ne se résume pas au badinage amoureux et à la mécanique de la reproduction[15]. Son auteur, anonyme, se préoccupe autant des émotions mêlées des amoureux que des techniques elles-mêmes. Loin des aspects un peu cliniques des manuels chinois, il définit au sein de l'amour quatre catégories : le simple goût pour le sexe ; la dépendance envers ses différentes expressions, telles que le baiser ou le sexe oral ; l'amour faisant intervenir une attirance mutuelle spontanée entre deux personnes ; et l'amour univoque de celui ou celle qui admire la beauté de l'autre. Ici, l'amour et le sexe sont placés sur des plans différents. Contrairement aux textes chinois, qui se préoccupent exclusivement de ce qui se passe au lit et non des moyens d'y entrer ou de complaire à son époux de manière asexuelle, cet aspect du comportement féminin occupe une place fondamentale dans le *Kâma Sûtra*. Celui-ci répertorie sept types de rapports sexuels, allant de l'amour physique entre deux personnes qui s'aiment à la rencontre entre un haut personnage et une domestique. On y trouve aussi une échelle des tailles des sexes masculins, mais surtout ce qui a fait sa réputation : un catalogue de positions. De nos jours, on peut même télécharger une application sur son téléphone qui les détaille comme dans un cahier d'exercices. Mais le texte d'origine, lui, insiste beaucoup sur le plaisir et le soin à apporter aux préliminaires. « Dans la chambre de plaisir, décorée de fleurs et embaumée de parfums [...] en compagnie de ses amis et serviteurs [l'homme] recevra sa femme [...]. Ils se livreront alors à une plaisante conversation sur différents sujets. Enfin [il] renverra le monde qui sera autour de lui, et lorsqu'ils seront enfin seuls tous les deux ils procéderont comme il a été écrit dans les précédents chapitres. Tel est le commencement de l'union sexuelle. » Le *Kâma Sûtra* est un guide pour amants athlétiques où nombre de positions suggérées ne sont accessibles qu'aux plus jeunes et aux plus souples, mais dans l'ensemble celles-ci supposent l'emploi d'un confortable espace surélevé et l'utilisation stratégique de coussins et oreillers pour positionner la partenaire selon l'angle permettant pénétration et satisfaction. On pourrait d'ailleurs avancer (probablement à tort) que c'est ce texte qui a fait entrer ces moelleux accessoires dans les mœurs sexuelles. Ses enseignements – parmi d'autres recueils de conseils – étaient largement répandus. Examinant sérieusement les positions usuelles, et parvenant tout juste à un total de onze, Cheik Nefzâwî, auteur au XVIe siècle du manuel d'érotologie arabe intitulé *Le Jardin parfumé pour la récréation de l'âme*, en conclut – sans doute à raison – que les Indiens étaient « allés plus loin que nous dans la connaissance et l'exploration du coït ».

Les Grecs anciens étaient connus pour apprécier les relations homosexuelles. Nombre de vases peints montrent ces couples non pas sur un lit à proprement parler, mais debout, le sexe d'un des partenaires glissé entre les cuisses de son compagnon, bien qu'il existe aussi un certain nombre de représentations de sodomies. Dans la plupart des cas, un homme fait des avances (en courbant la tête et les épaules d'un air à la fois embarrassé et suppliant) à un autre plus jeune, qui se tient généralement bien droit et repousse parfois ses avances.

La pédérastie désignait l'amour d'un homme pour un jeune garçon, pubère sans être adulte. Peu d'hommes, dans la Grèce classique, avaient des relations sexuelles avec des hommes de leur âge ; on préférait les adolescents (avec les enfants, c'était interdit). La pédérastie faisait partie de toute éducation supérieure, et pour Socrate elle contribuait à cultiver la perfection morale. Ces amours étaient peut-être dues à la piètre opinion qu'on se faisait alors des femmes. « La nature de la femme n'est nullement inférieure à celle de l'homme, sauf qu'elle manque de savoir et de force », concède généreusement le philosophe dans *Le Banquet*[16]. L'homosexualité féminine est également connue chez les Grecs, l'île de Lesbos en étant l'épicentre. L'homosexualité en général est tenue en si haute estime que Plutarque note dans la « Vie de Lycurgue » : « L'amour était si chaste à Lacédémone que les femmes les plus honnêtes s'attachaient aussi à de jeunes filles[17]. » Dans la sexualité grecque, le lit fait partie du décor, mais sans occuper le centre de la scène.

À Rome non plus il n'y a pas que les hommes pour frayer avec des hommes, et bien sûr avec des courtisanes : les femmes mariées ont aussi des aventures hors du lit conjugal. Durant la première période de l'Empire, Auguste fait de l'adultère un délit dont le châtiment peut aller jusqu'à l'exil, pour les maris comme pour les épouses, alors que jusque-là l'affaire relevait de la sphère privée. Il y a toutefois un vide juridique : sur autorisation, on a le droit de fréquenter les prostituées et le Sénat a la surprise de recevoir un afflux de demandes, parfois même émanant de dames respectables. On ignore si les gens se livraient abondamment aux joies du sexe, mais le rabbin Eleizer, qui résidait en Palestine aux environs de l'an 80, est l'auteur d'un commentaire de la Torah dans lequel il prescrit la bonne périodicité de l'activité sexuelle selon les catégories d'hommes : tous les jours pour les étudiants et les sans-emploi, deux fois par semaine pour ceux qui travaillent, une fois par semaine pour les âniers, une fois par mois pour les chameliers, tous les six mois pour les marins…

Au Moyen Âge, les petites gens dorment souvent dans des pièces communes, généralement sur le plancher ou le sol de terre battue, mais cela n'a pas forcément d'incidence sur la fréquence des relations sexuelles ni le plaisir qu'on y prend. Les registres paroissiaux entrouvrent la porte de ce monde fascinant qu'est le sexe médiéval, puisque c'est l'Église qui régit alors la morale individuelle. De nombreux textes concernent les ébats dans les étables – après tout, c'est souvent là que dorment les valets de ferme. Mais on s'y adonne aussi en plein air, dans l'herbe ou dans tout autre lieu procurant un peu de confort. Seuls les privilégiés ont un lit surélevé. Quand il rend visite à Hrothgar, roi du Danemark, « en sa vaste salle seigneuriale [où l'on sert] l'hydromel », le héros mythique Beowulf dépose heaume et armes et s'installe aussitôt sur le grand lit royal. « Lors se coucha le brave champion, le coussin des joues reçut le visage du comte[18] », qui dort entouré de ses guerriers. Les peintres de cette époque représentent presque toujours les personnages endormis en position assise, avec parfois le haut du corps découvert, ce qui leur permet de montrer leur « contenance », en plus de révéler les habitudes contemporaines en matière de couchage.

En Europe, où l'Église est une puissance influente, la littérature médiévale regorge de récits mettant en scène des prêtres libidineux séduisant des paroissiennes dans le confessionnal même, ou des moines et des nonnes se retrouvant sur la couche dure de leur cellule, quand ce ne sont pas des nobles entretenant des maîtresses ou séduisant des servantes. Une thèse portant sur les registres paroissiaux du nord de l'Angleterre, délicieusement intitulée *Nonnes gaillardes et moines paillards*, en conclut que la majeure partie de ces écarts font intervenir des éléments extérieurs et que leurs fluctuations sont le reflet de la nature humaine plutôt qu'un phénomène sortant de l'ordinaire[19].

L'Angleterre des Tudor, elle, est dominée par une injonction contradictoire : la femme doit prendre du plaisir pour que la conception ait lieu, et en même temps cela lui est formellement déconseillé. La seule position autorisée est sur le dos, sous peine de concevoir un enfant difforme. Dans la bonne société, pour prendre du bon temps au lit il faut payer ou s'abstraire des liens du mariage.

Amours tarifées

On l'a vu, les Romains forniquaient non seulement avec leur épouse mais aussi, une fois obtenu le consentement tacite de celle-ci, avec des maîtresses et des garçons. En revanche, une femme surprise en flagrant délit d'adultère allait rejoindre les rangs des déclassées, en compagnie des actrices, des danseuses, des prostituées et de celles qui n'avaient pas le droit d'épouser un citoyen romain. Un homme pouvait donc en toute impunité commettre l'adultère, mais aussi tuer sa femme convaincue du même crime, et cette inégalité de traitement persistera pendant des siècles. C'est seulement en 1923 que les Anglaises obtiendront le droit de demander le divorce en cas d'adultère (en France, il faudra attendre 1963).

La prostitution était, en Grèce et à Rome, une pratique établie de longue date. Il suffit de visiter les bordels de Pompéi pour comprendre que, comme un peu partout dans l'Empire romain, le sexe était en quelque sorte produit à la chaîne[20]. Leurs graffitis ont donné lieu à d'abondants (et souvent assommants) travaux universitaires. « Ici je me suis fait des tas de filles », « Solemmes, tu baises bien », etc. Autant de vantardises gravées pour l'éternité par des hommes depuis longtemps disparus sur les murs du fameux *lupanare* (mot qui signifie littéralement « la tanière du loup »). Ses fresques grivoises montrent des femmes chevauchant des hommes, ou à quatre pattes, ou encore à plusieurs... Bref, les clients ne s'ennuient pas. Les fantasmes hédonistes sont un bon argument de vente, mais le tout se déroule dans un décor strictement fonctionnel, le but étant d'éviter que les hommes s'attardent. Le *lupanare* n'était en fait qu'une lugubre usine à satisfaire sexuellement les clients. Les prostituées y exerçaient au premier étage dans dix chambres sordides, exiguës et sans fenêtre, séparées de l'antichambre par un rideau. Quant au lit, il se résumait à une maigre paillasse sur une saillie dans le mur. On pense que pour la plupart, ces femmes étaient des esclaves venues de Grèce ou du Levant dont on pouvait louer les services moyennant un peu d'argent, deux miches de pain et un demi-litre de vin – le tout perçu par leur proxénète, naturellement. Pour les habitants de Pompéi appartenant aux classes moyennes et laborieuses, une virée au *lupanare* devait avoir la même charge érotique que de nos jours un tour au fast-food du coin. Cela satisfaisait un besoin avec une efficacité déprimante.

Fresque érotique du lupanare *à Pompéi.*

LE BIG BANG

La prostitution masculine et féminine étant autorisée, la plupart des bordels étaient ouverts vingt-quatre heures sur vingt-quatre et sept jours sur sept. La ville de Rome en a compté à une époque jusqu'à quarante-cinq en ses murs. Cicéron pensait que cette pratique était bénéfique pour la nation. Grâce au contrôle des tarifs, tout homme pouvait s'offrir une fille, si bien qu'il était aussi courant d'aller au bordel que d'assister aux combats de gladiateurs et aux jeux du stade, ou de se rendre aux bains publics. Certes, les lits étaient plus que sommaires, mais quelle importance puisque le tout ne prenait que quelques minutes ? Il existait parallèlement des hôtels bon marché, tavernes et auberges – appelées *noctilucæ*, « lumières nocturnes » – à l'arrière desquelles on pouvait louer de petites cabines, elles aussi équipées d'un lit en pierre et d'un matelas en paille.

En Chine, les hommes étaient polygames, et les concubines faisaient partie intégrante de toutes les maisonnées cossues. Quand on avait de la fortune et des partenaires multiples, on était bien avisé de se comporter rationnellement, afin de ne pas causer d'émoi dans les quartiers des femmes. Un anonyme du XVe siècle conseille ainsi à son fils de réserver principalement ses attentions aux femmes déjà présentes au lieu de privilégier une nouvelle venue. Celle-ci, précise-t-il, doit d'abord se tenir près du divan en ivoire et observer attentivement ses ébats avec les autres femmes. C'est seulement après quatre ou cinq nuits qu'il pourra l'honorer, mais seulement en présence de ses épouses et de toutes ses concubines.

Dans l'Europe médiévale, l'adultère est toléré par la bonne société pourvu que l'on observe quelques règles tacites. Apparemment, les femmes étaient aussi entreprenantes que les preux chevaliers, sinon plus, encore qu'on ne dispose à ce sujet que de mémoires rédigés par des hommes martelant que décidément, les femmes sont par trop débauchées et qu'il convient de les brider un peu. Comme l'écrit un historien du XIXe siècle (sur un ton évidemment désapprobateur) à propos de Lancelot du Lac et de la reine Guenièvre : « [Ils] étaient dépravés au-delà de ce que peut concevoir quiconque n'a pas lu ces éloquents témoignages de la vie au Moyen Âge[21]. »

Masculines ou féminines, et sous un vernis de respectabilité, les maisons closes sont florissantes dans l'Angleterre victorienne, de même que la traite des Blanches et des enfants. Des établissements très sélects reçoivent des adeptes de la flagellation et autres fantasmes sadomasochistes s'inspirant des pratiques vantées par le marquis de Sade et Leopold von Sacher-Masoch – des plaisirs enivrants mais secrets, accessibles aux seuls riches, à ceux qui ont des relations.

La violence naît partout où le pouvoir s'exerce de manière inégale. Au temps de Sade, les enfants étaient souvent traités très durement. « Ne ménagez pas la badine », disait-on chez les Victoriens. La *nanny* et le maître d'école maniaient ainsi facilement le martinet, et les jeunes garçons des classes supérieures sortant d'Eton, Westminster ou Rugby, entre autres pensionnats d'excellence – non mixtes, bien entendu –, n'ignoraient rien des violences d'origine sexuelle[22]. Tablant sur ce fonctionnement masochiste, une maison de plaisirs bien équipée s'installa dans une rue très convenable de Londres, Hallam Street, dans les années 1820-1830. Elle était tenue par « madame » Theresa Berkley, dominatrice passée maîtresse dans l'art d'infliger souffrances et châtiments, experte en fessées et flagellations diverses. Le

« Berkley Horse » qu'elle aurait inventé, un chevalet de torture où l'on se faisait attacher et fouetter, lui apporta la fortune. Ses talents étaient tels que les aristocrates hommes et femmes se pressaient chez elle, sachant qu'on pouvait compter sur son entière discrétion. Elle mettait aussi ses pensionnaires à la disposition des clients préférant fouetter plutôt qu'être fouettés, ainsi que « des verges qu'elle conservait dans l'eau pour qu'elles restent souples », et même des orties vertes « avec lesquelles elle vous ressuscitait un mort[23] ». Un peu plus tard, une autre patronne de maison close, May Frances Jeffries, dirigea plusieurs de ces établissements de luxe ainsi qu'une « maison de flagellation » dans le quartier huppé – et alors excentré – de Hampstead. On dit qu'elle comptait parmi ses clients des aristocrates de très haut rang.

Dans le domaine sexuel, les divers accessoires et instruments témoignent d'une ingéniosité infinie, mais c'est toujours le lit, l'humble lit, qui occupe le centre de la scène et abrite ébats et fantasmes, comme il le faisait déjà bien avant qu'on invente le châlit sur pieds. Toutefois, malgré son rôle prédominant dans les circonstances – souvent pittoresques – où l'on conçoit les enfants, le lit n'est que depuis peu le lieu où ceux-ci viennent au monde.

4

Faites venir la sage-femme !

Neuf mois après le « big bang » évoqué dans le chapitre précédent, certaines femmes se retrouvent confrontées à un événement encore plus retentissant : l'accouchement. Dans l'Occident actuel, elles donnent naissance à leur enfant dans un lit d'hôpital au cadre de plastique et de métal et au matelas en mousse de polyuréthane, souvent reliées à un scope et sous perfusion d'antalgiques. Évidemment, la technologie est récente, mais ce qu'on ne sait pas, c'est que l'usage du lit en pareille circonstance l'est aussi.

Préhistoire de la naissance

Le groupe de chasseurs-cueilleurs qui vivaient il y a environ vingt mille ans près de l'actuelle Ostuni, en Italie, se distinguaient de la quasi-totalité des autres chasseurs-cueilleurs de l'époque par une pratique originale : ils enterraient leurs morts dans un « cimetière ». Parmi ces dépouilles on a retrouvé celle d'une jeune fille d'environ dix-huit ou dix-neuf ans, peut-être un peu plus. Elle avait les bras chargés de bracelets – des centaines de coquillages percés – et la tête entourée de perles, sans doute un diadème. Elle gisait sur le flanc, le bras droit reposant sur le ventre. En dégageant la région pelvienne, les archéologues ont découvert entre ses jambes les frêles ossements d'un fœtus presque entièrement formé. On devine que ses proches ont tenté de l'aider, mais que l'accouchement a dû être un enfer et que, n'ayant pu la sauver, ils l'ont mise en terre dans une posture de repos après l'avoir richement parée[1].

Vingt mille ans ont passé, et certains d'entre nous ont appris que ce malheur était dû à la désobéissance d'Ève vis-à-vis d'un certain fruit. « J'augmenterai la souffrance de tes grossesses. Tu enfanteras dans la douleur », dit le Dieu des religions abrahamiques[2]. En réalité, il semble plutôt que l'évolution ait jugé bon de tolérer quelques fœtus mort-nés et les douleurs de l'enfantement en échange d'un avantage certain pour l'humanité dans son ensemble. Quand nos ancêtres se sont redressés et mis à marcher sur deux jambes, il y a plus ou moins six millions d'années, le diamètre intérieur du bassin a rétréci, mais en parallèle le volume du crâne – donc du cerveau – a peu à peu augmenté, si bien que chez les humains modernes, un bébé sur mille a la tête trop grosse pour passer. Toutefois, grâce à notre boîte crânienne surdéveloppée et à nos mains agiles, libérées par le bipédisme, nous savons désormais surmonter (la plupart du temps) les difficultés de l'accouchement. Contrairement à ce que l'on observe chez la majorité des animaux, en effet, et sauf rares exceptions, les femmes en couches bénéficient d'une assistance, qui peut parfois prendre des allures de véritable superproduction.

Pendant la majeure partie de l'histoire humaine, le lit a été le lieu du rétablissement post-partum plus que de l'accouchement proprement dit. L'une des plus anciennes représentations de la naissance est une figurine en terre cuite représentant une femme obèse – sans doute un symbole de fertilité – datant d'environ 5800 av. J.-C. découverte dans un silo à grain à Çatalhöyük, un site néolithique de la Turquie actuelle qui témoigne d'une activité agricole très ancienne. Cette « Femme assise » de seize centimètres et demi (sans la tête, qui n'a pas été retrouvée), installée sur un trône aux accoudoirs terminés par de têtes de félins, semble être en train d'accoucher. Nul lit ici, donc, juste un siège[3]. Cette « chaise d'accouchement », souvent basse et plutôt sans accoudoirs, se retrouve aussi en Mésopotamie durant le deuxième millénaire av. J.-C. Les textes qui nous sont parvenus nous apprennent que l'accouchée ne rejoignait son lit qu'une fois le travail terminé, et y restait trente jours pour se reposer et s'isoler. Dans les familles fortunées, ce lit était surélevé, pourvu d'un matelas tissé et peut-être de draps, couvertures et coussins. Chez les ménages moyennement aisés on s'allongeait sur une litière en roseaux disposée sur une plate-forme en briques de terre crue, elle-même surmontée d'une natte en roseaux tressés (qui était l'ordinaire des plus pauvres).

Cette réclusion au lit était une excellente chose, car elle limitait les risques de contamination. L'Organisation mondiale de la santé estime que de nos jours, la mortalité infantile (c'est-à-dire des enfants de moins de cinq ans) se produit à 41 % dans les vingt-huit jours suivant la naissance, 75 % de ces décès survenant durant la première semaine[4]. Les Mésopotamiens, ignorant tout de la notion de germe pathogène, justifiaient cette période par l'« impureté » de l'accouchée : c'était *elle*, et non les visiteurs, qu'on considérait comme souillée par le sang et la parturition. Seuls l'éloignement et le rituel pouvaient l'en laver.

Le lit jouait sensiblement le même rôle de purification, repos et convalescence en Égypte. Un seul document, appelé *Papyrus de Brooklyn* (fragment 47.218.2) et daté du VIIe siècle av. J.-C., décrit une femme en couches allongée sur le dos, peut-être – ce n'est pas très clair –, sur un lit ou une natte en roseaux. Dans tous les autres textes qu'on a retrouvés, les parturientes sont debout, à genoux ou accroupies sur des « briques de naissance » ou sur un tabouret spécial. Le hiéroglyphe signifiant l'accouchement représente une femme agenouillée, la tête et les bras de l'enfant pointant entre ses jambes. Un autre texte rare, retrouvé dans le village des artisans de Deir el-Medina, sur la rive du Nil, face à l'actuelle Louxor, vient confirmer cette pratique : il explique que la parturiente s'agenouille sur le sol, une sage-femme tenant ses bras levés au-dessus de la tête tandis qu'une autre recueille ou extrait l'enfant. C'est la même scène qu'on retrouve dans le temple d'Esna, en Haute-Égypte : Cléopâtre (69-30 av. J.-C.) à genoux et nue, les bras en l'air, une sage-femme la soutenant par-derrière et une autre agenouillée devant elle, présentant le nouveau-né qui, comme il sied à une reine, a déjà la taille d'un enfant de deux ou trois ans. Cette représentation de l'accouchement remonte au moins au temps de la reine Hatshepsout, première femme pharaonne (milieu du XVe siècle av. J.-C.) : sa mère, la reine Ahmès, épouse de Thoutmôsis Ier, était déjà figurée dans la même posture.

Si les femmes n'accouchent pas à proprement parler dans leur lit, elles se retirent probablement dans leur chambre, quand elles en ont une : le *Papyrus de Brooklyn* contient deux incantations protectrices qui lui sont réservées. Parfois aussi, elles montent sur le toit ou s'installent dans une espèce d'abri provisoire derrière la maison – il existe de sublimes représentations de femmes en travail sous des tonnelles. Bref, elles souhaitaient sans doute se mettre à l'écart, ce qui n'allait certainement pas de soi en ville et dans leurs petites demeures surpeuplées.

Comme pour tout ce qui relève du sexe, du couchage, de l'alimentation ou encore de l'art de la momification, les Égyptiens étaient avares de détails sur le sujet de l'enfantement. Peut-être n'était-il pas jugé assez intéressant, à moins que le savoir n'ait été transmis oralement par des sages-femmes illettrées. Le *Papyrus Westcar*, du nom du voyageur britannique qui le découvrit vers 1824 « dans des circonstances mystérieuses », est un des rares documents à le décrire. Rédigé par un scribe anonyme entre le XVIe et le XVIIIe siècle av. J.-C., il relate cinq prodiges et se conclut par la naissance des fils de Reddjédet, personnage fictif censé être la « femme d'un prêtre de Râ, le dieu-soleil, à Héliopolis[5] ». Le début du récit est de mauvais augure : « Reddjédet ressentit les douleurs de l'enfantement, qui fut difficile. » Son époux invoque les déesses Isis, Meskhenet, Héqet, Nephthys et Khnoum, qui apparaissent déguisées en danseuses et s'enferment avec Reddjédet, laquelle met au monde des triplés qui tombent dans les bras d'Isis-sage-femme. En tant que futurs pharaons inaugurant une nouvelle dynastie, les nouveau-nés ont, miraculeusement, les bras et les jambes gainés d'or, couleur de la peau des dieux, et sont coiffés de couronnes en lapis-lazuli de la même teinte que leur chevelure. Le scribe ajoute que la reine est ensuite mise à l'isolement et servie par des femmes, dont sa propre suivante, qui finit dévorée par un crocodile. Le conte de l'accouchement de Reddjédet renferme de précieuses informations sur les rituels de la naissance, mais il n'y est nulle part fait mention d'un lit. Il était sans doute plus courant et plus pratique d'accoucher sur une natte à même le sol.

Une fois que le travail avait commencé, les sages-femmes psalmodiaient des prières, faisaient brûler de l'encens et proposaient de la bière – qui faisait office d'analgésique sommaire tout en plaçant la parturiente sous la protection d'Hathor, déesse tutélaire des libations. Il semble que les sages-femmes aient parfois utilisé des défenses d'hippopotame couvertes de symboles protecteurs sculptés ; leurs extrémités souvent usées laissent penser qu'elles ont servi dans des rituels très anciens, depuis longtemps tombés dans l'oubli[6]. Une fois le bébé mis au monde, la sage-femme coupait le cordon ombilical à l'aide d'un roseau taillé ou d'une lame en obsidienne réservée à cet usage, la plupart du temps en forme de poisson. On pensait que le placenta représentait l'énergie vitale de l'accouchée ; aussi n'était-il pas rare qu'on le fasse sécher et, parfois, qu'on l'enterre sous le seuil de la maison. Ce rituel était encore observé dans certaines régions d'Égypte au début du XXe siècle. Médecine et magie étaient indissolublement liées et, dans certains papyrus médicaux, les gestes à accomplir en cas de prolapsus utérin côtoient des sorts contre les fausses couches. Comme les Mésopotamiennes, les jeunes mères égyptiennes étaient confinées, mais moins généreusement : une quinzaine de jours seulement. À partir de 1800 av. J.-C., on voit apparaître des appui-têtes de lit décorés de représentations d'Aha/Bès et d'Ipy/Taouret, divinités tutélaires de l'enfantement qui devaient veiller sur l'accouchée. À partir de 1450 av. J.-C., c'est-à-dire à peu près un siècle avant le règne de Toutânkhamon, on trouve des figurines en pierre ou en terre cuite évoquant sans doute ce confinement : elles représentent des femmes parées de perruques et de bijoux élaborés, allongées dans un lit et fréquemment flanquées d'un petit enfant. Les textes de Deir el-Medina mentionnent aussi l'existence d'un « congé paternité » et précisent que le père apportait à son épouse divers objets utiles, dont des lits fabriqués sur mesure aux pieds reproduisant la silhouette du dieu nain Bès. Après les deux semaines d'isolement, femme et enfant sortaient du lit et une cérémonie marquait leur réintégration dans la société.

Magie et médecine

Les connaissances médicales se développent au fil du temps. Au VIe siècle av. J.-C., le chirurgien indien Sushruta compose un traité très détaillé de la grossesse et de l'accouchement, avec ou sans complications pathologiques, dont certains éléments ont pu influencer les Grecs[7]. Toutefois, chez ceux-ci la magie est encore présente, et même le serment originel d'Hippocrate (Ve siècle av. J.-C.) contient des incantations. Cela dit, la médecine grecque est aussi fort pragmatique par certains côtés. Comme à Rome, on considère que si le fœtus est présumé mort ou s'il ne descend pas, il faut le retirer pour tenter de sauver la mère.

On a retrouvé sur des sites tels que la « Maison du médecin », à Pompéi, d'effroyables instruments de chirurgie obstétrique. Les fœtus coincés étaient ainsi démembrés à l'aide de lames à bout recourbé et, du Ier au IIe siècle apr. J.-C., le médecin grec Soranos d'Éphèse conseille, pour ne pas blesser la mère, d'amputer le fœtus seulement à mesure que les membres se présentent[8]. Les trop grosses têtes sont fendues ou broyées à l'aide d'un *cranioclaste*, sorte de forceps à pointes, et l'on peut penser que ces méthodes ne faisaient pas scandale. Soranos dit aussi qu'une fois mis au monde l'enfant doit être confié à sa mère après que la grand-mère ou une tante maternelle a écarté le mauvais œil en posant sur son front un index enduit de salive. Alors seulement le père est-il admis au chevet de la parturiente, et c'est à lui de décider si l'enfant doit vivre ou non. L'Athénien Posidippe de Pella, poète satirique, écrit dans une épigramme au IIIe av. J.-C. : « Un fils, on l'élève toujours, même si on est pauvre ; une fille, on l'expose même si on est riche[9]. » On peut abandonner un nourrisson indésirable en le déposant par exemple au temple de la Piété, tandis que les « monstres » difformes sont noyés ou étouffés. Aristote écrit dans sa *Politique* qu'il devrait être interdit d'élever des enfants malformés ou handicapés. Quand un bébé naît infirme, on considère que c'est la faute de la mère : sans doute a-t-elle vu ce qu'elle ne devait pas voir. Ainsi, on conseille aux femmes de contempler de belles statues afin de mettre au monde des enfants bien proportionnés, car si au contraire elles posent les yeux sur un singe, leur progéniture sera velue et affligée de bras trop longs.

Comme toutes les grandes civilisations avant et après elles, Rome et Athènes sont patrilinéaires. Les femmes ont toutefois la capacité de perturber l'établissement de la filiation, puisque ce sont elles qui mettent les enfants au monde : pour que le système patriarcal fonctionne, elles doivent donc être mises au pas. On compte de nombreuses méthodes éprouvées, dont celle de décréter que les jeunes accouchées sont impures, souillées, et que l'enfant est en réalité l'œuvre de l'homme. Grecs et Romains considèrent de fait les femmes comme de simples réceptacles qui ne contribuent en rien au résultat… sauf en cas de problème (par exemple quand elles ont regardé un singe).

Cette société éminemment masculine se préoccupe pourtant de la santé des femmes : l'un des vingt textes médicaux qu'a laissés Soranos d'Éphèse traite exclusivement de gynécologie. (Les originaux ont été perdus, mais les auteurs ultérieurs s'en sont abondamment inspirés.) Il recommande notamment aux sages-femmes d'avoir les mains propres et vante sa vision personnelle de l'aromathérapie, qui consiste notamment à inciter les femmes enceintes à respirer le parfum d'une pomme ou l'odeur d'une motte de terre (on voit à quel point notre notion des arômes a évolué depuis). Il conseille en outre trois semaines de repos au lit après la naissance de l'enfant. Les citadines s'installent dans des *klinai* rectangulaires à chevet surélevé ; ceux-ci sont représentés sur d'innombrables vases où l'on voit parfois une toile drapée sur le sommier tissé du lit (ou divan), ainsi que des coussins posés contre l'accoudoir ou l'appui-tête. Les plus privilégiées disposent de riches étoffes superposées et de multiples coussins. Certaines emploient une nourrice, mais Tacite, par exemple, salue les femmes de Germanie qui allaitent elles-mêmes leur nourrisson ; on devine que la pratique est encouragée, mais dédaignée par celles qui ont les moyens. C'est pendant ce repos au lit qu'on attribue un nom au bébé (au huitième jour pour les filles et au neuvième pour les garçons), quand la périlleuse période néonatale est passée. Ne *pas* s'aliter est impensable, même si, à en croire Strabon, quand une Ibère accouche c'est son mari qui garde le lit et *elle* qui s'occupe de *lui*.

Tentes et « chaises de douleurs »

Dans la Chine impériale, la naissance s'entoure d'une subtile constellation de normes et usages protocolaires[10], mais les conventions concernant le lit sont tout aussi complexes. Le principe majeur est que dans son dernier mois de grossesse, la future mère doit se faire ériger une tente ou cabane spéciale en guise de pavillon de naissance – elle ne saurait se contenter de paravents autour de son lit habituel. Huan Xuan, empereur guerrier du IVe siècle apr. J.-C., propose que sa concubine se serve de la tente déjà utilisée par son épouse, ce qui confirme qu'il s'agissait bien là d'un dispositif particulier (et que ce n'était décidément pas un grand romantique).

La tente ou cabane d'accouchement est située soit à l'extérieur de la maison, soit dans une pièce spéciale, ce qui rappelle la tonnelle de l'Égypte ancienne. Son édification n'est pas sans risque : un texte médical de l'époque met en garde l'intéressée, stipulant qu'« il est interdit de construire une cabane de naissance sur des tiges de blé fraîchement coupées ou encore à l'ombre de grands arbres, sous peine de grand malheur[11] ! ». Les instructions précisent dans quelle direction la tente ou la hutte doivent être orientées et à quel endroit enterrer le placenta. À partir du Xe siècle apr. J.-C., les consignes deviennent si complexes que souvent on les affiche dans la cabane même. Par exemple, une fois le travail commencé, la famille doit

FAITES VENIR LA SAGE-FEMME !

« enlever tables et lits, étaler de l'herbe au sol en trois ou quatre endroits, suspendre des cordes au plafond et les attacher à une pièce de bois [...] de manière que [la parturiente] puisse s'y appuyer comme sur une poutre », pour reprendre les termes d'un texte du début du Moyen Âge[12]. Là aussi, la position accroupie semble avoir longtemps été la norme. Ainsi que l'écrit Chen Yanzhi, un médecin du Ve siècle apr. J.-C. : « Aux temps anciens les femmes accouchaient en s'asseyant par terre sur la paille comme pour attendre la mort[13]. » On peut présumer que ladite paille y était disposée à l'avance.

Les sages-femmes se positionnaient derrière la parturiente et la tenaient par la taille, ce qui resta sans doute en Chine la pratique la plus répandue jusqu'au XXe siècle. La future mère ne s'allongeait par terre ou sur un lit que si elle était épuisée. Un texte médical préconise, en cas de complications, que les personnes qui l'assistent « l'allongent d'emblée sur son lit » ; c'était donc exceptionnel. Cette recommandation tient peut-être à ce que certains lits étaient très hauts, surtout dans les maisonnées fortunées à partir du IIIe siècle apr. J.-C. Il y a sans doute aussi un rapport avec le bouddhisme, car cette nouvelle religion représente Bouddha sur un podium au lieu d'une simple natte, ce qui, on l'a vu, popularise les estrades en guise de sièges honorifiques destinés aux invités de marque, aux hauts dignitaires et aux émissaires de la cour. Par la suite ce meuble s'est allongé et transformé en lit rehaussé.

Pour les Chinois, la naissance était une affaire réservée aux femmes, et c'étaient donc des sages-femmes qui assistaient la parturiente. Toutefois, si le père se conformait strictement aux us et coutumes, c'était à lui qu'on imputait le bon déroulement de l'accouchement. Afin que le placenta et le fœtus se présentent en même temps, comme par magie, le père obéissant devait ôter ses vêtements et en recouvrir un puits. Pour que la naissance ait une issue heureuse, il pouvait donner à manger à sa femme ses rognures d'ongles calcinées et pilées, ou encore une concoction mêlant ses poils pubiens grillés à de la pâte de cinabre. Ces techniques nous paraissent évidemment pour le moins bizarres, mais à l'époque il était d'une importance vitale de respecter scrupuleusement toutes ces prescriptions. Après coup, la parentèle apportait du foie de porc pour célébrer l'heureux événement. Selon la fortune du ménage, on pouvait aussi donner à la mère du mouton, du renne ou du chevreuil. Les médecins chinois parlaient du post-partum comme de « trois jours entre la vie et la mort », et conseillaient à la femme de garder le lit, « calée bien haut par des coussins, allongée sur le dos et les genoux relevés » à des fins d'« observation ». Impure, elle devait rester confinée trente jours dans la chambre de naissance. Un tabou pesait en outre sur les rapports sexuels pendant cent jours, sinon elle risquait de contracter la « maladie des Cinq Punitions et des Sept Dommages », laquelle entraînait notamment des pertes vaginales. Les textes anciens ne font pas explicitement peser sur les femmes la responsabilité des complications, mais précisent bien qu'elles sont impures et doivent prendre un luxe de précautions pour n'enfreindre aucun tabou et ne pas offenser les esprits[14].

D'autres tabous liés à la naissance surgissent par la suite un peu partout en Europe. Sous le règne des Tudor, les dames anglaises gardent la chambre à l'approche de leur dernier mois de grossesse. Pendant des semaines elles aspergent leurs draps d'eau bénite, laissent les fenêtres fermées, bouchent les trous de serrure et tirent les rideaux pour ne pas laisser entrer le soleil. On pense encore que les accouchements difficiles sont dus à la présence de démons tapis dans les coins ou au non-respect de certains interdits (regarder la lune, par exemple). On leur prescrit parfois des concoctions traditionnelles telles que des œufs de fourmi pulvérisés à répandre sur leur ventre. À l'époque prémoderne, en effet, on raisonne par analogie entre les signes de la maladie et certaines caractéristiques des remèdes. C'est ainsi qu'on administre des cerneaux de noix pour améliorer les fonctions cérébrales – ce qui marche, mais pour de tout autres raisons[15].

Une fois le travail commencé, seules les femmes sont admises auprès de la parturiente – le mot même de *midwife* (sage-femme) signifie « avec la femme » en vieil anglais. Le rôle des hommes se limite à appeler à leur chevet la sage-femme, ses amies et ses proches parentes (pratique du *nidgeting*), qu'on appelait ses *God-sibs*, littéralement ses « sœurs en Dieu », ce qui a donné le mot *gossip* (commérages) : ces femmes ont pour mission d'apaiser l'accouchée en lui racontant ce qui se passe dehors. Elles peuvent aussi accomplir des rituels anciens, notamment retirer leurs bagues ou défaire leur ceinture, objets censés imiter la strangulation, donc nuire potentiellement à l'enfant, ou lui offrir des portebonheur tels que des coquillages appelés « cauris » : comme leur forme évoque la fente de la vulve, on pense qu'ils sont bénéfiques pour cette partie de l'anatomie.

Au cours du travail, la future mère s'allonge parfois sur un sommier en lattes à cadre de bois qui, transportable, peut être installé là où elle se trouve. Elle peut aussi s'accroupir sur le tabouret d'accouchement apporté par la sage-femme, surnommé « chaise de douleurs ». Leur usage va se répandre après l'instauration de la Réforme, car les analgésiques sont désormais interdits. Une sage-femme est même brûlée vive en 1591 pour avoir facilité des naissances à l'aide d'opium. Par la même occasion sont prohibées certaines pratiques admises par le catholicisme (statuettes, remèdes traditionnels, incantations), dans lesquelles le protestantisme ne voit que superstitions. De nombreux objets bannis resurgiront après l'accession au trône de Mary Stuart en 1559, ce qui suggère qu'en fait, ils n'avaient pas réellement disparu[16]. Au moins officiellement, les femmes doivent à présent se contenter de leurs potions, prières et commères.

Les mères possèdent souvent des draps de naissance qui se transmettent de génération en génération et leur sont offerts en cadeau de mariage, mais même si on les leur apporte pendant leurs couches, elles ont plutôt tendance à mettre leur enfant au monde sur des chiffons ou de la literie ancienne, satinée par l'usage, qui ne risquent pas d'être abîmés par le sang. Les plus riches accouchent dans la chambre de maître, les autres dans un coin de la pièce principale isolé par un rideau, de préférence près du feu. La sage-femme lave tout de suite le nouveau-né, avec du vin s'il s'agit d'un petit prince, qu'on enduit ensuite de beurre avant de saupoudrer son nombril de poudre d'aloe vera mêlée à de l'encens d'Arabie ou d'Abyssinie.

Sous les Tudor, quel que soit son rang la jeune accouchée est qualifiée de *green woman* – « femme verte » – et considérée comme impure, souillée par le sexe et la naissance. Pendant toute la durée de son confinement il lui est interdit de porter les yeux tant vers le ciel que vers la terre, et même de regarder qui que ce soit dans les yeux ; les relations sexuelles, bien sûr, sont en outre strictement prohibées. Après le mois d'isolement, pour réaffirmer son identité sociale et morale elle subit une cérémonie de « réinsertion dans l'église » (*churching*) au cours de laquelle on la conduit, voilée, de la chambre à la porte de l'église, comme le jour de son mariage ; la purification rituelle qui lui est administrée lui rend alors un statut (quasi) virginal. En cas de maladie, le prêtre peut se rendre à son domicile.

Les femmes n'ignorent rien des périls de la naissance. Elles font ainsi exécuter leur portrait pendant leur grossesse, au cas où. Au XVe siècle à Florence, la plupart rédigent même leur testament dès qu'elles se découvrent enceintes. Malgré leur fortune, les reines ne sont pas à l'abri, et sont même plus en danger que les autres, car il peut y avoir jusqu'à soixante-dix personnes dans la chambre royale pour assister à la naissance du futur monarque, ce qui augmente le risque de fièvre puerpérale, une infection transmise par les mains ou les vêtements souillés. Ainsi ont péri deux des épouses d'Henry VIII, Jane Seymour et Catherine Parr (dont c'était le troisième mariage), après que la cour se fut anxieusement tassée dans la pièce. Il est difficile d'acquérir une certitude quant à la mortalité maternelle de l'époque, mais une étude de cas réalisée au XVIe siècle dans le quartier londonien d'Aldgate semble indiquer une moyenne de 2,35 décès pour 100 grossesses[17]. Sachant qu'une femme pouvait mettre au monde jusqu'à sept enfants, cela signifie qu'environ une sur sept mourait en couches. Le nombre de personnes présentes lors de la naissance pouvait aussi être très élevé dans l'Amérique coloniale : jusqu'à dix chez les adeptes du puritanisme au XVIIe siècle, en comptant la sage-femme, la belle-mère et les voisines. Selon la fortune du ménage, l'accouchement avait lieu dans la chambre ou dans la cuisine, très probablement sur une paillasse qu'on brûlait ensuite. Vers 1760, néanmoins, on dispose de témoignages montrant que les Américaines fortunées commencent à exiger la présence d'un médecin.

Donner naissance dans un lit

On situe l'évolution des pratiques au XVIe siècle, en France, avec l'apparition de la chirurgie obstétrique moderne : le praticien demande dorénavant que la femme s'allonge sur un lit afin de pouvoir, en « se tenant devant elle » (le mot « obstétricien » vient du verbe latin *obstare*, qui a précisément ce sens), se servir de ses instruments. (Nous utilisons le masculin car il s'agissait à l'origine de chirurgiens-barbiers, tous des hommes.)

Jusqu'au XVIIIe siècle, le métier de ces obstétriciens est considéré comme inconvenant et leur statut social équivalent à celui des menuisiers ou des cordonniers. En pénétrant dans ce domaine traditionnellement féminin, ils sont contraints de livrer une concurrence acharnée aux sages-femmes, et mettent donc au point, pour s'imposer, une nouvelle vision de la grossesse, que l'on considère dès lors comme une maladie. Jusque-là on savait que ce pouvait être dangereux, mais désormais la femme enceinte doit s'aliter, telle une invalide : l'intervention active de l'obstétricien devient non seulement pertinente, mais essentielle. Il met l'enfant au monde en déployant ses instruments et son savoir-faire tandis que la mère reste couchée, passive, dans son lit. Cette idéologie nouvelle gagne rapidement du terrain. En 1598, l'un des pionniers de l'obstétrique française, le chirurgien Jacques Guillemeau (1550-1613), écrit dans un ouvrage qui aura un fort retentissement, *De l'heureux accouchement des femmes* (1609), que cette position est celle qui convient le mieux au confort des parturientes et accélère l'accouchement. Près d'un demi-siècle plus tard, en 1668, paraît le traité de François Mauriceau[18] intitulé *Des maladies des femmes grosses et accouchées. Avec la bonne et véritable méthode de les bien aider en leurs accouchemens naturels, & les moyens de remédier à tous ceux qui sont contre nature, & aux indispositions des enfans nouveau-nés*, où l'on voit bien que dorénavant, la grossesse est largement vue comme une affection qu'il revient à des hommes de soigner et dont le théâtre est le lit. Le célèbre chirurgien écrit :

> *Ce lit doit estre fait en telle façon, que la femme ainsi preste d'accoucher y soit couchée sur le dos, ayant le corps de moyenne figure, c'est à dire la teste & la poitrine un peu plus élevés, & de telle sorte qu'elle ne soit entièrement couchée ny tout-à-fait assise ; car par cette situation elle respirera plus à son aise, & elle aura bien plus de force à faire valoir ses douleurs, que si elle estoit autrement, & enfoncée dans son lit*[19].

Peut-être y avait-il un argument plus étrange en faveur de la position couchée. Louis XIV lui-même la recommande, semble-t-il, parce qu'il aime observer l'accouchement de ses maîtresses et que la traditionnelle chaise obstétricale l'empêche de profiter du spectacle. On ne sait pas si son avis a réellement pesé, mais vu le statut quasi divin du Roi-Soleil, ce n'est pas impossible. Toujours est-il qu'à la fin du XVIIe siècle en France, toutes les femmes sauf les paysannes mettent désormais leurs enfants au monde dans leur lit.

Femme en couches (XVIIIe siècle).

Parmi les nouveautés préconisées par les obstétriciens figure le forceps, inventé au début du siècle par les Chamberlen père et fils, des huguenots français réfugiés en Angleterre pour échapper aux persécutions. Le maniement de cette pince en forme de double cuillère creuse, destinée à saisir la tête de l'enfant lorsque celui-ci ne descend pas, restera un secret de famille jusqu'en 1690. Il lui manque encore l'adaptation à la courbure pelvienne, mais le savoir-faire des Chamberlen, Guillaume, Pierre et Hughes (qui procèdent à leurs accouchements à l'abri d'un drap ou d'une couverture pour ne pas révéler leurs secrets), doit revêtir des allures un peu magiques. Au début ces instruments éveillent la méfiance et les sages-femmes combattent ces chirurgiens par trop zélés, mais elles-mêmes finissent par être vues comme une survivance d'un passé révolu et entaché de superstition. En 1899, lorsqu'il inaugure le Chicago Lying-in Hospital, le Dr Joseph Bolivar DeLee fait valoir que l'accouchement est une intervention médicale où elles n'ont pas leur place. Il préconise lui aussi le lit et la position couchée, ainsi que les analgésiques et le forceps.

Lits et naissances pathologiques

Les médecins ont beau insister, à l'image de DeLee, sur la supériorité du lit d'hôpital, à l'origine celui-ci n'a rien de bien folichon. Au XVIIIe siècle, l'Hôtel-Dieu de Paris en compte mille deux cents, ainsi qu'une importante maternité. Toutefois, l'offre reste en deçà de la demande et les femmes sont régulièrement contraintes de partager le même lit, voire d'accoucher côte à côte. Les épidémies de fièvre puerpérale ne sont pas rares et le taux de mortalité (entre 2 et 8 % du total des naissances), environ dix fois supérieur à celui des accouchements à domicile. Les femmes ont de la fièvre, souffrent, font des œdèmes et des hémorragies abdominales, et elles succombent en l'espace de quelques jours. Les causes de ces décès restent mystérieuses, et d'aucuns avancent qu'ils sont liés au lait de ces mères, soupçonné d'avoir tourné. On trouve des traces écrites de cette hypothèse en 1746, après la toute première épidémie répertoriée de l'histoire des hôpitaux. En disséquant le cadavre des victimes, on croit en effet voir du « lait caillé » adhérant notamment à l'intestin. Évidemment, ce n'était pas du lait mais du pus.

D'autres médecins voient les choses différemment – même si c'est encore et toujours la faute des femmes. Elles ont dû porter des jupons trop serrés au début de leur grossesse, ou alors leurs sécrétions vaginales les ont empoisonnées. Nul ne songe que la fièvre peut être transmise par le médecin qui passe de l'une à l'autre sans se laver les mains ni stériliser ses instruments... jusqu'à ce qu'Ignace Semmelweiss, jeune médecin hongrois ayant intégré le premier service d'obstétrique de l'Hôpital général de Vienne, fasse passionnément campagne pour que ses confrères respectent des règles d'hygiène avant d'examiner leurs patientes (surtout quand ils viennent juste de pratiquer une autopsie). En vain. Malgré la chute spectaculaire des décès dus à la fièvre puerpérale dans son service, Semmelweiss ne parvient pas à convaincre ses confrères. En Amérique, le médecin et poète Oliver Wendell Holmes mène la même campagne, avec aussi peu de succès. Les praticiens sont des *gentlemen,* affirme Charles Meigs*, membre du Jefferson Medical College de Philadelphie, et « les mains des *gentlemen* sont toujours propres ».

Au XIXe siècle, l'obsession britannique pour l'oblitération de tout ce qui touche de près ou de loin à la sexualité s'étend même à l'obstétrique. À l'époque où la reine Victoria monte sur le trône, en 1837, un médecin (homme) pouvait être présent lors de la naissance et toucher la parturiente, mais sans la regarder. Il fallait qu'il cherche le bébé à l'aveuglette sous un tas de draps superposés. Un peu plus tard, toujours à l'époque victorienne, les femmes accoucheront sur le côté, les genoux remontés contre l'abdomen, cette

---

* Charles Delucena Meigs (1792-1869), obstétricien américain, était en outre farouchement opposé à l'anesthésie. (*N.d.T.*)

contorsion étant censée leur éviter de se retrouver face à face avec l'obstétricien. Dans les familles aristocratiques, il est bien vu de disposer d'un lit portatif réservé à l'accouchement : en établissant une séparation claire avec le lit conjugal, on minore ses connotations sexuelles.

Mais le lit d'hôpital, éminemment neutre sur ce plan avec sa propreté, ses draps empesés et son châssis métallique, va bientôt attirer de plus en plus de femmes. La médecine évolue de façon radicale. Parmi les percées les plus remarquables, notons l'invention de l'antisepsie dans les années 1860 par le chirurgien britannique Joseph Lister, via le traitement au phénol des plaies, des instruments et des blouses. Les usages multiples des linges souillés appartiennent désormais au passé. Juste avant cela, en 1847, James Young Simpson introduit l'emploi du chloroforme, dont on dit qu'il a découvert les miraculeuses vertus sédatives en l'expérimentant sur sa personne toute une nuit. On en administrera à la reine Victoria elle-même lors de son huitième accouchement, en 1853, et elle le qualifiera d'« absolument délicieux ». Son utilisation en obstétrique pour induire une anesthésie générale se répand après cela comme une traînée de poudre.

Naître dans un lit à l'époque moderne

Au milieu des années 1930 aux États-Unis, on recense déjà plus de naissances à l'hôpital qu'à domicile. Les nouveau-nés sont immédiatement transportés dans une vaste pouponnière centrale composée de berceaux aseptisés à cadre métallique. Ensuite, ils sont présentés à leur mère à la chaîne, toutes les trois ou quatre heures, afin qu'elles leur donnent le biberon, ce que rend possible l'invention du lait maternisé, prétendument supérieur au lait maternel.

Malgré les progrès de la science, jusqu'à la fin de cette décennie une grossesse sur deux cents se solde encore par le décès de la mère. Ce n'est qu'à l'arrivée des antibiotiques, dans les années 1940, que ce taux chute drastiquement. Le gros cerveau et les mains habiles d'*Homo sapiens* ont fini par réaliser l'impensable : l'humain triomphe de la nature. Et à la fin du XXe siècle, c'est la quasi-totalité des femmes qui délaissent leur lit pour accoucher. Un changement radical puisque, en 1900, seules 5 % des Américaines mettaient leur enfant au monde à l'hôpital ; dans les années 1920, ce chiffre est d'environ 65 % dans les grandes villes des États-Unis, puis il grimpe à 95 % en 1955 pour frôler les 99 % en 2020.

Les « patientes » enceintes passent dorénavant toute une batterie d'examens, et environ un tiers d'entre elles subissent une intervention chirurgicale destinée à extraire le bébé – la fameuse césarienne qui, d'après Pline l'Ancien, devrait son nom à la manière dont César vint au monde. En réalité, le mot vient plus probablement du verbe latin *cædere*, qui signifie entre autres *rompre, sectionner*, ou de la *Lex cæsera* (« loi impériale »), qui prescrivait l'extraction du bébé lorsque la mère mourait peu avant le terme, en vertu d'un tabou pesant sur l'ensevelissement des femmes enceintes. Avant l'asepsie et l'anesthésie, pour la parturiente, une césarienne signifiait la mort certaine. Mais de nos jours, le lit d'hôpital est le premier avec lequel nous soyons en contact dans notre vie.

Chaque année, quelque quatre-vingt mille Nord-

Américaines dont la grossesse est jugée à risque reçoivent l'ordre de garder le lit pendant des semaines avant la date prévue pour la naissance. Pour certains c'est du charlatanisme, car ce repos forcé n'affecterait nullement l'issue de la grossesse et serait même préjudiciable à la santé mentale (et physique) de la mère[20]. Quant à la position couchée, une méta-analyse récente a montré que le travail était tendanciellement plus court quand les femmes en adoptaient une autre (accroupie, debout), qu'il nécessitait moins de péridurales et aboutissait moins souvent à une césarienne. Une autre étude, menée en 1961, a révélé que dans les sociétés préindustrielles, seules 18 % des femmes s'allongeaient pour accoucher ; comme on l'a vu, ce chiffre reflète sans doute des pratiques occidentales prédominantes à travers l'Histoire. D'ailleurs, les sages-femmes continuent à combattre la doxa : en 2010 en Grande-Bretagne, le Collège royal des sages-femmes intitulait son rapport annuel : *Get Her off the Bed* (Faites-la sortir du lit).

Ainsi le lit, qui jadis servait à récupérer activement après l'accouchement, est-il désormais un lieu d'enfantement passif, et cette transition coïncide avec l'éviction des sages-femmes au profit des gynécologues-obstétriciens, qui restent aujourd'hui encore très majoritairement des hommes, à hauteur de 85 %. Comme dans toutes les sociétés patriarcales qui ont précédé la nôtre, on attribua largement les naissances réussies aux hommes.

Un autre changement à noter, toutefois, est que le lit ne sert plus à dissimuler la « souillure » présumée des jeunes accouchées. Depuis qu'on a vaincu la plupart des maladies périnatales, rares sont les femmes qui y séjournent un mois, le temps d'éliminer leur « impureté ». Au lieu de cela, elles sont priées – à l'image des célébrités fabriquées de toutes pièces par les médias – de se mettre à cabrioler en jean aussitôt après l'accouchement. Ce qui n'est peut-être pas très bon non plus pour leur santé mentale.

Au début des années 1970, on a pu entendre des féministes affirmer que les soins entourant la naissance devaient être démystifiés et la vie des femmes dé-médicalisée : la grossesse n'est pas une maladie, et la plupart des accouchements ne nécessitent pas d'hospitalisation. Elles se prononçaient pour le retour des sages-femmes non professionnelles, et ce plaidoyer en faveur de l'accouchement à domicile conduisit à de virulents affrontements avec les médecins. Bien qu'aucun État americain n'interdise formellement cette pratique, les médecins qui y prenaient part se virent menacer d'interdiction d'exercer à l'hôpital, voire d'exercer tout court. Les choses ont un peu évolué depuis, et aujourd'hui, aux États-Unis, 8 % des enfants sont mis au monde par des sages-femmes (contre 1,1 % en 1980).

Reste que si les humains sont plus en sécurité que jamais, c'est clairement grâce à la médecine moderne, et c'est pour cela que de nos jours, 99 % des Occidentales s'allongent de leur plein gré dans un lit d'hôpital pour accoucher. Ce faisant, elles évitent presque toutes le sort funeste de la jeune fille parée d'Otsuni, celui d'Arjumand Bânu Begam, épouse tant aimée de l'empereur moghol Shâh Jahân qui fit construire le Taj Mahal à sa mémoire après qu'elle eut perdu la vie en donnant naissance à son quatorzième enfant, en 1631, ou encore celui de Charlotte

FAITES VENIR LA SAGE-FEMME !

Brontë, morte d'hyperémèse gravidique (vomissements incoercibles liés à la grossesse avec perte de poids et déshydratation) en 1855, parmi bien d'autres. Le lit du post-partum a trop souvent été un lieu où la vie pouvait se changer en mort.

5

La mort et au-delà

Vers 450 apr. J.-C. meurt une femme aux cheveux noirs, âgée de vingt-cinq à trente ans, appartenant à la civilisation précolombienne des Mochicas, ou Mochés. On l'inhume, enveloppée de centaines de mètres de coton, sous une natte en roseaux tressés qui devait être son lit. Son corps bien préservé, desséché par le passage du temps, arbore encore sur le ventre des replis de peau flasque suggérant qu'elle a été enceinte au moins une fois. Les archéologues qui l'ont retrouvée en ont conclu qu'elle était morte d'éclampsie. Sa tombe, étonnamment intacte, a été mise au jour en 2006 dans la pyramide de Cao Viejo (qui, elle, a été abondamment pillée) sur le site cérémoniel d'El Brujo[1], édifié entre l'an 1 et l'an 600 apr. J.-C. près de la côte nord-ouest du Pérou. Surnommée la Dame de Cao, elle avait été placée dans sa sépulture en compagnie d'un curieux assortiment d'objets funéraires traditionnellement féminins et masculins, dont des bijoux en or, des objets servant au tissage, des aiguilles à coudre également en or, deux sceptres martiaux et vingt-trois lances. Tenait-elle ces objets guerriers d'un souverain dont elle était l'épouse ? Était-elle elle-même une puissante souveraine ? En l'absence de documents écrits, nous en sommes réduits à formuler des conjectures. Ce qui est sûr, c'est qu'il s'agissait d'un personnage de premier plan. À côté de son imposant « paquet funéraire », caractéristique des Andes péruviennes, se trouvaient un petit nombre d'autres défunts, parmi lesquels une jeune fille de dix-sept à dix-neuf ans portant encore la corde au cou, peut-être sacrifiée afin de lui servir de guide vers l'au-delà. Mais comment expliquer, vu son rang et les luxueuses offrandes funéraires dont on l'a entourée, que la Dame de Cao ait été roulée dans une simple natte en joncs ? Peut-être était-ce simplement un moyen commode de contenir tous les textiles et objets du paquet funéraire, mais elle pouvait aussi avoir pour but d'assurer la sécurité de la jeune femme lors de son dernier voyage.

Selon une récente enquête, quelque 70 % des Occidentaux souhaitent mourir dans leur lit. Cette aspiration reste vaine pour la moitié des gens, qui rendent leur dernier soupir dans un lit aussi anonyme et aseptisé que celui où ils ont vu le jour. On peut y voir une continuité vivace entre le sommeil, la mort et l'au-delà imaginé. Déjà en 2200 av. J.-C. environ, Gilgamesh évoquait ce lien lorsqu'il s'adressait en ces termes à son ami défunt : « Quel est donc ce sommeil profond qui maintenant te saisit et te domine ? L'obscurité de la nuit t'enveloppe et tu ne m'entends plus[2]. »

Les défunts mis au jour sur les sites funéraires sont très souvent positionnés comme s'ils dormaient, couchés sur le dos ou sur le côté, ou bien recroquevillés en position fœtale. Les corps retrouvés en désordre ou dans une position peu naturelle sont en général ceux qu'on a jetés là sans plus de cérémonie, un sort réservé aux ennemis, aux mécréants, et à ceux qu'on a cherché à déshumaniser, tels les cinquante-quatre Vikings (presque tous) décapités et précipités dans la fosse mortuaire de Ridgeway Hill, dans le Dorset, au sud de l'Angleterre. Il est très rare que les défunts soient inhumés la tête en bas ou assis, même s'il existe quelques cas, notamment chez les sujets de haut rang de la civilisation Sicá, originaire de la côte péruvienne (entre le IXe et le XIVe siècle apr. J.-C.).

Aujourd'hui encore nous faisons presque tous ce lien sommeil/mort/au-delà. « Qu'il ou elle repose en paix », disons-nous par exemple, quand nous ne parlons pas de « son dernier sommeil ». Dans l'Ancien Testament, le mot désignant le lit est le même que celui qui, en phénicien et en ougaritique, signifie « cercueil » (*mskb*) ; quant au gallois *bedd*, il signifie aussi bien « lit » que « tombe ». Chez les Nuer du Nil, la croyance populaire veut que l'âme du dormeur s'aventure parmi les ancêtres, et que la mort survienne si l'on se réveille avant son retour. On ne peut affirmer qu'ils se trompent, et cette incertitude nous conduit à produire davantage de rituels autour de la mort que de tout autre événement de l'existence. C'est le lit qui occupe invariablement le centre de ce récit, même si cela implique d'y traîner un monarque mourant afin qu'il fasse dans les règles ses ultimes adieux.

Esprits et rituels

Pour les Mésopotamiens, qui nous ont légué les plus anciennes descriptions écrites de rituels funéraires, le lit de mort revêtait une importance capitale. Quand il devenait évident qu'une personne allait mourir, on l'installait sur un lit réservé à cet effet autour duquel se rassemblaient les proches. On positionnait un siège vide à la gauche du chevet : c'était là que prendrait place l'âme une fois qu'on aurait fait la toilette mortuaire du défunt, oint son corps de baumes ou de parfums, et clos sa bouche. On faisait brûler de l'encens et on étendait le cadavre sur le lit funéraire, entouré d'objets mortuaires à quoi l'on ajoutait parfois les biens auxquels il tenait ainsi que des offrandes pour les dieux, des aliments, des boissons et des sandales.

Ces dernières jouaient un rôle essentiel dans le voyage de l'âme vers l'au-delà, même si les très riches préféraient y aller en charrette, car le chemin était rude. Il fallait d'abord que l'esprit franchisse la steppe infestée de démons qui s'étendait à l'ouest. Puis on lui faisait franchir le Khābūr, le fleuve des Enfers. De l'autre côté l'attendait un dieu qui cherchait son nom dans la liste de tous les humains. Une fois installée dans l'au-delà, l'âme menait une morne existence que seule venait égayer de temps à autre une offrande de nourriture de la part d'un parent. L'unique exception concernait les enfants mort-nés, qui passaient l'éternité à jouer et manger du miel.

Les amis et la famille restés sur terre respectaient une période de deuil : laisser mourir fût-ce les plus miséreux sans leur apporter de soutien était un grand manque de respect. On se vêtait de toile à sac, on poussait des gémissements sonores, on se griffait tout le corps. On louait aussi parfois les services de pleureuses, souvent des prostituées, et on faisait battre le tambour. Les obsèques coûtaient cher et les officiers funéraires comptaient bien se voir remettre en guise de paiement le lit mortuaire et les vêtements que portait le défunt au moment de sa mort, ainsi que du grain, du pain et de la bière. Mais au milieu du troisième millénaire av. J.-C. à Sumer, Urukagina, roi de Lagaš, tape du poing sur la table et décrète que dorénavant, ces *libations* seront payées par la ville-État ; il ramène le nombre de jarres de bière de sept à trois, celui des miches de pain de quatre cent vingt à quatre-vingts, autorise un seul lit et un seul chevet, et précise que le lit devra être ôté de la tombe après l'enterrement[3]. Les funérailles mésopotamiennes, un peu comme les mariages d'aujourd'hui, étaient manifestement une aubaine pour certains commerçants, d'autant qu'on croyait que si le corps n'était pas inhumé dans les règles, son spectre reviendrait hanter les vivants. Cela explique pourquoi, après avoir remporté une bataille, les Mésopotamiens enterraient toujours leurs ennemis, parfois même sur-le-champ.

L'édit d'Urukagina sur l'enlèvement des lits indique que jusque-là, la coutume était bien de les laisser dans la tombe. Cette pratique est également attestée de l'autre côté de la mer Rouge. Dès 4000 av. J.-C., en Égypte et en Nubie (l'actuel Soudan), les défunts reposent sur une civière ou une bière en sisal, mais aussi parfois sur un lit tel qu'on en trouve dans les maisons. En fouillant au début du XXe siècle le site de Kerma, capitale du royaume nubien de Koush, l'archéologue américain George Reisner met au jour de très nombreuses tombes-lits remontant à environ 1700 av. J.-C[4]. Le plus répandu était en bois, parfois pourvu de pieds en forme de sabots de vache, et souvent d'un sommier tressé. Certains montraient des signes d'usure, preuve qu'ils avaient sans doute servi au défunt. Même si Reisner a trouvé plus de tombes-lits que de tombes simples, cette pratique n'était sans doute accessible qu'aux plus riches, qui pouvaient se permettre de perdre un lit. Aujourd'hui encore les Soudanais transportent leurs défunts jusqu'à leur dernière demeure sur des lits, qu'ils rapportent ensuite chez eux après une période de purification rituelle.

Le lit de mort faisait aussi partie intégrante des funérailles égyptiennes. Lorsque Toutânkhamon meurt, à la fin du XIVe siècle av. J.-C., son tombeau n'est pas terminé, mais les parois de sa chambre funéraire sont couvertes de fresques représentant sa procession funèbre[5]. On y voit douze personnages vêtus de blanc tirer un char supportant un lit en bois sur lequel repose sa momie. Ce lit est surmonté d'un autel « festonné de guirlandes », comme l'écrit Howard Carter qui le découvrit. On peut supposer que les participants ont traîné char et momie depuis la chapelle mortuaire du roi, où son corps a dû être embaumé, en bordure du désert et en surplomb du Nil, jusqu'à ce tombeau inachevé. Un défilé de serviteurs fermait la marche, portant tout ce dont le pharaon aurait besoin dans l'au-delà, à savoir vêtements, nourriture, bijoux et meubles, et le vase canope contenant ses viscères. Ces processions devaient être accompagnées d'une foule de pleureuses engagées pour l'occasion qui, seins nus, agitaient les bras en tous sens, habits et chevelure en désordre.

Une fois la procession parvenue à l'entrée du tombeau, les derniers rites funéraires étaient exécutés, généralement par le fils aîné du pharaon. Mais, Toutânkhamon étant décédé sans successeur à l'âge de dix-neuf ans, c'est à Aï, un personnage un peu louche qui était peut-être son grand-père, qu'échut le rituel le plus sacré de tous : l'Ouverture de la Bouche. Lors de cette cérémonie, la momie était ramenée à la vie par enchantement afin de recevoir aliments, boissons et lumière – le premier et le dernier de ces éléments étant essentiels à son séjour dans l'au-delà. Vêtu d'une robe en peau de léopard, Aï a dû réciter des formules magiques en posant sur les yeux et la bouche de la momie des instruments spéciaux, dont un couteau en forme de queue de poisson, de ceux que l'on utilise pour couper le cordon ombilical des nouveau-nés, évoquant par là des notions de naissance et de renaissance dans la mort. Il semble que ce toucher rituel ait été accompli avec une certaine force si l'on en croit les travaux menés sur cinquante et une momies par le Swiss Mummy Project, qui révèle dans de nombreux cas des fractures et des fêlures au niveau des incisives[6].

Toutânkhamon gît dans un sarcophage à l'intérieur de trois cercueils emboîtés, posés, selon les notes d'Howard Carter, sur un « lit recouvert d'or » à deux têtes et queues de lion dont les pieds imitent les pattes de l'animal, « construit dans un bois lourd » et « de forme concave épousant le fond convexe du premier cercueil anthropoïde[7] ». La surface du lit en forme de treillis serré est en or massif, et le dessous de ce matelas factice est enduit de bitume noir. Un lit décidément digne d'un dieu-roi. On l'entoure de « châsses dorées », on emplit la tombe de trésors, puis on en scelle l'accès.

Considéré comme un dieu durant sa vie sur Terre, Toutânkhamon est destiné à séjourner dans l'au-delà au côté de ses pairs, même si le doute subsiste quant à leur identité. Pour l'Égyptien « ordinaire », après la mort on se rend dans un autre pays, une campagne paradisiaque appelée *Sekhet iarou*, ou Champ des roseaux, où l'où vit à jamais, heureux et en parfaite santé. Les pauvres sont simplement enterrés dans le désert, avec au mieux quelques amulettes, alors que les riches, surtout à certaines périodes, sont entourés de nombreuses offrandes et pièces de mobilier. C'est le cas du maître d'œuvre du tombeau des pharaons Amenhotep II, Thoutmôsis IV et Amenhotep III (XVe-XIVe siècle av. J.-C.), Khâ, dont la propre tombe fut découverte, intacte, il y a plus d'un siècle dans le village des artisans de Deir el-Medina. Il fut enterré en compagnie de sa femme Merit et, outre quantité de bijoux, parures et aliments, ainsi qu'une collection de soixante pagnes appartenant à l'architecte, les deux époux ont chacun leur propre et magnifique lit. Celui de Khâ est en bois, à pieds en forme de pattes de lion, avec un sommier tissé très serré. Le tout est trop grand pour sa chambre mortuaire, mais au lieu de le remporter, on l'a laissé dépasser dans l'antichambre. Il est probable qu'il n'avait pas été fabriqué pour l'occasion : ce devait plutôt être le lit habituel de Khâ. Celui de Merit est du même type mais, plus petit et peint en blanc, il est agrémenté de draps, de couvertures à franges, de serviettes et d'un appui-tête en bois recouvert de deux couches de tissu[8]. Ces deux meubles revêtaient manifestement de l'importance aux yeux de leurs propriétaires, et ils ont également dû servir à les accompagner jusqu'à leur dernière demeure.

L'opulence jusque dans la mort

Le lit funéraire était un excellent moyen de faire connaître son rang, sur la terre comme au ciel, et parmi les civilisations qui ont adopté cette symbolique, la Grèce antique est celle qui l'a poussée le plus loin. Prendre ses repas à demi allongé étant dans la société grecque le comble du raffinement, il était logique que son élite se mette bientôt à enterrer ses morts sur leur *klinè*. Ces lits à la fois dînatoires et mortuaires existaient déjà par le passé, comme en témoigne une tombe du second millénaire av. J.-C. mise au jour à Jéricho[9], mais au Ve siècle av. J.-C., le *klinè* devient l'élément le plus représenté sur les vases funéraires grecs.

Les *klinai* funéraires ont laissé peu de traces archéologiques. Peut-être leur cadre de bois ne se conservait-il pas longtemps, mais on peut aussi imaginer qu'on ne les laissait pas dans les tombes. Une inscription du Ve siècle retrouvée sur l'île de Keos, dans la mer Égée, indique que lit et literie doivent être rapportés au domicile du défunt après les funérailles. Dans de rares cas, pourtant, on déroge à la règle : sur le site de plusieurs tombes du cimetière du Céramique (*Kerameikos*), à Athènes, on devine des vestiges de luxueux *klinai* en bois décorés d'incrustations en ivoire, en ambre et en os dans un style influencé par les pays du Levant. Pareille sépulture devait certainement contribuer à affirmer le droit du défunt à festoyer pour l'éternité.

Par conséquent, il se peut que cet amour du *klinè* chez les Grecs anciens marque un tournant dans la perception de l'au-delà[10]. Dans l'*Odyssée* d'Homère, qui date de la fin du VIIIe siècle av. J.-C., celle-ci coïncide avec la vision des Mésopotamiens : après la mort, l'âme s'en va mener une existence morne et répétitive aux Enfers, royaume souterrain d'Hadès entouré d'une étendue d'eau que seuls peuvent franchir ceux dont le corps a été enseveli (Cerbère, son chien à trois têtes, empêche les âmes d'en sortir). On n'est ni récompensé ni puni selon la vie que l'on a menée sur Terre. À partir de l'ère archaïque (VIIIe-VIe siècle av. J.-C.),

Hadès devint un dieu moins redoutable, mais à l'âge classique (V^e-IVe siècle av. J.-C.) la notion d'Élysée, ou paradis, commence à s'imposer, et avec elle le *klinè* funéraire.

Malgré ses côtés positifs, celui-ci est toujours entouré de rituels stricts. Il faut tout d'abord qu'une proche parente âgée de soixante ans ou plus se charge d'oindre, laver et vêtir le corps. Celui-ci est ensuite placé sur le *klinè*, la tête reposant sur un coussin et les pieds orientés vers la porte. Les vases funéraires montrent des hommes approchant du lit en levant la main droite pendant que les femmes éplorées se frappent le front et la poitrine, comme il se doit. On voit aussi parfois des musiciennes jouer de la harpe, de la flûte ou de la lyre, mais dès l'ère classique on cesse de faire appel aux pleureuses professionnelles. Le lit, en revanche, est toujours là.

Chez les Étrusques, il est de bon ton, parmi l'élite, de se faire enterrer dans un cercueil en *terracotta* polychrome représentant des personnages semi-allongés dans la position dite du « banqueteur ». Le *Sarcophage des époux*, chef-d'œuvre de l'art étrusque datant de la fin du VIe siècle av. J.-C., représente un couple à l'air réjoui et aux longs cheveux nattés divinement sculpté dans l'argile. L'épouse tient dans sa main gauche un petit objet rond, peut-être une grenade, symbole d'immortalité. Il semble que les femmes étrusques aient joui d'une plus grande liberté que certaines de leurs contemporaines ; toujours est-il qu'elle semble parfaitement à l'aise et détendue au côté de son mari (dans le monde grec, les banquets étaient réservés aux hommes). Par la suite, le *klinè* (ou le triclinium) funéraire fera son apparition partout où l'on retrouve des Grecs et des Romains – avec des variantes locales, comme chez les

Étrusques. Sachant qu'Alexandre le Grand a poussé ses troupes jusqu'à l'Indus, au cœur de ce qui est aujourd'hui le Pakistan, on n'est guère surpris de découvrir par exemple un Bouddha défunt couché sur un divan de style hellénistique ou romain, mais avec des jambes usinées au tour à bois dans le plus pur style de la région de Gandhara.

En Occident, le *klinè* tombe dans l'oubli avec la chute de l'Empire romain, bien qu'on trouve des gisants sculptés du XVIe siècle allongés sur un sofa, appuyés sur un coude. Ces figures ne réapparaîtront pour de bon qu'à l'époque victorienne lorsque, portés par les vagues conquérantes de leur empire, les Britanniques remettent à la mode tout ce qui est d'inspiration classique. Les plus ambitieux reproduisent *post mortem* des scènes de salon en faisant représenter les défunts sur l'équivalent contemporain du classique *klinè* : la méridienne. Le côté dînatoire a disparu entre-temps, et ce lit de repos est le plus souvent féminin, mais la notion de luxe perdurant jusque dans la mort est restée.

Autour du lit

Dans plus d'une civilisation à travers l'Histoire, le lit de mort a été en soi un lieu de grande sociabilité où se retrouvaient les proches, souvent en nombre. Il était particulièrement important qu'une assistance soit présente lors de la passation de pouvoir d'un chef de famille, par exemple. Chez les empereurs de Chine, on mourait devant un large public, de préférence après avoir nommé un héritier afin de prévenir les querelles de succession (on n'y arrivait pas toujours). Il y avait aussi les périls imprévus : sur son lit de mort, l'empereur Wenxuan de Qi du Nord (526-559 apr. J.-C.) absorba un élixir de longue vie... qui le tua[11]. Il ne fut pas le seul. De fait, une longue liste d'empereurs et de dignitaires chinois ont succombé à l'un ou l'autre de ces élixirs, dont Aidi, empereur de la dynastie Jin, qui mourut en 365 à l'âge de vingt-cinq ans après avoir bu une potion qui tint accidentellement sa promesse : la consommer, c'était avoir l'assurance de ne jamais vieillir. Au moins Wenxuan avait-il eu l'intelligence de tenter sa chance alors qu'il était de toute façon au seuil de la mort.

Les maharajahs, eux, avaient coutume de choisir et d'adopter leur héritier sur leur lit de mort – judicieuse attitude dans ces régions instables où un successeur désigné trop tôt pouvait décider d'accélérer le processus pour percevoir plus tôt son héritage. Tandis que ces spéculations allaient bon train, le lit de mort jouait un très grand rôle.

Lorsque la reine Elizabeth Ire meurt dans son lit en 1603, à l'âge de soixante-neuf ans, peu de personnes sont présentes. Selon sa dame de compagnie, Elizabeth Southwell, les problèmes commencent lorsque la mourante demande « un miroir fidèle[12] ». De fait, tous les portraits officiels représentent la *Virgin Queen* éternellement jeune et belle, le teint intact, bien qu'elle arbore en réalité les stigmates de la petite vérole, sans parler de ses dents gâtées ; épouvantée par ce qu'elle découvre dans le miroir, la reine bannit de sa chambre tous ceux qui l'ont induite en erreur à force de flatteries.

Il n'y a donc pas foule autour d'elle au jour de sa mort, mais il faut tout de même compter ses suivantes, son médecin, ses aumôniers, l'archevêque de Canterbury et des membres de son Conseil privé. On récite des prières et,

LA MORT ET AU-DELÀ

alors qu'elle s'apprête à passer de vie à trépas, on demande à la dernière régnante de la dynastie Tudor si elle accepte pour successeur Jacques VI d'Écosse, futur Jacques Ier. Trop faible pour répondre, elle se contente d'un geste de la main. Connaissant les rumeurs qui circulaient sur sa virginité réelle et la possibilité qu'elle ait eu des enfants en secret (on prétendra aussi qu'elle était en réalité un homme), elle laisse de strictes instructions pour que son corps ne soit pas autopsié, comme le veut pourtant l'usage. Au lieu de cela on la place donc directement dans son cercueil, lui-même exposé sur son lit et veillé par ses dames d'honneur. Le lit est tendu de velours noir et agrémenté de grandes plumes d'autruche. Selon la tradition médiévale, pour finir on étend sur le cercueil une statue en bois représentant fidèlement la reine. Censée prendre sa place jusqu'à ce que son successeur monte sur le trône, elle y demeurera jusqu'aux funérailles.

Les échos du royal trépas résonnent dans toute l'Europe. Un siècle plus tard, en 1715, Louis XIV meurt comme il a vécu – en public et dans son lit de parade. Un lit qui occupe une telle place dans la vie de la cour qu'en entrant dans la chambre du roi on faisait une génuflexion devant lui, même s'il était inoccupé, comme devant un autel. Deux jours avant de succomber à la gangrène, le Roi-Soleil y conduisait encore les affaires du royaume et désignait son successeur, en l'occurrence son arrière-petit-fils. Les serviteurs attachés à sa personne demeuraient à son chevet tandis que de nombreuses personnes allaient et venaient dans la chambre, parmi lesquelles les médecins venus examiner sa jambe, mais aussi les membres de sa famille, les courtisans et autres curieux.

Après sa mort on tendit de noir plusieurs salles et pièces du palais, mais, contrairement à la tradition, il n'y eut pas d'effigie funéraire. Jusqu'alors on avait coutume de fabriquer un mannequin en osier (là où les Anglais utilisaient du bois) sur lequel on fixait un masque et des mains en cire moulés à partir du corps, avant de le revêtir des habits royaux et de l'asseoir dans le lit de parade afin qu'il puisse recevoir des visites. Il prenait même part à un repas servi comme si l'on avait affaire au roi en personne. Ces effigies étaient placées bien en évidence lors de la procession funèbre, et les sujets s'attroupaient autour d'elles, mais Louis XIII (père de Louis XIV) avait mis fin à cette pratique par trop païenne en 1622.

Ces rassemblements autour du lit de mort avaient donc une grande importance, mais n'étaient pas réservés aux membres des familles royales. Le lit possédait de fait une dimension sociale, car les proches venaient autour de lui soutenir le mourant – et se soutenir mutuellement. Dans l'Angleterre élisabéthaine, le défunt était lavé et enveloppé dans un suaire et, si l'on avait les moyens, on procédait même à un embaumement sommaire. Puis on le mettait en bière, souvent sur son propre lit, et on le veillait en se relayant auprès du cercueil ouvert de manière à ne jamais le laisser seul, et ce jusqu'aux funérailles. Cette tradition a perduré jusqu'au milieu du XXe siècle.

Pour les catholiques, il fallait être présent durant les derniers instants du mourant car c'était là que se décidait son sort, selon que l'emportaient les anges ou les démons qui l'entouraient. S'il était apaisé au moment de rendre l'âme, c'était que les anges avaient gagné. En leur temps, les adeptes de la Réforme affirmaient au contraire que nul ne pouvait ainsi décider de son destin à la dernière minute – position qui dut engendrer un certain degré d'angoisse sur les lits de mort. Cela n'a pas empêché l'aumônier anglican de la reine Elizabeth de présenter son dernier soupir comme un aller simple pour le paradis : elle « quitta cette vie doucement, comme un agneau, aussi facilement que la pomme mûre se détache de l'arbre[13] ».

*Le lit de mort chrétien dans toute sa splendeur.
Ici, les derniers instants du révérend John Wesley
(lithographie datant d'environ 1840).*

Dans le monde musulman aussi on se rassemblait autour du lit et, quand la fin approchait, on encourageait le mourant à affirmer sa foi au travers de la prière « Il n'y a de Dieu que Dieu et Mahomet est son prophète » qui, en arabe, comporte une allitération en « la » lyrique et réconfortante. S'il n'était pas en état de la réciter, on la lui soufflait à l'oreille comme on le faisait avec les nouveau-nés. Là aussi, le défunt était lavé, placé dans un linceul, puis exposé dans un cercueil, généralement sur des brancards. On l'enterrait le plus tôt possible, de préférence dans les vingt-quatre heures, après quoi la période de deuil pouvait commencer. Cette hâte était indubitablement motivée par des questions de conservation du corps, l'incinération étant interdite dans la religion musulmane. Il en a longtemps été de même dans la religion juive.

Pour les juifs européens des XVIe et XVIIe siècles, le rassemblement autour du lit de mort était une *mitzvah*, une preuve de piété. La communauté faisait son possible pour que nul ne meure seul. Dans l'idéal, le mourant ou la mourante devait se confesser devant dix juifs en disant une prière bien précise, puis donner sa bénédiction à sa famille ou prier pour elle. Après le décès, il fallait aussi laver et enterrer le corps dans les vingt-quatre heures. On lit dans le Talmud : « Je leur ai donné [en les créant] l'image de ma ressemblance, et en raison de leurs péchés je l'ai retournée. Eh bien, retournez vos lits à cause de cela[14]. » En l'honneur de quoi la tradition voulait, lorsqu'on était en deuil, qu'on retourne son lit ou son divan et qu'on le laisse ainsi sur le sol pendant les sept jours de la période de deuil (*shivah*).

Au XVIIe siècle, des Européens décrivent des témoignages de solidarité du même type le long de ce que l'on appelait alors la Côte-de-l'Or et qui correspond à l'actuel Ghana, en Afrique de l'Ouest. Aucun d'entre eux n'est assez bien intégré aux sociétés locales pour pouvoir assister à tous les rites entourant le lit de mort, mais plusieurs font mention de grands regroupements après un décès. Ils ne cachent pas leur mépris pour le célébrant, qui s'adresse directement au défunt pour lui demander comment il a péri et par la faute de qui. Pourtant, ce sont des questions que nous nous posons tous, aussi cette pratique était-elle peut-être bénéfique pour le moral des proches. Ensuite, le rite voulait que le fils aîné enterre son père sous son lit, ou à proximité, et que tous les matins il lui offre symboliquement la première bouchée de tout ce qu'il mange et la première gorgée de tout ce qu'il boit. Les colons anglais décrétèrent que c'était là une pratique barbare et y mirent promptement fin.

Dernières paroles

Souvent, les personnes rassemblées autour du lit se penchent sur le mourant pour tenter de saisir ses dernières paroles. Va-t-il (ou elle) résumer l'œuvre de toute une vie en une ultime et immortelle formule ? Devenir une sorte de guide divin sur le chemin de l'au-delà ? « Bertie », dit d'une voix rauque la reine Victoria. « Tout ça m'ennuie », lâcha Churchill. « Je vais me coucher. Je ne vous appellerai plus. Allez au lit aussi », aboya Staline en congédiant ses soldats. Difficile d'atteindre des sommets de sagacité (ou même de s'en soucier) quand on sent que la fin est proche.

L'Occident est toutefois particulièrement friand de ces dernières paroles prononcées sur le lit de mort – une tendance qui remonte au sort spectaculaire de Socrate, condamné à boire la ciguë en 399 av. J.-C. pour avoir manqué de respect aux dieux et exercé une mauvaise influence sur la jeunesse athénienne. Son jeune disciple Platon relate le déroulement des faits : le philosophe s'allonge (sans doute sur un lit), se couvre d'un drap et attend que la toxine fasse lentement son effet. Il semble qu'au dernier moment il ait découvert son visage pour rappeler à son ami Criton qu'il faudrait sacrifier un coq à Esculape (ou Asclépios, dieu de la médecine) en ajoutant : « N'oublie pas de le payer[15]. »

Un peu décevant, comme derniers mots, pour un tel homme, pourrait-on se dire. Mais les amis qui l'entourent sont impressionnés : Socrate aura décidément été vertueux jusqu'au bout, lui qui a tant prôné la vertu. Pour un Romain, la « mort socratique » devient le summum de la noblesse et c'est ainsi que naît la coutume de prêter une attention particulière aux dernières paroles des mourants. Sénèque (entre 4 av. J.-C./1 apr. J.-C. – 65 apr. J.-C.) sera lui aussi contraint au suicide. Il fait en sorte que ses secrétaires soient présents et consignent ses dernières paroles. Puisqu'on le « réduit à l'impuissance de reconnaître leurs services », rapporte Tacite, il leur « laisse le seul bien [qui lui] reste, et toutefois le plus précieux, l'image de [sa] vie ; [...] s'ils gardent le souvenir de ce qu'elle eut d'estimable, cette fidélité à l'amitié deviendra leur gloire[16] ». D'autres prétendent qu'il ne put qu'« offrir une libation à Jupiter le Libérateur ». Cette version est plus plausible car, comme le rapporte Tacite, cela se passa mal, sans grande dignité, et dura fort longtemps : comme « le sang coulait péniblement et que la mort était lente à venir [il se fit] apporter le poison [...] qu'on emploie dans Athènes contre ceux qu'un jugement public a condamnés à mourir. [Mais] ses membres déjà froids et ses vaisseaux rétrécis se refusaient à l'activité du poison ; [il] se fit porter dans une étuve, dont la vapeur le suffoqua ». La ciguë provoque le plus souvent de terribles convulsions, crampes et vomissements. On avait davantage intérêt à être crucifié, ce qui, même dans la Grèce antique, était une sentence courante.

Vu les effets de la ciguë, donc, il est plus que probable que l'attitude et les ultimes déclarations de Socrate relèvent elles aussi de la légende – comme toutes celles qui, retentissantes, sont devenues célèbres. Selon Suétone, le premier empereur Auguste est censé avoir dit : « J'ai trouvé une Rome de briques, j'ai laissé une Rome de marbre », mais, dubitative comme nous, son épouse Livie prétendit qu'en réalité, c'était un vers d'une tragédie grecque (particulièrement bien choisi). Elizabeth Ire aurait dit pour sa part : « Tout ce que je possède pour un instant de plus », et on raconte qu'Oscar Wilde, mort sans le sou dans un hôtel parisien miteux, a déclaré : « Mon papier peint et moi nous livrons un duel à mort. L'un ou l'autre de nous va devoir s'en aller. » À dire vrai, il a bel et bien prononcé ces paroles, mais plusieurs semaines avant de rendre son dernier soupir.

Les morts ne pouvant nous détromper, il est tentant d'inventer leurs dernières paroles. Ainsi les jésuites, entre autres missionnaires chargés d'évangéliser l'Amérique du Nord, rapportaient-ils souvent des tirades prétendument prononcées par ceux qu'on appelait encore les « sauvages », et s'en servaient pour promouvoir leur propre cause. En général, au début de la scène type qu'ils décrivent, le sujet prend conscience que sa fin est proche et, s'il a été converti, prie pour que le Seigneur l'accompagne et le prenne en pitié, accorde la santé à ses proches et veille à ce que les religieux convertissent nombre de ses semblables. Quant à ses dernières paroles, il les prononce les yeux extatiquement tournés vers le ciel. Fort à propos, elles sont souvent du genre : « Jésus, prends-moi avec toi ! »

Il arrive qu'une personne sur le point de mourir, mais par ailleurs en bonne santé, prononce effectivement des paroles remarquables. Citons à titre d'exemple l'anarchiste d'origine allemande George Engel qui, quelques instants avant sa pendaison, à Chicago en 1887, cria : « Vive l'anarchie ! C'est le plus beau jour de ma vie ! » Ces derniers mots, lorsqu'ils sont formulés par écrit, suscitent encore davantage de réflexion. De nos jours, ils se présentent parfois sous forme de tweets ou de publications sur les réseaux sociaux. Ainsi le comédien Leonard Nimoy, célèbre pour avoir tenu le rôle du Vulcain Spock dans *Star Trek*, a-t-il twitté en 2015 : *A life is like a garden, perfect moments can be had, but not preserved, except in memory. LLAP* [*Live long and prosper*, le salut vulcain[17]] » – littéralement : « La vie est un jardin, on peut y vivre de beaux moments, mais il n'en reste jamais que des souvenirs. Longue vie et prospérité. » Un tweet ultime peut aussi avoir un retentissement involontaire, comme celui de Reeva Steenkamp[18] en 2013, à la veille de sa mort : *What do you have up your sleeve for your love tomorrow ??? #getexcited #ValentinesDay* – « Qu'est-ce que vous mijotez pour votre chéri demain, vous ??? #Excitant #SaintValentin ». Comment aurait-elle pu se douter que l'athlète handisport Oscar Pistorius allait lui tirer dessus à quatre reprises dans la nuit ?

Notre propre lit de mort

Comme l'écrit Thomas Hardy à propos de son personnage Tess d'Urberville : « Il existait encore une date, [celle] de sa propre mort [...] jour caché, invisible et sournois parmi tous ceux de l'année, qui passait devant elle sans donner de signe et n'en était pas moins sûrement là. Quel était-il[19] ? » La Bible nous dit que le plus souvent, « les jours de nos années s'élèvent à soixante-dix ans [et,] pour les plus robustes, à quatre-vingts[20] », alors que selon un texte édifiant retrouvé à Emar, ville mésopotamienne de l'actuelle Syrie, les dieux accordent à l'homme jusqu'à cent vingt années de vie, et que la plus grande bénédiction du nonagénaire (considéré comme ayant atteint le plus grand âge) est de pouvoir connaître ses descendants jusqu'à la quatrième génération.

Vous et moi savons que nous allons mourir. Épicure (342 ou 341-270 av. J.-C.) disait que cette intime conviction contribuait plus que toute autre chose à ruiner notre vie et incitait au contraire ses disciples à accepter cette vérité, à croquer la vie à pleines dents, car « la mort est une extinction complète, elle n'est rien pour nous » ; aussi ne fallait-il pas la redouter plus que Dieu. Mais combien d'entre nous suivent ce conseil ? L'Occident contemporain tend plutôt à la combattre, ou à faire comme si de rien n'était – ce que révèle notre attitude envers le lit de mort. Jadis public, il se cache désormais dans une chambre d'hôpital, quand il n'est pas complètement escamoté. Bien souvent, on préfère changer de trottoir que de saluer une personne qu'on sait en deuil, que l'on soit peu versé dans l'art de composer avec la mort ou que l'on préfère carrément nier son existence.

Il existe même en Amérique du Nord un mouvement affirmant qu'on peut vivre éternellement pourvu qu'on s'adonne suffisamment à la « pensée positive ». Des sociétés telles qu'Alcor, basée en Arizona, proposent la cryogénisation : après votre mort, on congèle votre corps jusqu'à ce que les technologies à venir permettent de vous ramener à la vie. Comme on le voit, la mort n'est tout simplement plus acceptable. On va jusqu'à se battre pour prolonger l'existence de patients qui, de toute évidence, ne jouissent plus d'aucune qualité de vie. Rien qu'au Royaume-Uni, trois affaires de ce type ont beaucoup fait parler d'elles à la fin des années 2010, des parents s'étant battus pour maintenir en vie des enfants en bas âge tombés dans le coma et gravement atteints, contre l'avis de leurs médecins. Chaque fois, ils ont bénéficié d'un soutien massif de la part de la population. Dans l'un de ces cas, Donald Trump est même allé jusqu'à écrire au pape.

Il faut remonter très loin dans l'Histoire pour prendre la mesure des changements intervenus sur ce plan. Au XIXe siècle, il était encore courant en Europe et en Amérique du Nord de perdre au moins un enfant et, on l'a vu, une femme sur sept courait le risque de mourir en couches. Mais cela ne rendait pas pour autant la mort admissible. Pour preuve, les quarante années de deuil que s'est infligées la reine Victoria après le décès de son bien-aimé prince Albert. Et lorsque, en Mésopotamie, on entretenait la croyance selon laquelle les enfants mort-nés jouaient dans les cieux pour l'éternité, c'était évidemment pour consoler les parents accablés de chagrin. Autrefois, la mort était partout, et publique. Il fallait sinon l'accepter, du moins vivre avec, et partager la douleur du deuil. Si on se rassemblait autour du lit du mort, c'est qu'elle faisait à chaque instant partie de la vie.

La photographie officielle *post mortem* de la reine Victoria est désormais qualifiée de « choquante » par le site Web du gouvernement britannique. Les yeux clos, la souveraine gît sur son lit de mort entourée de draps blancs et de fleurs, un portrait de feu son époux accroché au-dessus de sa tête. Et il faut bien admettre que l'aquarelle qu'en tira Hubert von Herkomer (1849-1914), lequel avait probablement pris lui-même cette photographie, nous paraît aujourd'hui d'assez mauvais goût. Mais à l'époque, personne n'y trouva à redire : en Europe, une coutume ancienne voulait qu'on commande à un peintre un portrait de la famille rassemblée autour du lit de mort de l'épouse, ce qui aujourd'hui serait considéré comme totalement déplacé et morbide. En Occident, la dernière photo artistique représentant une personne sur son lit de mort est peut-être celle de l'actrice transgenre Candy Darling, ancienne muse d'Andy Warhol, morte d'un lymphome en 1974. Prise par le photographe Peter Hujar, elle montre une beauté blonde soigneusement maquillée et coiffée à la Marilyn Monroe, un bras tendu sur le lit et l'autre cachant sa tempe, allongée entre deux vases de fleurs. Aujourd'hui encore elle prête le flanc à la controverse, et sera sans doute de moins en moins bien acceptée à mesure que nous nous éloignons de l'ère victorienne.

UNE HISTOIRE HORIZONTALE DE L'HUMANITÉ

En matière de deuil, le comportement de la reine Victoria paraît un peu excessif, même pour l'époque : après le décès d'Albert elle ne porta plus jamais que du noir, au lieu de respecter la période d'un an habituellement prescrite. Elle ordonna en outre que la chambre du défunt demeure absolument intacte, jusqu'au verre d'eau grâce auquel il avait absorbé son dernier remède ; son stylo plume demeura sur son bloc de papier buvard là où il l'avait laissé, et elle fit quotidiennement fleurir la pièce. Or rien de tout cela ne fut considéré comme anormal – au contraire, on louait sa dévotion.

Aujourd'hui, en revanche, cette relation directe et régulière avec les morts nous dérange, que ce soit l'offrande de fleurs de Victoria à « Bertie » ou de nourriture matinale du fils au père défunt dans l'Afrique de l'Ouest précoloniale. Nous trouvons cela autocomplaisant, de mauvais goût, voire franchement répugnant quand il s'agit des Torajas, dans l'actuelle Indonésie. Dans cette région de Sulawesi, certains groupes ethniques mêlent de fait des croyances animistes à l'islam et au christianisme, et les familles défient à l'extrême nos tabous sur la mort en gardant chez eux leurs parents décédés, parfois pendant des années, jusqu'à avoir les moyens de leur offrir des funérailles suffisamment somptueuses. Le corps desséché par le passage du temps repose dans un cercueil ouvert, sur un lit lui-même placé dans la pièce principale, et on l'entoure de soins comme si la personne était simplement alitée et non décédée ; on lui apporte quotidiennement de la nourriture, des cigarettes et du café. Après les obsèques, on ne la laisse pas tranquille non plus : on la déterre tous les trois ans lors d'un rite funéraire durant lequel on la lave et on change ses vêtements. Pour les Torajas, ces pratiques sont parfaitement normales et apportent une certaine consolation[21].

Par un contraste frappant, une grande partie de la population occidentale actuelle n'a jamais vu un cadavre de sa vie ; cette perspective nous fait même horreur. Dans « Lazarus », le clip vidéo de son ultime album *Blackstar*, sorti en 2016, David Bowie agonise sur un lit d'hôpital. Il semble tendre les bras vers la caméra et tout y est d'un mauvais goût achevé, ce qui explique sans doute pourquoi le réalisateur déclara par la suite que le film était « sans lien avec la maladie » du chanteur, en insistant sur le fait que son caractère incurable n'avait été révélé qu'une fois le film tourné. Il faut dire que le lit de mort n'est plus montré de nos jours que dans les œuvres de fiction. On ne le voit guère que dans des films d'horreur (les pires comme les meilleurs), et puisqu'il est désormais tabou chez les gens bien élevés, on considère que c'est là du cinéma de bas étage, débile, déviant, voire les trois à la fois. Citons à titre d'exemple *L'Exorciste* (1973), dont on a pu dire que c'était le « film le plus effrayant de tous les temps » : on y voit dans les pires scènes une petite fille possédée par le démon, prise de vomissements, dont la tête pivote à trois cent soixante degrés sur ses épaules. D'autres films (à petit budget) mettent carrément en scène un lit tueur, tel le surréaliste *Death Bed : The Bed That Eats* (1977), où un démon invoque un lit afin de séduire la femme qu'il aime. Il y a aussi *Under the Bed* (2012), dont le monstre tueur caché sous un lit devint « culte » dans la catégorie Z au point qu'on lui donna deux suites : *Under the Bed 2* et *3*. Quant à *Sleep Tight* (2011) et *Death Bed* (2002), ils jouent eux aussi sur notre appréhension de la mort, du sommeil et du lit.

UNE HISTOIRE HORIZONTALE DE L'HUMANITÉ

Nous savons décidément bien nous faire peur ! Notre combat contre la mort nous a menés très loin. Désormais, le lit d'hôpital aseptisé, à l'abri des regards, n'est plus que l'endroit où l'on nous sauve la vie. Pourtant, c'est là que la moitié d'entre nous rendront leur dernier souffle, même si bien souvent on préférerait que cela se passe dans un autre décor. Peut-être serait-il salutaire, voire libérateur, de remettre au goût du jour la tradition du rassemblement autour du lit de mort qui permet au malade de faire ses adieux et d'accorder son pardon. On pourrait ensuite exposer le corps sur un lit, au vu et au su de tous, et accepter que les funérailles aient lieu au son des tambours battants, avec des pleureuses qui se frapperaient la poitrine, des amis qui viendraient témoigner leur soutien et, pour conclure, une grande fête. Car les humains sont par-dessus tout des créatures sociales.

6

Compagnons de fortune

Au XVIe siècle, le prince Louis Ier d'Anhalt-Köthen, petite principauté d'Allemagne centrale, fait son « grand tour européen », comme beaucoup de jeunes hommes de la bonne société, dont il se distingue seulement en ce qu'il a laissé un compte rendu de son voyage en Angleterre (en vers de mirliton). En 1596, il séjourne à l'auberge du Cerf blanc, à Ware, dans le comté du Hertfordshire, au nord de Londres. Cette petite ville est alors une halte très prisée des pèlerins et autres voyageurs, et les auberges s'y livrent une concurrence acharnée. Afin d'attirer les plus aventureux d'entre eux, l'un de ces établissements (sans doute le Cerf blanc, d'ailleurs) a l'idée géniale de faire fabriquer un imposant lit à baldaquin – baptisé le « Grand Lit » – capable d'accueillir, prétendent ses propriétaires, jusqu'à douze pensionnaires. S'émerveillant de ses dimensions, le prince Louis est le premier à laisser une description de ce qui deviendra vite un hébergement fort couru : « Quatre conjoints peuvent y coucher / Sans jamais les autres toucher[1]. »

Le Grand Lit de Ware
exposé au Victoria & Albert Museum de Londres.

Conçu vers 1590 par l'architecte, peintre, ingénieur et paysagiste hollandais Hans Vredeman de Vries, il mesure environ le double de nos actuels lits pour deux personnes – trois mètres de long sur trois de large et deux mètres cinquante de haut – et pèse quelque six cent quarante kilos. Fabriqué par des artisans locaux à partir de quarante pièces de chêne collées, il comprend à l'avant deux énormes colonnes à panneaux de marqueterie de couleurs vives (dont il ne reste que des traces) ornés de motifs Renaissance tarabiscotés. Il connaît le succès dès son entrée en service, tant auprès des curieux que des « copulateurs », comme l'écrit plaisamment un auteur, les uns comme les autres ayant parfois gravé leurs initiales ou appliqué leur cachet de cire rouge sur ses piliers.

Le Grand Lit de Ware acquiert une telle notoriété qu'il figure même dans une pièce de Shakespeare, *La Nuit des rois* (1602). Messire Tobie (Belch) suggère ainsi à Messire André (Aguecheek) de provoquer en duel Cesario (en réalité Viola, travestie en page du duc Orsino), dans une lettre mensongère, avec le conseil suivant : « *Couche-moi sur ta feuille de papier autant de mensonges qu'elle en pourra tenir, quand bien même elle serait assez grande pour servir de draps au lit de la ville de Ware en Angleterre*[2]. » Trois ans plus tard, une pochade jacobéenne intitulée *Northward Ho** se termine ainsi : « Viens, allons donc défier nos épouses en combat singulier dans le Grand Lit de Ware. » Un autre dramaturge célèbre, Ben Jonson, y fait également allusion dans *Épicène, ou la femme silencieuse* (1609), et un siècle plus tard, George Farquhar évoque dans *The Recruiting Officer*** (1706) un lit « une fois et

---

* Thomas Dekker et John Webster (1605), non traduit en français. (*N.d.T.*)

** Adaptée par Bertolt Brecht en 1955 et intitulée en français *Tambours et trompettes*. (*N.d.T.*)

demie plus grand que le Grand Lit de Ware ». Ces allusions littéraires se retrouvent encore de nos jours : dans « The British Galleries » (2001), à propos des musées de Londres, le poète Andrew Motion imagine le Grand Lit de Ware « expulsant ses occupants comme des feuilles soufflées par la bourrasque[3] ».

Certains visiteurs étaient manifestement là pour rire. Le *London Chronicle* du 4 juillet 1765 raconta ainsi (mais faut-il le croire ?) que vingt-six bouchers et leurs épouses – donc cinquante-deux personnes en tout ! – auraient passé une nuit ensemble dans le Grand Lit en 1689. Le joyau de Ware devint une métaphore pour les inutiles extravagances des gens qui se donnaient en spectacle. Juste après sa nomination, en 1856, Charles Thomas Baring, évêque de Bristol, sans doute un peu imbu de sa personne, s'attribua ainsi dans sa cathédrale une stalle surmontée d'un dais aux allures de lit à baldaquin qui s'attira des comparaisons avec le Grand Lit de Ware.

Ce dernier, qui resta longtemps une curiosité, changea plusieurs fois d'auberge, jusqu'à s'installer pour de bon à la fin du XIXe siècle dans la proche bourgade de Hoddeston, où l'on venait volontiers passer le week-end depuis la banalisation du chemin de fer. Il faillit partir pour les États-Unis en 1931, mais au lieu de cela le Victoria & Albert Museum en fit l'acquisition pour la somme de quatre mille livres sterling. Un bon investissement, puisque c'est une des pièces qui y attirent le plus de visiteurs. Le Grand Lit n'en a plus bougé, à l'exception d'un séjour d'un an dans le petit musée de Ware en 2012, un déplacement – financé par l'État via la National Lottery Commission – qui a tout de même coûté la bagatelle de 229 200 livres sterling. Il a fallu six jours pour le démonter et neuf pour le transporter. Son dernier occupant connu fut une occupante, l'actrice Elizabeth Hurley, qui, en 2015, enjamba la barrière de sécurité pour y prendre place dans une pose jugée « suggestive » lors d'une soirée au musée. L'alarme s'est promptement déclenchée et la contrevenante a été expulsée. Comme on l'imagine, les journaux à scandale se sont régalés, le sous-entendu étant, très logiquement, qu'un lit conçu pour héberger autant de personnes ne pouvait avoir qu'une seule fonction. Toutefois, si certains de ses précédents occupants reconnaissaient volontiers son potentiel érotique, ce n'était pas le cas de tous, loin de là. Car il fut un temps où il était parfaitement normal de partager un lit dans un esprit purement platonique. À un moment ou à un autre de l'Histoire, toutes sortes de gens l'ont fait : familles, amis, maîtres et serviteurs ou parfaits inconnus. À l'occasion, le sexe pouvait s'y immiscer, mais le plus souvent cette coutume était plutôt due à des considérations pratiques : le coût, bien sûr, mais aussi la nécessité de se tenir chaud avant l'invention de l'électricité, et la sensation de sécurité que pouvaient procurer des compagnons de lit.

Lits et voyageurs

Le Grand Lit de Ware était célèbre à cause de ses dimensions – un grand lit était un signe de richesse, voire un article de luxe –, et non parce qu'on y dormait nombreux. En effet, en voyage, quand on s'arrêtait à l'auberge il était fréquent de dormir avec des inconnus. Cette pratique reste courante en Asie et ailleurs, notamment en Mongolie rurale.

On trouvait encore au début du XXe siècle, dans les auberges chinoises et mongoles, un bloc en maçonnerie bâti au-dessus d'un système de chauffage et surmonté de matelas : le *kang*. En 5000 av. J.-C., il existait déjà des *kang* en terre cuite cachant un âtre dont on balayait les braises le soir avant de se coucher. Au IVe siècle av. J.-C., des formes plus élaborées apparaissent, chauffées par les tuyaux d'évacuation des feux servant à cuire les aliments dans la pièce voisine, ou par un poêle au-dessous du niveau du sol. Il pouvait occuper jusqu'à un tiers de la pièce et dispenser sa chaleur toute la nuit. Mais on ne faisait pas qu'y dormir : on y prenait aussi ses repas et on y recevait du monde. Avec le temps, beaucoup se sont entourés de rambardes, et les classes supérieures ont commencé à dormir séparément.

De nos jours, le seul cas où les voyageurs occidentaux sont appelés à dormir à côté d'inconnus, c'est à bord d'un avion lors d'un vol de nuit. On observe alors une série de codes : ne pas empiéter sur la moitié d'accoudoir du voisin, ne pas entrer physiquement en contact avec lui (ou elle), ne pas faire de bruit. Ces règles ne sont pas si éloignées d'un manuel de conversation française rédigé au Moyen Âge à l'usage des voyageurs anglais, où l'on trouve des phrases telles que : « Vous prenez toutes les couvertures », « Vous n'arrêtez pas de donner des coups de pied » et « Vous êtes un mauvais compagnon de lit[4] ». Comme sur les *kang* de jadis ou dans les avions d'aujourd'hui, on dormait plus ou moins bien selon son statut social. Dans les auberges les plus modestes, le « lit » pouvait être un simple banc avec une corde tendue en travers à hauteur de poitrine : on s'y asseyait à plusieurs, on passait les bras par-dessus la corde et on y reposait sa tête pour dormir. Dans les grandes occasions – les pèlerinages, par exemple – on manquait souvent de place, et là aussi les plus riches passaient en premier. Celui qui avait les moyens pouvait vous faire expulser du lit, que vous soyez un savant ou un saint, un malade ou une femme enceinte. Après tout, Marie, Joseph et leur nouveau-né ont bien dû se contenter d'une étable, entourés d'un tas de gens qui, selon toute probabilité, y dormaient aussi. L'imagerie chrétienne illustre d'ailleurs bien ce gouffre entre les visions ancienne et moderne du partage du lit, surtout dans les représentations des Rois mages venus d'Orient apporter des présents à l'Enfant Jésus. L'Évangile selon saint Matthieu dit que Dieu les « avertit en songe de ne pas retourner chez Hérode », et à la fin du Moyen Âge ce rêve est le sujet de maints tableaux qui montrent les Rois mages partageant un lit, parfois dévêtus mais toujours coiffés de leur couronne.

Pour les voyageurs d'antan, il n'y avait rien de sexuel à dormir ensemble. Au début de *Moby Dick* (1851), Herman Melville fait ainsi dire à un aubergiste qui veut faire coucher Ismaël avec un « harponneur au teint sombre » : « Il y a bien assez de place pour se retourner à deux dans ce lit ; c'est un puissant grand lit. » Mais Ismaël cherche en vain le sommeil (« Que le matelas fût bourré d'épis de maïs ou de bris de vaisselle, impossible de le savoir, mais je me tournai et me retournai sans pouvoir dormir de longtemps ») et songe, lorsque Queequeg arrive enfin : « Dieu du ciel, quel spectacle ! Quel visage ! Oui, c'est bien ce que je pensais, un terrible compagnon de lit ; il s'est bagarré. » Malgré sa physionomie, le harponneur s'avère toutefois pacifique et consent même à éteindre le « calumet-tomahawk » qu'il s'apprêtait à fumer, avant de se coucher « [en] se serrant tout d'un côté comme pour dire : je n'effleurerai même pas votre jambe ». Ismaël finit par s'endormir et, même s'il constate en se réveillant le lendemain matin que « le bras de Queequeg [l]'entourait de la manière la plus tendre et la plus affectueuse », avoue qu'il n'a « jamais mieux » dormi de sa vie[5].

À l'époque où il était « avocat itinérant », Abraham Lincoln voyageait aux côtés de juristes qui comme lui allaient de tribunal en tribunal, et entre deux plaidoiries ils dormaient souvent à deux par lit et à huit par chambre dans des auberges. Certains commentateurs notent que le futur président des États-Unis partagea son lit avec son ami Joshua Speed durant plusieurs années et en concluent qu'il était homosexuel. D'autres pensent plutôt que les deux hommes, certes proches, se vouaient une amitié platonique, et rappellent que ces pratiques de partage de lit étaient alors « permises ». Indépendamment de ses véritables penchants, il est peu probable que Lincoln se soit livré toutes les nuits à des orgies à huit. La vérité historique est que ces arrangements faisaient partie de la vie quotidienne. L'écrivain américain Thomas Wolfe (1900-1938) raconte par exemple qu'au début du XXe siècle, la pension tenue par sa mère en Caroline du Nord s'emplissait dès le début de la soirée de commis voyageurs qui dormaient très souvent à deux dans le même lit.

Évidemment, ça ne se passait pas toujours très bien. Dans son autobiographie, John Adams, deuxième président des États-Unis, relate ainsi une nuit calamiteuse pendant un voyage en compagnie de l'homme politique et inventeur Benjamin Franklin. Nous sommes en septembre 1776, peu après la déclaration d'Indépendance des treize colonies d'Amérique du Nord, jusque-là rattachées à la couronne britannique, et les deux hommes font partie de la délégation chargée par le premier « Congrès continental » de négocier la fin de la guerre d'Indépendance. Entre Philadelphie et Staten Island, ils s'arrêtent pour la nuit dans une auberge de New Brunswick, dans le New Jersey. Ne pouvant s'isoler, ils sont contraints de partager un lit « dans une pièce à peine plus grande que le lit, sans cheminée, et pourvue d'une unique petite fenêtre[6] ». Cette fenêtre est la pomme de discorde : Adams, « malade et craignant l'air de la nuit », s'empresse de la fermer, mais Franklin, lui, veut qu'elle reste ouverte et entreprend de le haranguer à propos de sa « théorie des rhumes », affirmant que sans air frais, il risque de suffoquer. Adams remportera la bataille de la fenêtre, mais les pourparlers de paix échoueront.

Une affaire de famille

Jean Liedloff, auteure d'un ouvrage sur l'éducation des jeunes enfants intitulé *Le Concept du continuum : La recherche du bonheur perdu* (1975), fut très jeune fascinée par Tarzan, la jungle et, plus tard, par la manière d'élever les enfants dans certaines tribus d'Amazonie. Elle séjourne à cinq reprises dans la forêt vénézuélienne chez les Indiens Yeqwanas et décrit maints aspects de leur vie quotidienne, sans s'attarder outre mesure sur les coutumes des adultes en matière de sommeil. Elle précise tout de même qu'il leur arrive souvent de raconter une blague au beau milieu de la nuit, alors que tout le monde dort ; même ceux qui poussent des ronflements sonores se réveillent instantanément, éclatent de rire, puis se rendorment et se remettent à ronfler. Pour eux, il n'est pas plus déplaisant d'être éveillés qu'endormis, et quand ils émergent brusquement du sommeil, ils sont parfaitement alertes, comme ce jour où ils ont tous entendu en même temps une meute de sangliers au loin, alors que Jean Liedloff, bien éveillée et écoutant les bruits de la jungle, n'a rien perçu du tout[7]. Dans la jungle comme en plein air par temps froid, ou encore quand il n'y a pas de lumière – avant l'électricité, par exemple –, dormir au milieu de ses semblables permet de se tenir chaud et de se sentir en sécurité.

Quant à l'anthropologue John Whiting (1908-1999), il observe dans les années 1960 que les mères dorment auprès de leurs enfants dans les deux tiers des groupes humains qu'il étudie, même si les modalités varient considérablement. Dans les bidonvilles d'Inde, des familles entières dorment par terre dans la même pièce, alors que chez les Nsos du nord-ouest du Cameroun, la mère dort dans son lit avec tous ses enfants alignés derrière elle, le plus petit en premier, et toujours face à la porte pour les protéger des esprits mauvais qui pourraient leur faire du mal ou tenter de les lui reprendre. Le père, lui, installe son lit ailleurs[8]. Whiting constate également une corrélation de bon sens entre climat et systèmes de couchage : on fait davantage lit à part sous les latitudes les plus chaudes, par exemple chez les peuples d'Amazonie, qui occupent des hamacs individuels, tandis que là où les températures hivernales passent sous les – 10 °C, les familles se regroupent volontiers dans le même lit.

Dans les habitats sans cloisons – les maisons rondes de l'âge du bronze en Europe ou celles, tout en longueur, de l'âge du fer –, les groupes dorment systématiquement ensemble. La même règle s'applique de nos jours sous les tentes ou les yourtes non compartimentées des pastoralistes nomades, aussi bien en Mongolie qu'au Tibet, en Asie centrale, en Iran, en Turquie, en Afrique de l'Ouest et du Nord-Est ou encore dans la péninsule Arabique[9]. Perpétuant certains aspects d'un mode de vie inauguré par les Scythes quelque 800 ans av. J.-C., ils se déplacent avec les troupeaux en campant de temps en temps. La forme de leurs lits fluctue, mais, pour la plupart, ils préfèrent les nattes et tapis tissés, sans qu'on puisse véritablement parler de meubles. Faciles à transporter, et à entreposer quand on ne s'en sert pas, on les aligne ou on les étale çà et là sur le sol pour dormir. Seuls les jeunes mariés ont droit à une pseudo-cloison, souvent un rideau tendu sur un fil, histoire d'avoir un peu d'intimité, mais dès la naissance du premier enfant le couple revient se joindre au reste de la famille pour la nuit, les grands-parents avec les petits-enfants, les pères avec les enfants, les mères avec les nourrissons.

Un proverbe italien prémoderne conseille : « Si le lit est étroit, au beau milieu mets-toi. » En Angleterre on utilisait autrefois le verbe *to pig* (« faire le cochon ») pour dire « dormir avec plusieurs personnes » et, dans l'est du pays, l'expression *bed-faggot* désignait les compagnons de lit turbulents, du nom d'un plat traditionnel sommaire composé de boulettes de viande en sauce. Comme dans l'étude de Whiting sur les peuples autochtones, les familles nombreuses en Europe attribuaient souvent une place bien précise dans le lit en fonction de l'âge et du sexe. Les filles dormaient ainsi contre la mère, les fils près du père, et l'aînée des filles contre le mur le plus éloigné de la porte. Les visiteurs et autres pièces rapportées avaient droit aux bords du lit. Tout le monde utilisait les mêmes draps et couvertures, mais les oreillers étaient mal vus – trop efféminés. Un commentateur du XVIe siècle note à ce sujet que pour poser sa tête un homme doit pouvoir se contenter d'« une bonne bûche bien ronde ». Les plus modestes couchent tout simplement par terre sur de la paille par-dessus laquelle ils étendent des couvertures.

Dans les manoirs du Moyen Âge, les « gens de maison » dormaient tous ensemble dans la salle commune, le seigneur et son épouse étant les seuls à se retirer dans une chambre. Les serviteurs couchaient la plupart du temps sur une simple paillasse à châssis de bois, parfois pourvue de pieds courts et facile à déplacer d'une pièce à l'autre. Membres de la maisonnée, valets et visiteurs pouvaient ainsi s'en servir à volonté. Domestiques, frères et sœurs, hôtes de passage dormaient traditionnellement dans la même pièce, les uns contre les autres, voire dans le même lit. Ces pratiques souples se maintiendraient jusqu'au XVIIIe siècle : les inventaires mentionnent non seulement des lits gigognes, mais aussi des « châlits rentrant dans un meuble », des « lits repliables » et même un « lit-commode[10] ». Dans son traité d'architecture (1756), Isaac Ware écrit qu'il est fort pratique d'avoir à son domicile londonien de ces châlits temporaires qu'on peut monter et démonter selon qu'on a ou non des hôtes à loger.

Confidences sur l'oreiller

Face au sommeil et à l'obscurité, nous sommes tous égaux, tous vulnérables. En ce sens, partager un lit offre la possibilité de transgresser les normes sociales[11]. Le lien de subordination entre maître (ou maîtresse) et serviteurs s'assouplit. Dans son autobiographie en forme de confession publiée en 1836, Isaac Heller (qui sera pendu quatre mois après la parution pour avoir massacré femme et enfants à coups de hache dans un accès de folie) avoue qu'il lui arrivait d'avoir tellement peur des ténèbres qu'il se rassurait en allant dormir avec les « travailleurs noirs » employés dans sa ferme. Et puis, société patriarcale oblige, les femmes profitaient parfois de la nuit pour s'exprimer : John Eliot, un habitant du Connecticut, se plaint ainsi dans son journal, en 1768, de ce que son épouse l'accable de remontrances dès l'heure du coucher et l'empêche de dormir en « ressassant ses sempiternelles histoires à propos de ses première et deuxième épouses, des enfants qu'il en a eus, etc.[12] ».

Le lit partagé permet aussi les relations sexuelles prohibées, par exemple entre domestiques non mariés, entre individus de même sexe ou entre maîtres et serviteurs des deux sexes. Il arrivait également qu'une maîtresse de maison partage son lit avec une suivante pour la protéger des attentions non sollicitées des hommes vivant sous son toit, et les serviteurs dormaient souvent au pied du lit du maître, indépendamment de ce qui s'y passait. Dans les années 1600 en Nouvelle-Angleterre, une certaine Abigail Willey avait coutume de faire dormir ses enfants entre son mari et elle quand elle n'était pas d'humeur à céder à ses avances.

Mais la nuit peut aussi créer des liens. Dans certaines populations d'Europe, on autorisait les jeunes gens promis l'un à l'autre à dormir ensemble pour juger de leur compatibilité – mais tout habillés, chacun « empaqueté » dans ses couvertures (d'où le terme de *bundling*, dérivé de *bundle*, qui signifie « paquet », employé dans les pays anglo-saxons), et parfois même séparés par une planche, avec interdiction de faire l'amour. Cette pratique est encore en vigueur dans certaines communautés ultra-conservatrices tels les Amish et les Mennonites : les jeunes gens s'engagent à ne pas se toucher et à converser toute la nuit.

Les lits partagés ne rapprochent pas seulement les gens dans l'espace : la nuit, ils libèrent la parole. Au XVIIe siècle, Samuel Pepys les appréciait beaucoup, et pas seulement avec les dames : il passait souvent la nuit avec ses amis, en tout bien tout honneur. Dans son journal, dont chaque entrée se conclut par « Et maintenant, au lit », il classe ainsi ses compagnons de nuit en fonction de leur talent pour la conversation et de leurs bonnes manières au lit. Parmi ses préférés, le marchand Thomas Hill, capable d'évoquer « la plupart des choses qui font une vie d'homme », le « sobre et savant » John Brisbane, et le « joyeux » Mr Creed, « d'excellente compagnie[13] ».

Dormir à plusieurs reste courant dans de nombreuses sociétés. Les Japonais appellent cette coutume *soine*, et en apprécient la chaleur réconfortante et le sentiment de sécurité (*anshinkan*)[14]. On l'observe surtout dans les familles comportant de jeunes enfants. Le terme d'*anshinkan*, qui signifie essentiellement « sécurité dans l'intimité », s'emploie en particulier pour les enfants qui dorment entre leurs parents. Avoir papa et maman sous les yeux, pouvoir les regarder, identifier des visages familiers : tout cela accroît leur sentiment de sécurité et favorise leur sommeil. Le contact étroit créé par le *co-sleeping* avec les tout-petits qui tètent et respirent peau à peau avec ceux qui s'occupent d'eux persiste après le réveil.

Jeunes filles dans une chambre. *Deux jeunes Japonaises dormant sur un tatami. (Photographie de Kusakabe Kimbei.)*

Le *futon* est plus propice au *soine* que le lit surélevé : on a davantage de place pour dormir quand l'enfant grandit, le confort est supérieur, et on peut ajouter des extensions si la famille s'agrandit. Il favorise la familiarité et la chaleur là où le lit classique, bien délimité dans l'espace, est plutôt conçu pour l'intimité à deux. On le roule pendant la journée et on le déroule ensuite où on veut : pas besoin de chambres séparées pour les différents membres de la famille ou pour les invités. Le *soine* véhicule une notion d'interdépendance qui dépasse de loin le lit ou le *futon*. Sur la photo de Kusakabe Kimbei, les deux jeunes filles aux yeux clos qui font face à l'appareil photo, et qui sont peut-être sœurs, paraissent dormir d'un sommeil bienheureux en se tenant compagnie sous leur couverture brodée.

Dormir avec bébé

Dormir avec un nourrisson peut toutefois tourner au tragique. Dans *Le Masque des reines* (1609), Ben Jonson fait dire à l'une des sorcières rapportant leurs exploits à la reine : « Moi, je me suis glissée sous un berceau, le jour, et quand l'enfant fut endormi, la nuit, j'ai sucé son haleine[15]. » La mort subite du nourrisson (désormais appelée « syndrome de mort inattendue du nourrisson ») désigne le décès brutal et encore mal compris de l'enfant de moins d'un an, qui survient généralement entre minuit et neuf heures du matin. Autrefois, il était le plus souvent attribué à l'étouffement par recouvrement (par un parent dormant dans le même lit). On peut d'ailleurs lire dans le Nouveau Testament : « Le fils de cette femme est mort pendant la nuit, parce qu'elle s'était couchée sur lui*. » Soranos d'Éphèse, lui, dit que pour éviter la suffocation des nouveau-nés, ces derniers ne doivent pas partager le lit de ceux qui s'occupent d'eux, mais dormir dans un berceau à côté du lit de la mère ou de la nourrice[16]. En réalité, la cause de ces décès est plus probablement multifactorielle : infections, prédisposition génétique, exposition à la fumée de cigarette et entor-

---

* 1 *Rois*, 3:19. (*N.d.T.*)

tillement dans les draps. On a aussi démontré qu'on pouvait réduire le risque en couchant le bébé sur le dos, mais dans notre terreur de la mort subite et nos efforts pour en protéger nos enfants, nous avons fait jouer au lit un rôle tantôt diabolisé, tantôt sanctifié, selon notre opinion du moment.

Les pédiatres (notamment français) recommandent « bébé dans la chambre, pas dans le lit », arguant que partager son lit avec un nouveau-né augmenterait de 50 % le risque de mort subite. Au Royaume-Uni, on estime que le risque est cinq fois plus élevé en cas de partage du lit chez les bébés de moins de trois mois nourris au sein, dont les parents ne fument pas et dont la mère n'a consommé ni alcool ni drogue. Le message officiel est clair : faire dormir son enfant dans son lit l'expose à un danger mortel. À comparer avec les travaux de l'anthropologue physique James McKenna qui, après avoir enquêté sur le *co-sleeping* mère/enfant, pense que non seulement la pratique est sans risque, mais qu'il s'agit en réalité d'un « impératif biologique » bénéfique pour la santé de l'un comme de l'autre. Ses conclusions sont étayées par trois études épidémiologiques montrant que cela réduit de moitié l'incidence des décès[17]. De nos jours encore, la quasi-totalité du monde non occidental s'accorde à penser que la place du nouveau-né est dans le lit de la mère, ce qui améliore son confort et facilite l'allaitement. De plus, comme disait Samuel Pepys, dormir ensemble resserre les liens. Pourtant, on constate un taux de mortalité infantile plus élevé quand ces mères non occidentales adoptent le *co-sleeping*. Alors ? Est-ce une raison pour s'abstenir ? Les pro-partage disent que cette incidence est plutôt due à la pauvreté. D'après eux, il convient de ne comparer les chiffres occidentaux qu'à ceux du Japon, un pays riche et très industrialisé qui le pratique extensivement – parfois jusqu'à l'âge de dix ans dans le cas des garçons – et affiche l'un des taux de mortalité infantile les plus bas du monde.

Bref, le débat fait rage... mais cela n'empêche pas les bébés de dormir, et de dormir *beaucoup*. Exception faite de cette pratique de partage de lit, on retrouve tout au long de l'Histoire des lits qui leur sont exclusivement réservés – hamacs, berceaux suspendus ou non, lits-cages ou couffins, tous pouvant être placés à côté de la mère ou de la nourrice quand les petits font un somme pendant la journée. Sur le site de l'éruption du Vésuve (79 av. J.-C.), qui a recouvert la petite ville côtière d'Herculanum et étouffé toute forme de vie dans ses riches demeures romaines, on a ainsi retrouvé le frêle squelette d'un bébé resté seul dans son berceau, sur un matelas apparemment rembourré de feuillages, dans la salle de séjour d'une maison du secteur dit « Insula Orientalis I ». Au XIIIe siècle, les manuscrits montrent une recrudescence de berceaux. Les nourrissons y sont emmaillotés (bras compris), et parfois même attachés. Cette coutume prévenait le rachitisme (croyait-on) et les empêchait de pleurer. On pouvait facilement les bercer du bout du pied en faisant autre chose. Dans les familles aisées, il arrivait même qu'on emploie des nourrices spécialisées[18]. Quant aux enfants royaux, ils avaient souvent deux berceaux, un pour la journée et un autre plus petit pour la nuit, chacun agrémenté de décorations en or et en argent ainsi que de riches étoffes. Pourvus de quatre panneaux et de poignées (ce qui permettait de les transporter de pièce en pièce), la plupart avaient un « dais » dont on pouvait tirer les tentures ou rideaux – idéal pour garder la chaleur et protéger les bébés contre les courants d'air insidieux.

À la fin du XVIIIe siècle, on n'emmaillote ni ne berce plus les bébés : la mode est passée, on préfère désormais les laisser libres de leurs mouvements et leur faire prendre l'air. Dès le début du XIXe siècle, le lit-cage, ou lit d'enfant, remplace le berceau, surtout dans les milieux privilégiés. Les côtés sont équipés de lattes ou de balustres en bois ou en métal peint dont l'un coulisse pour qu'on puisse facilement soulever l'enfant. Ces petits lits à barreaux coïncident avec la nouvelle vogue qui consiste à reléguer les petits enfants dans une nursery, ou dans leur propre chambre, pendant le plus clair de la journée – et de la nuit bien sûr. À l'époque victorienne, dans les familles de la classe moyenne ils ne dorment plus avec leurs parents mais ensemble. Toutefois, une pudeur nouvelle s'installe, et à mesure qu'ils grandissent on fait dormir les garçons d'un côté et les filles de l'autre, si bien que même les maisons de dimensions modestes doivent comporter trois chambres : une pour les parents, une pour les frères et une pour les sœurs.

Du point de vue de l'histoire longue, cette ségrégation est un phénomène très récent : au XVIIIe siècle, en Angleterre, la plupart des pièces continuent à avoir plusieurs fonctions selon le moment de la journée. Les lits sont souvent à baldaquin et fermés par des rideaux, pas forcément pour préserver l'intimité des occupants ou dissuader les éventuels candidats au partage, mais plus pragmatiquement pour garder la chaleur ou écarter les insectes. Il se peut que les piquets des lits préhistoriques de Skara Brae aient supporté des rideaux amovibles, vu les rigueurs de l'hiver écossais. Parallèlement, le lit magnifiquement décoré que l'on a retrouvé dans la tombe de la reine Hétep-Hérès Ire (environ 2580 à 2575 av. J.-C.) était surmonté d'un imposant « ciel de lit » vraisemblablement censé la protéger des moustiques. Il consistait en un cadre de bois doré repliable qui devait soutenir des pans de tissu léger comparables à nos moustiquaires et qu'on rangeait dans un coffret incrusté de gemmes quand on ne s'en servait pas.

Bien plus tard, une reproduction d'un tableau du célèbre peintre Gu Kaizhi (IVe siècle apr. J.-C.) montre un lit à baldaquin, cette fois à la cour de Chine ; là encore, il se peut que le tissu suspendu au ciel de lit ait eu pour fonction de tenir les insectes à distance. Comme sa contrepartie égyptienne, il semble recréer une pièce dans la pièce. En Chine, les lits étaient parfois transportables, afin qu'on puisse les sortir des maisons : c'était un signe extérieur de richesse qui permettait au propriétaire d'exhiber ses soieries tout en protégeant les occupants du lit des rayons du soleil. Un poème datant de la dynastie des Han (206 av. J.-C. – 220 apr. J.-C.) dit : « Rideau, tu volettes autour du lit ! / Je t'y ai tendu afin de nous garder du jour. / Quand j'ai quitté la maison de mon père je t'ai emporté avec moi. / À présent voici que je t'y rapporte. Je te plierai bien proprement et te coucherai dans ton coffret. / Rideau, t'en ressortirai-je un jour[19] ? »

Punaises de lit et autres bestioles

Ces lits à rideaux, qui pouvaient être logés dans des alcôves, avaient parfois une autre fonction : la cohabitation avec les animaux dans la pièce commune. Nous partageons en effet depuis toujours nos maisons avec nos bêtes, sans toujours penser aux conséquences. En 1780, un voyageur de passage aux îles Hébrides affirme que l'urine des vaches est évacuée régulièrement, mais le purin nettoyé seulement une fois par an. Les chiens sont admis à la cour des rois et des reines depuis des temps immémoriaux, et on les y trouve encore aujourd'hui. On voit dans les cathédrales des effigies de chevaliers médiévaux avec, lové à leurs pieds, leur fidèle compagnon. Au XIIIe siècle, Mistodin, le lévrier favori de l'aimable roi Louis XI, « portait des robes et dormait dans un lit[20] » (il ne fallait pas qu'il attrape froid !). Au XVIIe, le roi Jacques Ier d'Angleterre avait la passion des chiens de chasse, et son successeur, Charles II, était célèbre pour ses épagneuls. De nos jours, les corgis de la reine Elizabeth II sont bien connus – toutefois, ils ne dorment pas sur son lit, mais dans une salle spéciale (la « Corgi Room ») de Buckingham Palace.

Au XVIIIe siècle, Versailles fourmille littéralement de chiens. Les chiens de chasse ont leur Grand Chenil, mais, en règle générale, les autres dorment avec leur maître, ou sur leur coussin bien à eux. Ceux de l'impératrice Joséphine, première épouse de Napoléon, ne sont jamais bien loin de leur maîtresse la nuit, qu'ils passent sur des châles en cachemire ou de coûteux tapis. Pour masquer l'odeur de leurs déjections, on répand des pétales de rose autour du lit.

Nous n'avons pas toujours eu la même conception de la propreté. Les musulmans devaient dans le temps se livrer à leurs ablutions rituelles à grande eau mais non pas prendre de bains, que l'on considérait comme malsains. Et jusqu'à la fin du XVIIe siècle, dans les classes supérieures occidentales on se lavait rarement. Les enfants ne prenaient leur premier bain qu'à l'âge de deux ou trois ans. Les archives concernant Louis XII (né en 1601) nous apprennent que, conformément à un calendrier royal soigneusement mis au point et approuvé par son médecin personnel, il se baigna pour la première fois à... l'âge de dix-sept ans. On croyait alors que les fluides corporels jouaient un rôle protecteur, et qu'en trop grande quantité l'eau était néfaste.

Au XVᵉ siècle, plusieurs commentateurs européens se mettent à condamner fermement le couchage partagé en vertu de principes tant hygiéniques que moraux. Les poux sont alors les voisins de lit les plus redoutés, car très stigmatisés. C'était un problème à la fois banal et épineux : la seule façon de s'en débarrasser est de se laver souvent les cheveux (et le cas échéant la barbe), puis de les passer au peigne fin pour éliminer insectes et lentes. Tout le monde avait le sien ; en explorant l'épave d'un navire de guerre datant de l'époque des Tudor, le *Mary Rose*, les archéologues ont découvert que chaque marin en avait un sur lui.

Le *Cimex lectularius*, plus communément appelé « punaise de lit », se nourrit de sang humain[21]. Son nom savant, inventé par Linné, signifie littéralement « insecte de lit ». Il est possible qu'il vienne de chauves-souris cavernicoles du Moyen-Orient et qu'il ait changé d'hôte quand les êtres humains se sont mis à dormir dans des grottes. On en retrouve des spécimens fossiles datant de 3500 av. J.-C., mais leur heure de gloire date de l'apparition des villes. On en a retrouvé à El-Amarna, la capitale d'Akhenaton, au nord de Thèbes, qui remontent au XIVᵉ siècle av. J.-C., et dès l'an 400 av. J.-C. ils tourmentent déjà les Grecs. Quant aux auteurs chinois, ils s'en plaignent déjà au VIIᵉ siècle av. J.-C. Les croyances prolifèrent. Dans son *Histoire naturelle* (environ 77 apr. J.-C.), Pline l'Ancien affirme que les punaises de lit ont des vertus médicinales, dogme qui prévaudra pendant des siècles. Au XVIIIᵉ siècle, Jean-Étienne Guettard (médecin et naturaliste français traducteur de l'*Histoire naturelle*) les préconise ainsi dans le traitement de l'hystérie. Linné en personne affirme qu'elles sont efficaces pour soigner les maux d'oreilles.

En fait, non seulement les punaises ne sont pas bonnes pour la santé, mais leur éradication obsède les propriétaires de lit depuis des millénaires, et on a utilisé pour cela toutes sortes de substances toxiques. La méthode traditionnelle anglaise consistant à lessiver le linge en le plongeant dans un mélange d'urine et de cendre (*bucking*) n'était guère efficace. Ailleurs, on disposait dans les chambres des pièges à base de feuilles d'aulne et de tranches de pain enduites de glu. Une réclame de 1746 vantait les mérites de l'« huile de térébenthine », qu'il fallait appliquer sur les colonnes de lit et les endroits où les punaises se reproduisaient. Au XVIIIᵉ siècle, le philosophe John Locke recommande plutôt, pour les éloigner, de placer sous son lit des feuilles de haricot rouge. Parmi les remèdes inefficaces, on a aussi essayé les fumigations (notamment de tourbe), le feu, les torches enflammées, le soufre et le récurage énergique.

En 1939, le DDT a mis provisoirement fin à la carrière des punaises de lit. Abondamment utilisé pendant la Seconde Guerre mondiale, cet insecticide marchait si bien que des générations de *baby-boomers* se sont succédé sans même connaître l'existence de ces bestioles. On a fini par se rendre compte qu'il était mortel pour les animaux – surtout les oiseaux –, et il est interdit depuis 1972. Résultat, en deux décennies les punaises étaient de retour en force. Et on en est revenu aux remèdes ancestraux : jeter les matelas infestés, laver la literie, les pyjamas et les chemises de nuit, écraser les punaises une par une... Mais elles tiennent bon, même dans les belles maisons et les hôtels de luxe. Le cauchemar du dormeur ! De nos jours encore c'est un casse-tête pour s'en débarrasser, avec démangeaisons et mauvaises odeurs à la clé.

Mais les compagnons de lit appartenant au règne animal n'ont pas toujours été aussi déplaisants. Nous continuons à dormir avec nos animaux domestiques, et ce devait être encore plus courant avant l'avènement du chauffage central. La princesse Palatine, Élisabeth-Charlotte de Bavière (née en 1652), épouse de Philippe duc d'Orléans, frère cadet de Louis XIV, alla même jusqu'à noter que seuls ses six chiots lui tenaient vraiment chaud au lit.

Lit à part

Malgré sa longue histoire, on observe un déclin du partage du lit à la fin du XIXe siècle, tant en Europe qu'aux États-Unis. Le médecin américain William Whitty Hall – qui avait tendance à se répandre en interminables digressions moralisatrices sur les questions de santé dans diverses publications scientifiques, de la toux banale au secret de la longévité – compare à cette époque les sociétés où l'on dort ensemble aux espèces « les plus viles, les plus sordides du règne animal[22] ». Quand on est civilisé, informe-t-il ses lecteurs, on fait lit à part, un point c'est tout. Mais ailleurs qu'en Occident, cette notion d'intimité ou de vie privée est souvent loin de revêtir la même importance. Par exemple, la langue japonaise, qui n'a pas de mot pour la désigner, a emprunté et adapté le mot anglais *privacy*, ce qui donne *praibashii*. Dans l'Occident moderne, le « dormir-ensemble » n'a cours que dans un petit nombre de circonstances atypiques (outre les avions, citons les cellules de prison, tentes de camping, courses de voiliers au large et, pour les plus jeunes, pensionnats, auberges de jeunesse et soirées pyjama). Et encore, même dans ces cas-là, il est rare qu'on dorme dans le même lit. Il arrive qu'un lit accueille plusieurs dormeurs, mais jamais en même temps. Gizelle Schoch, une amie sud-africaine, nous a rapporté que nombre de ses amis avaient dû en passer par là en arrivant à Londres : « S'y loger coûte cher, ils n'avaient pas le choix. Je me souviens ainsi d'une maison dont les quatre lits hébergeaient dix-neuf personnes. Ils n'y dormaient pas en même temps, mais en se relayant par équipes[23]. » Quant au réalisateur John Herbert, il nous a raconté que, dans les années 1990, dans le golfe Persique et en mer du Nord, où il s'était rendu pour des tournages, il avait vu des gens pratiquer ce couchage alterné sur les plates-formes pétrolières et les navires de ravitaillement off-shore : les couchettes accueillaient trois occupants différents par tranche de vingt-quatre heures, mais jamais ensemble – eux aussi se relayaient toutes les huit heures. Les équipages des sous-marins étaient familiers de cette alternance pendant la Seconde Guerre mondiale, et cela peut encore se produire de nos jours lorsqu'une opération militaire l'exige.

À part cela, la contrainte du partage existe seulement quand les êtres humains sont soumis à des traitements déshumanisants, dégradants, ce qui était notamment le cas lorsque les négriers entassaient les esclaves africains dans la soute de leurs navires, ou les nazis leurs victimes sur des châlits superposés dans les camps de la mort.

Dans le court-métrage *Bedfellows* (2008) – les deux minutes les plus terrifiantes jamais tournées, prétend-on –, une femme est réveillée par le téléphone au milieu de la nuit ; elle s'aperçoit alors que la personne allongée auprès d'elle n'est pas son mari, mais une sorte de zombie cauchemardesque. C'est presque aussi effrayant que le clip vidéo de Kanye West pour « Famous » (2016), où l'on croit reconnaître douze dormeurs célèbres (et nus), y compris Kanye lui-même, Donald Trump, George W. Bush, Kim Kardashian et Amber Rose[24], alignés sur une espèce de Grand Lit de Ware moderne ; leur peau est légèrement lustrée, on les entend respirer, on les voit frémir imperceptiblement. Le tout est très dérangeant. Le message est clair : pour nous autres Occidentaux, la notion même de lit partagé est devenue un cauchemar.

7

Le lit en mouvement

Autrefois, les souverains se déplaçaient constamment. Il fallait projeter son pouvoir, se montrer à ses sujets, et ce bien avant les trains de luxe, les limousines et les jets privés. Les enjeux pouvaient être considérables. On croit volontiers, par exemple, que pour s'être maintenue aussi longtemps sous forme d'entité politique continue, l'Égypte ancienne devait être une monarchie paisible et stable, un royaume serein au sein duquel le pharaon symbolisait l'équilibre entre ordre et chaos et tenait les ennemis en respect. En réalité, elle abritait mille conflits d'allégeance et la cour regorgeait de factions rivales ; c'était un ensemble de provinces, de villes et de villages sur lequel régnaient des divinités qui faisaient l'objet de cultes puissants et se livraient elles aussi une concurrence acharnée. Le pharaon ne gardait la haute main sur cette myriade d'intérêts conflictuels qu'en surveillant son administration de très près, en faisant respecter strictement les doctrines religieuses et en exhibant son pouvoir militaire. Cette nécessité concrète l'obligeait, ainsi que ses dignitaires, à circuler sans cesse entre les grandes célébrations qu'ils devaient présider, en l'honneur d'Ammon, le dieu-Soleil, ou d'autres divinités.

UNE HISTOIRE HORIZONTALE DE L'HUMANITÉ

Un majestueux cortège d'embarcations royales voguant sur le Nil les emmenait ainsi en différents endroits du royaume. Certains pharaons, tels Thoutmôsis III (XVe siècle av. J.-C.) et Séti Ier (début du XIIIe siècle av. J.-C.), souverains du Nouvel Empire, étaient des conquérants ambitieux, tandis que d'autres se satisfaisaient d'administrer le territoire dont ils avaient hérité ou qu'ils étaient contraints de défendre contre les envahisseurs. Indépendamment de leurs inclinations, tous devaient donc, tôt ou tard, paraître devant leurs sujets, loin de leurs palais et de leur chambre à coucher. Mais ils ne dormaient pas pour autant à même le sol. Ils emportaient des lits pliants.

Lits de voyage

La tombe du jeune roi Toutânkhamon (fin du XIVe siècle av. J.-C.) a livré l'un des plus anciens lits de voyage connus, et le plus ancien lit pliant qui soit en trois parties[1]. (Ceux qu'on utilisait avant cela, composés de deux parties, étaient nettement plus faciles à fabriquer.) Une fois replié, le lit de Toutânkhamon (probablement inventé pour lui) était en forme de Z, et les artisans ont dû tâtonner un peu car on a retrouvé près de ses charnières en cuivre des trous surnuméraires restés inutilisés. Ses quatre pieds de bois imitant des pattes de lion reposent sur des socles en alliage de cuivre, et un sommier tressé à trois bandelettes en lin est tendu sur le cadre, également en bois. Un lit de camp léger que l'historienne Naoko Nishimoto qualifie d'« intrinsèquement poétique ».

LE LIT EN MOUVEMENT

Le lit pliant en trois parties de Toutânkhamon.

Les roturiers, eux, voyageaient sans rien de tout cela et étaient bien souvent de simples travailleurs migrants. Des armées anonymes d'artisans et de soldats, de bateliers et de tailleurs de pierre travaillant pour trois fois rien, le gîte et le couvert, sur toutes sortes de chantiers publics. Il s'agissait tantôt de « conscrits » locaux qui édifiaient les pyramides quand les travaux des champs n'exigeaient pas leur présence, tantôt d'individus qui se déplaçaient sans cesse d'un emploi à l'autre en trimant docilement. On ne sait pas précisément comment dormaient ces derniers. Il fallut tant d'artisans pour construire les formidables pyramides de Gizeh, près du Caire, qu'on dut bâtir pour eux tout un village derrière un mur en pierre calcaire de dix mètres de haut (le « mur du Corbeau », au sud des monuments). L'égyptologue Mark Lehner a mis au jour les vestiges d'un site d'habitation très étendu comprenant des ateliers, des fours à pain et un réseau de galeries servant de casernements. Ce « complexe de galeries » était organisé en quatre ensembles d'« estrades » où dormaient les ouvriers ; entourées de fines colonnades en bois soutenant un toit léger, ces « maisons » donnaient sur la rue et logeaient jusqu'à cinquante individus, artisans ou gardes, entassés les uns sur les autres[2]. On présume qu'ils dormaient tout habillés ou s'enveloppaient dans des couvertures. Souvent venus de leur village en groupe, ils possédaient peu de biens, l'essentiel leur étant fourni sur place. Scribes et superviseurs occupaient des logements plus élaborés. Une fois achevé le chantier de Gizeh, qui avait requis des milliers de personnes, la « ville de la Pyramide » se vida et éclata en grappes de hameaux rattachés aux temples voisins.

Les ouvriers de l'Égypte ancienne couchaient par terre ; c'est ce que font encore aujourd'hui des millions de travailleurs migrants et nomades aux quatre coins du monde. Pour eux, cela va de soi : il suffit d'une peau de mouton ou d'une couverture, voire d'une cape.

Dans l'*Odyssée*, quand Télémaque, fils d'Ulysse, se présente au palais du roi Ménélas, on le fait dormir sur la terrasse :

> *Hélène ordonne qu'au portique*
> *Ses femmes vivement dressent des lits jumeaux,*
> *Y mettent draps pourprés, couvertures moelleuses,*
> *Avec de chauds habits pour les heures frileuses.*
> *Les servantes d'aller, en portant des flambeaux,*

LE LIT EN MOUVEMENT

*De préparer les lits : un héraut prend chaque hôte.
Le noble Télémaque et le fils de Nestor
Au vestibule ainsi se couchent côte à côte*[3].

Quant à Ulysse lui-même, dormant en son propre palais tandis qu'il s'apprête à massacre les prétendants de Pénélope :

*Le héros cependant va coucher au portique.
Sur la dalle il étend le cuir vert d'un taureau
Et, dessus, des toisons du bercail domestique ;
Après, Eurynomé lui jette un grand manteau*[4].

L'explorateur britannique Wilfred Thesiger (1910-2003), voyageur invétéré animé d'une passion quasi mystique pour les sociétés traditionnelles, a passé le plus clair de sa vie dans des coins reculés tels que le massif du Tibesti, dans le Sahara central, ou le fameux « Quart Vide » (en arabe *Rub'-al Khali*) de la péninsule Arabique, plus grand désert du monde. Lors de ces expéditions, il ne s'encombrait guère de bagages. Vivant parmi les Arabes des Marais (ou *Ma'dan*), au sud de l'Irak, il dormait par terre enroulé dans des châles et des couvertures, indifférent aux nuées d'insectes qui l'entouraient. Il se sentait là-bas « en harmonie avec le passé, parcourant le désert comme tant d'hommes l'avaient fait avant [lui] pendant des générations, leur survie ne dépendant que de l'endurance de leur chameau et du savoir hérité de leurs ancêtres[5] ». Thesiger a aussi bourlingué dans les montagnes d'Asie centrale. En 1956, il rencontre en haut d'un col de l'Hindu Kuch un autre explorateur bien connu, Eric Newby, ainsi qu'un ami, et les invite à bivouaquer en sa compagnie. Voyant les deux hommes gonfler leurs matelas pneumatiques, il lance, incrédule et discourtois : « Seigneur, quelles femmelettes vous faites[6] ! » Un autre explorateur de l'Eurasie, l'Américain Owen Lattimore, se joint à plusieurs caravanes de nomades mongols au cours des années 1920 et s'émerveille face à leur connaissance parfaite de leurs bêtes et de la végétation en apparence peu variée. Outre leur cargaison de marchandises, les chameaux transportent la nourriture et le thé des chameliers. Lattimore s'habitue peu à peu à dresser le camp à toute heure de la nuit, à manger ce qu'il a sous la main et à dormir « partout où je pouvais m'allonger[7] ». Pour les pauvres comme pour le voyageur intrépide, le lit est tel qu'il a été pendant des milliers d'années.

Un lit, c'était – et c'est toujours – un meuble encombrant et lourd, si bien que seuls les plus fortunés en possédaient une version mobile, soit qu'il se fût agi d'une merveille pharaonique ingénieusement repliable, soit qu'on ait eu assez de serviteurs pour le transporter. Les maisonnées royales de l'époque prémoderne tenaient d'interminables inventaires de lits pliants militaires et d'autres à usage diplomatique, explicitement conçus pour être vus et admirés. Ceux-là aussi se repliaient, mais cela ne les empêchait pas d'être très sophistiqués, surmontés d'un « ciel » et entourés de rideaux, entre autres agréments issus des lits « statiques ». Autant de signes extérieurs de richesse.

Le nec plus ultra en matière de couchage mobile reste sans doute le fameux Camp du Drap d'or, munificent ensemble de tentes dressé en 1520 (entre le 7 et le 24 juin) non loin de Calais, en vue de la rencontre entre Henry VIII et François Ier, qui cherchaient alors à faire alliance. Pour son camp, le roi d'Angleterre fait « charpenter [...] et amener par mer toute faicte », sur des fondations en briques, une réplique de château « couverte de toille peinte en forme de pierre de taille, puis tendue par dedans des plus riches tapisseries qui se peuvent trouver[8] ». Chaque monarque tente d'éclipser l'autre à grand renfort de mirifiques constructions temporaires, de festins et de joutes. Tentes, mobilier et lits royaux avaient « le dessus de drap d'or frizé, et le dedans doublé de veloux bleu, tout semé de fleurs de lis de broderie d'or de Chypre », sans parler du « cordage de fil d'or de Chypre et de soye bleue turquine[9] », d'où le nom qu'on donna à ces entretiens diplomatiques – une extravagante mise en scène pour laquelle les deux souverains se livrent concurrence jusque dans l'opulence de leurs lits[10].

Les occasions étaient rares de faire autant étalage de ses royales richesses, mais lors de leurs déplacements, les plus riches emportaient leur couchage. C'est ainsi que, dans le nord de l'Angleterre, l'association Stockport Heritage a préservé un luxueux lit de voyage datant d'environ 1600, auquel on accédait en montant quelques marches. Il comportait deux casiers à perruque intégrés fermant à clé et s'ornait de deux bas-reliefs représentant des époux – sans doute un cadeau de mariage[11]. Au moins les propriétaires de ces lits-là n'étaient pas obligés de dormir avec d'autres voyageurs... et leurs parasites. Le diariste John Evelyn se souvient d'avoir partagé un lit d'auberge avec un autre pensionnaire dans la région du Bouveret, en Suisse, sans que les draps aient été changés tant il était « alourdi par les douleurs et la torpeur », et d'avoir « peu après cela chèrement payé [s]on impatience en attrapant la Petite Vérole[12] ».

Armées en campagne

Les soldats de l'Antiquité, en marche ou sur le champ de bataille, dormaient aussi par terre, souvent sous des tentes en cuir à plusieurs pans transportées à dos de mule. Ce *conturbernium* (du nom de l'unité militaire de base) mesurait moins de trois mètres carrés. Les centurions avaient droit à des tentes plus grandes qui leur servaient aussi de quartier général, et les officiers à des locaux plus spacieux encore (et plus confortables) : il fallait plusieurs mules pour transporter les tentes démontées. Dans les forteresses et les garnisons romaines, la vie était organisée plus rigoureusement. Les hommes occupaient des baraquements tout en longueur divisés en chambrées de huit, les quartiers du centurion étant situés à une extrémité. Quatre-vingts hommes dormaient ainsi sous le même toit, probablement sur des couchettes superposées. Dès l'époque de Jules César, voire plus tôt, les officiers supérieurs comptent parmi leurs *impedimenta* (bagages) le mobilier de campagne, facile à empaqueter et à transporter, certes, mais qui alourdit beaucoup les armées. Aux XVIIIe et XIXe siècles, leur progression en est même considérablement ralentie. Quand le général Colin Campbell lève le camp à Lucknow, en 1858, après la grande « révolte des cipayes » contre la Compagnie anglaise des Indes orientales, son train de bagages s'étend sur plus de trente kilomètres. Selon le journaliste du *Times* William Howard Russell, on y trouve « toutes sortes de lits, du baldaquin au lit-tente », et assez de meubles pour garnir une maisonnette. Pareil encombrement représentait un danger stratégique dont les Britanniques prendront enfin la mesure

LE LIT EN MOUVEMENT

Vieil homme se reposant sur un charpoy *en fibre de coco (lit portable sur pieds à sommier tressé) au Rajasthan.*

lors des combats éminemment mobiles de la guerre des Boers, en Afrique du Sud, à la toute fin du XIXe siècle. Les hommes du général Campbell dormaient peut-être sur des *charpoy* (du persan *chibar-pai*, « à quatre pieds »), dont on trouve la trace bien avant cela. Au XIVe siècle, le voyageur maghrébin Ibn Battuta s'extasie déjà :

> *Les lits, dans l'Inde, sont très légers. Un homme seul peut en porter un, et chaque voyageur doit avoir son lit avec soi, que son esclave charge sur sa tête. Il consiste en quatre pieds coniques, sur lesquels on pose quatre bâtons ; entre ceux-ci on a tissé une sorte de filet*

en soie ou en coton. Quand une personne s'y couche, elle n'a pas besoin d'autre chose pour le rendre souple, étant assez moelleux de sa nature[13].

Puis ces *charpoy* arrivèrent jusqu'au Soudan avec des soldats sikhs pendant les guerres coloniales de la fin du XIXe siècle.

Contrairement aux soldats indiens, les hommes de troupe européens dormaient généralement à même le sol. Peu de lits de camp militaires nous sont parvenus. L'armée de George Washington transportait des tentes, des ustensiles de cuisine et des lits pliants. Quand il se rendait dans les garnisons situées au nord de son quartier général de Newburgh, dans l'État de New York, le futur président des États-Unis dormait sur un lit pliant à cadre métallique articulé et à sommier peu épais. Un autre lit pliant, conservé dans sa propriété de Mount Vernon, possédait d'ingénieuses charnières qui devaient le rendre facilement transportable. Quant au duc de Wellington et à Napoléon dont, à la veille de la bataille de Waterloo, les campements sont distants de moins de six kilomètres, l'un comme l'autre dorment sur une couche modeste. Celui qu'on surnomme le « duc de fer » passe la nuit sur « un lit de camp sans rideaux au couvre-lit de soie verte passée », écrira plus tard son ami et compagnon d'armes George Robert Gleig[14]. Wellington, qui fuyait le confort, rendra l'âme en 1852 sur ce même lit au château de Walmer, dans le Kent. Quant à Napoléon, en cette nuit de 1815, il dort sur un lit de camp correspondant à la description suivante :

Il se plie dans le sens de la longueur et de la largeur grâce à des rotules sur les grandes tiges du cadre et les

Reconstitution historique du lit de camp de Napoléon et de la chambre/bureau de son quartier général à la veille de la bataille de Waterloo (1815).

deux tiges de chaque extrémité. Le sommier est formé par une toile en coutil rayé montée sur des sangles fixées au cadre par des crochets de fer et de laiton. Une fois démonté et replié, l'ensemble se range facilement dans un solide étui en cuir[15].

Napoléon l'affectionnait tant que, à l'instar de Wellington, « c'est dans un lit identique [qu'il] s'éteignit le 5 mai 1821 ».

Certains lits de camp militaires jouissent de fait d'une grande longévité. Ainsi, pendant la guerre d'Indépendance qui oppose l'Espagne, le Portugal et le Royaume-Uni à la France entre 1808 et 1814, donc toujours à l'époque napoléonienne, le lieutenant J. Malcolm, appartenant au 42ᵉ régiment d'infanterie de l'armée britannique (surnommé « Black Watch* »), se servait d'un lit formé d'un cadre en tubulure métallique légère et d'une « impériale » en toile ornée de dentelle qui, une fois replié, tenait dans une malle. Il fut réutilisé par son propre petit-fils (qui servit aussi dans le 42ᵉ) pendant les campagnes d'Égypte menées en 1882 par le corps expéditionnaire du comte-lord Kitchener, premier du nom. Ce lit se trouve actuellement au Black Watch Museum à Perth, en Écosse.

Camping sauvage

Mais on ne campe pas seulement pour conquérir. Le camping devient un loisir apprécié en Grande-Bretagne à la fin du XIXᵉ siècle et au début du XXᵉ siècle, en partie via les valeurs de la « Boys' Brigade » (fondée en 1883) de sir William Alexander Smith, puis des scouts du lieutenant-général Robert Baden-Powell (1910), deux organisations prônant les mérites de la vie au grand air et l'importance de la nature pour le développement de la personnalité. Le baron Baden-Powell, premier du nom, aimait vivre dehors, au point de dormir dans un lit installé sur sa véranda même quand il neigeait. Grâce à la popularité des scouts, le camping devient par la suite un moyen de s'évader, de

---

* Fondé en 1739, ce célèbre régiment écossais existe encore aujourd'hui. (*N.d.T.*)

fuir le rythme trépidant de la ville, et les récits des explorateurs et missionnaires de l'époque qui s'en vont planter leur tente en terre aussi lointaine qu'exotique exacerbent son attrait. Désormais, les vacances en camping « sauvage » au soleil et au vent hâlent les visages et les corps. Dans un monde qui s'industrialise rapidement, ce nouvel enthousiasme coïncide aussi avec le désir de renouer avec des paysages accueillants, des campagnes paisibles et douces dignes du « jardin d'Éden avant la chute ». Le lit de camp se généralise, car séjourner dans la nature édénique ne veut pas dire dormir à la dure.

Warren Miller, rédacteur en chef très organisé du magazine *Field and Stream*, en décrit divers types dans son ouvrage *Camp Craft* (1912), du modèle classique au lit-cage élaboré qui, une fois replié, forme « un paquet d'un diamètre de trente-six pouces* sur huit d'épaisseur ». Le fabricant de vêtements et d'accessoires Abercrombie ajoute au lit en baguettes de saule un duvet à poches en kaki et en laine qui, une fois roulé, forme un paquet de deux kilos sept cents grammes. Ainsi, selon lui, les dames qui partent camper avec leur famille « ne seront pas trop incommodées par la dureté des matelas rembourrés de feuillages, des sommiers en cordes tendues, et ainsi de suite[16] ».

On dormait aussi enveloppé dans une couverture, voire dans sa cape ou son manteau, sur des nattes ou des tapis, mais la solution la plus pratique, quel que soit le terrain, restait le sac de couchage. De nos jours, ceux-ci sont légers comme une plume, aussi confortables que des duvets portatifs, avec en sus une bonne isolation thermique. Les fabri-

---

* Un pouce équivaut à 2,54 centimètres.

cants proposent des modèles adaptés à tous les climats, y compris des « sacs momie », ou « sacs sarcophages », à capuche intégrée. Ajoutez à cela un « sur-sac » imperméable et vous avez tout le nécessaire pour installer un bivouac minimaliste ou partir en randonnée en pleine nature. Les raffinements apportés par la technologie ont transformé le simple sac de couchage des années 1960 en mini-chambre à coucher de plein air, quasiment sur mesure.

Le sac de couchage n'a pas d'inventeur unique. Les paysans allemands des années 1850 utilisaient déjà des sacs en toile de jute bourrés de feuilles séchées, de foin ou de paille. Les douaniers français du XIXe siècle patrouillant à la frontière italienne avaient des besaces en peau de mouton doublées de laine qu'ils roulaient et resserraient à l'aide de boucles et portaient sur le dos grâce à des sangles. En 1861, l'alpiniste anglais Francis Fox Tuckett teste un prototype à fond imperméable en caoutchouc. Ces équipements restent toutefois rudimentaires, taillés pour une personne et ouverts d'un côté. Pryce Pryce-Jones, entrepreneur originaire de la ville galloise de Newtown, où règne l'industrie de la laine et de la flanelle, internationalise le marché du sac de couchage avec sa carpette Euklisia (du grec *eu*, « bien », « bon », et *klisia*, « petit lit » ou « endroit où l'on dort »), sorte de couverture en laine mesurant deux mètres de long et équipée d'une poche décentrée pouvant accueillir un oreiller gonflable. Une fois dedans, on la repliait sur soi pour rester au chaud[17].

Apprenti chez un drapier de Newtown dès l'âge de douze ans, Pryce-Jones finit par reprendre son affaire. Conscient des possibilités qu'offrent le chemin de fer et la distribution postale, il publie le premier catalogue de vente par correspondance au monde et fournit à l'armée russe soixante mille Euklisia, qui s'en sert lors de la guerre russo-turque pendant le siège de Pleven (Bulgarie), en 1877. Lorsque la ville finit par tomber, les Russes annulent le reste de leur commande et Pryce-Jones se retrouve avec dix-sept mille Euklisia sur les bras. Il inclut son invention dans son catalogue en la présentant comme une solution de couchage peu onéreuse destinée aux pauvres via les bonnes œuvres. Le sac devient si populaire que l'armée britannique l'adopte, ainsi que les explorateurs de l'*outback* australien. Malheureusement il n'en subsiste aujourd'hui aucun exemplaire, mais, en 2010, la BBC a commandé à une spécialiste des tissus anciens une réplique d'après le modèle original, puis en a fait don au Newtown Textile Museum.

Pour des raisons évidentes, le sac de couchage a également les faveurs des explorateurs de l'Arctique et de l'Antarctique. Avant de traverser le Groenland à skis, en 1888, le scientifique et homme politique norvégien Fridtjof Nansen séjourne avec cinq amis chez les Sámis (Lapons) et les Inuits pour observer leurs techniques d'adaptation aux températures extrêmes. Voyant que ses hôtes se couvrent de peaux de phoque pour dormir, il en coud plusieurs ensemble pour fabriquer un sac de couchage à trois places. Un an plus tard, la compagnie norvégienne G. Fuglesang AS, qui fabrique du rembourrage, commercialise la version grand public de ces « sacs Nansen ». Ceux-ci évolueront petit à petit vers la forme « sarcophage » avec, dans certains cas, des bras et des jambes. Quant aux membres de l'expédition en Antarctique du capitaine Robert Scott à bord du *Discovery* (1902), ils optent pour des habits en peau de renne difficiles à enfiler (cela revient « à se battre au corps à corps avec un python »). De plus, comme les explorateurs polaires britanniques halent eux-mêmes leurs traîneaux au lieu de les confier à des animaux, la transpiration s'accumule dans ces tenues et gèle dans les sacs de couchage, si bien que les hommes ont du mal à les rouler et doivent attendre pour les revêtir que leur chaleur corporelle les ait amollis. Le rival de Scott, Roald Amundsen, observe lui aussi attentivement les méthodes des Inuits et des Sámis. Comme eux, il choisit pour lui-même et ses hommes des habits en fourrure amples, plus pratiques et plus protecteurs. Par ailleurs, pour le halage, il se repose presque entièrement sur ses chiens de traîneau : il avance plus vite et en prenant moins de risques. Le rembourrage synthétique d'aujourd'hui n'absorbe pas l'eau et sèche facilement, même trempé. Son concurrent direct, le duvet, retient mieux la chaleur, mais doit être tenu au sec. De nos jours, le sac de couchage est aussi universel que le lit de camp d'autrefois. On en oublie souvent que, jusqu'à la Seconde Guerre mondiale, les soldats américains ne disposaient que d'une couverture roulée et d'un tapis de sol.

Treize ans après le dépôt du brevet de l'Euklisia par Pryce-Jones, la Pneumatic Mattress & Cushion Company de Reading (Massachusetts) met sur le marché le premier matelas gonflable. Il ressemble beaucoup à celui sur lequel votre voisin paresse dans sa piscine, mais au départ il est prévu pour compléter le matelas en crin de l'équipage sur les bateaux à vapeur qui traversent l'Atlantique. Et il a bien des atouts : on peut le dégonfler pour le stocker et il peut aussi servir de radeau (au moins en théorie). Il est aussi adapté aux besoins des marins d'eau douce, qui s'installent dans les appartements surpeuplés des villes en pleine croissance, où l'espace est de plus en plus restreint. Les publicités de la Pneumatic Mattress & Cushion Company font valoir que dans l'air de ses matelas, au moins, il n'y a ni germes ni punaises de lit, qu'on n'a pas besoin de les retourner, qu'ils n'ont pas d'odeur et ne craignent ni l'humidité ni, à plus forte raison, la moisissure. L'enveloppe elle-même est facile à laver, et trois tailles sont disponibles : demie, trois quarts et normale, « à partir de vingt-deux livres sterling » en comptant la pompe et les lattes. Il y a même une période d'essai, satisfait ou remboursé.

Ce matelas pneumatique n'est toutefois pas le premier de son espèce. Dès le XVIe siècle, le tapissier français William Dejardin avait conçu un « lit à vent » gonflable en toile cirée. L'idée y est, mais il se dégonfle trop vite et sombre dans l'oubli. Il faudra attendre trois siècles pour qu'une dénommée Margaret Frink, pionnière de la ruée vers l'or qui, en 1849, se rend d'Indiana en Californie en compagnie de son mari, décrive dans son journal un plancher qu'ils posaient par-dessus toutes les affaires entassées dans leur chariot, et sur lequel ils installaient un « matelas en gomme d'Inde pouvant être empli soit d'air, soit d'eau, qui faisait un lit très confortable. De plus, pendant la journée on pouvait le vider de son air, de sorte qu'il prenait peu de place[18] ».

De nos jours on peut se procurer des lits gonflables à pompe intégrée, avec valve Whoosh® pour dégonflage rapide et commande individuelle pour usage en intérieur, ainsi que des modèles plus robustes pour ceux qui voyagent à la dure. Le nec plus ultra est sans doute le « lit suspendu magnétique », un rêve réalisé par le designer hollandais Janjaap Ruijssenaars qui plane à quarante centimètres du sol grâce à de puissants aimants intégrés dans le sommier et dans le sol, capables de maintenir près d'une tonne en l'air. Mais ce n'est pas un lit de voyage, et son prix est stratosphérique (autour de trente mille dollars en 2019).

Mobilier baladeur

On ne déplace pas son lit seulement lorsqu'on voyage, mais aussi au sein même de la maison, chose très courante avant que chaque pièce du logis ait sa fonction propre. La paillasse médiévale et le *charpoy* du sous-continent indien pouvaient être posés là où on en avait besoin. Ces lits existent probablement depuis que les humains ont cessé de dormir par terre. On trouve toujours des *charpoy* dans les maisons pakistanaises contemporaines. Ce sont en réalité des meubles à usages multiples qui s'adaptent facilement à divers aspects de la vie quotidienne. Les femmes y prennent place pour converser avec leurs amies et parentes et ils servent parfois de lits de noces, alors tout décorés de fleurs. On peut aussi y accoucher, y suspendre le berceau des bébés ou y faire sécher vêtements et épices. Les hommes en font quant à eux des pupitres quand ils s'adressent à la communauté, ou des sofas propices à la conversation. Deux enfants suffisent à les pousser d'une pièce à l'autre, ou sur la véranda, voire sur le toit quand il est l'heure de dormir. Dans ces cas-là ils sont souvent entourés d'une moustiquaire. Pour autant, ils n'ont pas nécessairement un seul et unique propriétaire. Ce sont peut-être les habitants de Dera Ghazi Khan, une ville pauvre du Pakistan, dans la province du Pendjab, qui en font l'usage le plus extensif puisqu'ils en ont fabriqué une version géante, appelée *khatt*. On peut s'y asseoir à une demi-douzaine en même temps, et c'est le dernier endroit où l'on cause le soir venu ou lors des jours de fête.

On retrouve des variantes du *charpoy* « classique » (pour une personne) dans l'Égypte ancienne, en Mésopotamie et dans la Grèce antique, mais seul le modèle indien de base a survécu. Il est léger, l'assise est facile à fabriquer à partir de fibres ou de bandelettes de coton, tandis que le sommier de cordelette tressée serrée, tendue sur un cadre de bois assez souple mais pas trop, peut accueillir un matelas ou une couverture. Déplaçables à volonté, ces lits sont souvent empilés dans les hôtels modestes. Toutes ces qualités font qu'ils ne se démoderont sans doute jamais.

« Filets à dormir »

Un des lits les plus simples – mais peut-on réellement appeler ça un lit ? – est né sur le continent américain. Ce remarquable objet qu'est le hamac a fait son apparition en Europe au retour des conquistadors. En 1492, Christophe Colomb évoque les Indiens qui viennent quotidiennement à la rencontre de ses bateaux échanger du coton et des *hamacas*, ces « filets dans lesquels ils dorment ». Mais avant de faire son entrée dans l'historiographie, le hamac était en usage depuis des siècles en Amérique centrale et en Amérique du Sud. Le nom que lui donnèrent les Espagnols vient de *hamaka*, qui désigne chez les Arawaks et les Taïnos « un morceau d'étoffe », plus concrètement un tissu, un filet ou un assemblage de cordelettes tressées qu'on suspend entre deux points fixes. Dans ces régions très forestières, il présentait de grands avantages : léger et éminemment portatif, il pouvait se suspendre presque partout entre deux arbres, et il était très confortable. Mieux, il protégeait son occupant de la morsure des fourmis, des serpents et de toutes sortes d'insectes, donc de certaines maladies infectieuses. Il est vite devenu la « marque de fabrique » du Nouveau Monde. Une célèbre estampe du graveur flamand baroque Théodore Galle, *La Découverte de l'Amérique*, d'après Stradanus (Jan van der Straet), montre l'explorateur Amerigo Vespucci « réveillant » une ravissante Indienne dénudée personnifiant l'Amérique qui – émerveillée ? – se dresse dans son hamac en filet.

Le hamac n'a pas une durée de vie très longue. Il se confectionne en peu de temps, à la demande, puis se jette ou se perd. Nous ne savons donc presque rien de son histoire précolombienne, mais il serait arrivé au Yucatán, en provenance des Caraïbes, moins de deux cents ans avant les premières expéditions espagnoles. Pour autant qu'on le sache, il n'a pas joué un rôle de premier plan dans la civilisation et la mythologie mayas, tout en étant déjà très répandu dans la forêt amazonienne avant l'arrivée des Européens.

Au moment où Colomb le rapporte dans ses bagages, il est inconnu sous nos latitudes en tant que couchage mobile, même si, dans les carrosses et autres chariots, un morceau d'étoffe suspendu tient parfois lieu de siège. On s'en sert principalement en mer : les hamacs commencent à faire leurs preuves vers 1590 et sont adoptés par la Royal Navy anglaise en 1597. En plus de prendre peu de place et de se balancer au gré du tangage, ils s'avèrent confortables, et par forte houle on ne risque pas de tomber du lit.

LE LIT EN MOUVEMENT

Une fois roulés et attachés, on les range à l'écart dans des filets sur le pont des navires de guerre, où ils procurent aux hommes d'équipage une protection supplémentaire en cas d'affrontement. Placés tout près les uns des autres, ils donnent aux dormeurs l'impression d'être blottis au sein d'un cocon. Lestés, ils servent de sépulture aux marins tués lors d'une bataille ou décédés en mer. Toujours dans un contexte guerrier, les exigences des combats de jungle amènent l'armée américaine à adopter à son tour le hamac, équipé d'une moustiquaire, dans des régions du monde telles que la Birmanie pendant la Seconde Guerre mondiale. Les Marines s'en servent notamment en Nouvelle-Bretagne et autres îles du Pacifique envahies d'insectes. Ils les accrochent même dans les tranchées et y ont recours – de même que le Vietcong – pendant la guerre du Vietnam. Le hamac a même voyagé dans l'espace : les astronautes du programme Apollo en ont installé dans le module lunaire pour dormir entre deux *moonwalks*.

De nos jours, l'industrie du hamac est florissante, surtout en Amérique centrale, où il est présent aussi bien dans le salon ou sur la véranda que dans la chambre à coucher. Il est souvent produit sur un métier à tisser, cet artisanat étant particulièrement développé au Yucatán. On trouve même, à San Salvador, un festival annuel du hamac. Il se tient en novembre et les artisans viennent y proposer leurs œuvres – souvent multicolores – par centaines. Ces couchages sont particulièrement adaptés dans le cas des jeunes enfants car ils épousent la forme de leur dos, bercent les plus agités et peuvent s'installer partout.

Rail et route

Nous dormons aujourd'hui dans des endroits qui auraient été inimaginables il y a deux siècles. Pendant des milliers d'années on a voyagé seul ou par petits groupes (sauf au sein d'une armée ou d'une flotte). Les trajets en diligence étaient une véritable épreuve, vu la qualité des routes, et on y était à l'étroit. Ainsi, un certain major Hanship écrit en 1815 que l'on y fait de « vaines tentatives pour trouver le sommeil » tandis que la tête « cogne contre la paroi latérale » et que « [l']épaule sert d'arc-boutant à un paysan qui ronfle[19] ». Il évoque aussi le manque de place pour les genoux, le constant braiment de la corne dans laquelle souffle le cocher, et le regard insistant de la « vieille fille » assise en face de lui. Plus tard viendront les déplacements massifs en chemin de fer, qui abolissent les distances entre villes de toutes tailles plus ou moins éloignées. Ces voyages pouvaient durer des jours ; il fallait donc dormir dans le train. Au début, on passait la nuit sur son siège – en l'occurrence souvent un simple banc de bois offrant peu de confort. Le premier *sleeping* apparaît en Amérique du Nord dans les années 1830, mais ses vingt-quatre lits, qui se transforment en sièges pendant la journée, ne sont pas très confortables non plus.

Aux États-Unis, un nom va toutefois devenir synonyme de qualité en matière de chemin de fer : George Mortimer Pullman[20]. Ébéniste et ingénieur de son état, ce dernier se fait d'abord connaître en protégeant les immeubles de Chicago contre les inondations en les rehaussant sur des vérins à vis. Puis un jour, débarquant d'un pénible trajet en train,

LE LIT EN MOUVEMENT

il décide de créer une voiture-lit pour la Chicago & Alton Railroad Company. Pour ce faire, il équipe de charnières les couchettes du bas et attache celles du haut au plafond par des cordes et des poulies. Comme ce n'est pas un franc succès, quatre ans plus tard il conçoit le wagon Pioneer, plus large et plus haut que ses prédécesseurs, et pourvu de ressorts caoutchoutés, histoire d'adoucir un peu le voyage. De jour, le Pioneer ressemble à un wagon normal, quoique luxueux, mais dès la nuit tombée il se mue en hôtel sur roues grâce à des sièges pliants en bas et des couchettes en haut. (Des bagagistes spécialement formés viennent installer des cloisons et faire les lits.) Un souci du confort des passagers tel que les usagers du chemin de fer n'en avaient encore jamais vu. En 1865, le train funéraire d'Abraham Lincoln fera une publicité retentissante aux wagons-lits Pullman, qui seront mis en service peu après. Deux ans plus tard, leur inventeur en fera circuler presque cinquante, pour trois compagnies ferroviaires différentes. À l'âge d'or du chemin de fer américain, il existera plusieurs trains entièrement composés de wagons Pullman, dont le train express passagers 20th Century Limited du New York Central Railroad.

Il y a quelque chose d'intrinsèquement romantique à voyager en train de nuit, et celui qui reliait Londres à l'Écosse a pris un cachet exotique aux yeux de nombreux passagers, malgré son manque de confort. À bord des wagons-lits traditionnels britanniques, les couchettes sont courtes et étroites, au grand dam des voyageurs de haute taille. Quant à ceux dont la corpulence dépasse certaines proportions, ils n'ont pas intérêt à se retourner, au risque de finir par terre. Mais ils sont tout de même plus confortables que leurs équivalents français, où s'entassent six passagers. Les trains-couchettes restent aujourd'hui monnaie courante dans de nombreux pays, particulièrement en Inde. La deuxième classe propose des voitures non climatisées, avec trois couchettes en largeur et deux en longueur. Les wagons les plus luxueux, en classe affaires, contiennent huit compartiments, dont deux prévus pour un couple. La literie est fournie, on a de la place et il y a de la moquette par terre.

Mais de nos jours, en matière de couchage, rien ne peut rivaliser avec l'Orient-Express, summum de l'opulence. Créé en 1883 par la Compagnie internationale des wagons-lits, ce joyau du voyage de luxe relie Paris à différentes destinations d'Europe de l'Est et finira par aller jusqu'à Istanbul. Son itinéraire a considérablement varié au fil de son existence, et il est géré par une société privée depuis 1982 sous le nom de Venice Simplon-Orient-Express, avec notamment des wagons restaurés datant des années 1920 et 1930. Au cours des premières décennies de son existence, on pouvait y disposer de cabines doubles équipées d'un confortable sofa qui se transformait la nuit en chambre à coucher de type Pullman, avec couchettes superposées. Voyager à son bord, c'est retrouver l'univers d'Agatha Christie et de son inoubliable *Meurtre de l'Orient-Express*, de préférence avec un scénario différent...

Le camping-car – à l'origine *recreational vehicle*, ou « RV » – est le prolongement logique du wagon-lit[21]. Ces « maisons sur roues », nées au Canada et aux États-Unis aux alentours de 1910, étaient à la base des automobiles améliorées ou des caravanes tirées par des voitures. Le premier camping-car à proprement parler fut le Touring Landau de la marque Pierce Arrow : le siège arrière se transformait en un ensemble lit/toilettes portatives, avec un

LE LIT EN MOUVEMENT

lavabo intégré à l'arrière du siège du conducteur. Celui-ci communiquait avec ses passagers par téléphone. La popularité de ces véhicules s'accroît dans les décennies suivantes, en partie grâce à un engouement croissant pour les parcs nationaux. Au départ les visiteurs campent au bord de la route, mais peu à peu apparaissent des caravanes pourvues non plus seulement de tentes repliables, mais aussi de lits, et l'on se met à souder des boîtes de conserve aux radiateurs pour réchauffer ses repas. En 1967, la marque Winnebago lance des camping-cars pourvus d'un réfrigérateur, d'un réchaud au kérosène, et même de lits *king size*. En 2019, plus de huit millions de foyers nord-américains en possédaient un pour partir en vacances, et près d'un demi-million de personnes y vivaient à temps plein de manière itinérante.

Si les charmes du voyage en train de nuit sont étrangement inépuisables, il en va tout autrement du sommeil en avion de ligne. Les passagers de ces vols connaissent trop bien les sièges exigus de la classe éco, caractérisés par le manque de place pour les jambes, sans parler des voisins qui remuent et qui ronflent. Plus rares sont ceux qui ont voyagé en première à bord d'un de ces géants que sont les Airbus A380 de la compagnie Emirates, avec leurs lits deux places et leur douche individuelle. Les premières classes moins luxueuses (et parfois aussi la classe affaires) proposent des sièges inclinables assez longs, mais trop étroits pour qu'on y case ses coudes. Ils sont loin de valoir les lits des avions d'antan, à l'époque des Boeing Stratocruiser à deux étages et des Lockheed Constellation, assez grands pour accueillir des couchettes superposées avec literie au complet, lampes de chevet, voire petit-déjeuner au lit. Par bien des aspects, ces appareils cherchaient à reproduire les conditions de voyage des wagons-lits, la plupart des passagers des vols réguliers ayant en ce temps-là les moyens de s'offrir un tel luxe. Cela dit, le sommeil n'y était pas toujours de bonne qualité. Soit au-dessus, soit au-dessous, les autres passagers abusaient des alcools forts gratuits, et dans la partie non-fumeurs (quand il y en avait une), on ne voyait pas vraiment la différence avec le reste de la cabine. On tentait donc tant bien que mal de dormir malgré les fêtards de plus en plus tapageurs. Les lits ont disparu quand ces appareils ont été remplacés par de nouveaux jets au fuselage élégant et par les jumbo jets : l'efficacité, c'est-à-dire l'entassement maximum, prit alors le pas sur le luxe.

En fin de compte, malgré des siècles d'expérimentations, nous n'avons guère progressé par rapport au couchage au sol ou à l'étroit lit de camp. Nous nous enveloppons toujours dans des couvertures ou dormons dans des sacs. Grâce à la technologie issue de l'ère spatiale, les textiles sèchent certes plus vite et le matériel est plus léger. Mais le lit dans ses ultimes raffinements reste fondamentalement un élément de la chambre à coucher.

8

La chambre à coucher publique

Dans l'Europe médiévale, presque tout le monde dort sur la paille. « Faire son lit », c'est s'enrouler dans son manteau et se coucher par terre, ou sur une paillasse garnie de peaux de bête ou de couvertures. On se blottit volontiers les uns contre les autres pour se tenir chaud, près de l'âtre, dans des salles communes fréquemment partagées avec le bétail. Chez les propriétaires terriens, les membres éminents de la maisonnée dorment dans des chambres à part qui peuvent être des appentis adossés aux murs de la demeure ou aménagés dans les coins. Les fenêtres n'ont pas de vitres, les pièces sont peu hygiéniques et pleines de courants d'air. Seuls les seigneurs de haut rang ont des lits surélevés, comme Beowulf, qui se couche avec « autour de lui maint ardent guerrier marin ». Et tout le monde dort avec ses vêtements, en n'enlevant que son armure. On notera que les soldats de Beowulf sont des rustres à côté des Normands qui conquièrent l'Angleterre en 1066. Ceux-là préfèrent le confort des maisons en dur, où le seigneur dort dans une chambre/salle d'audience où il reçoit tout le monde, du nobliau au simple paysan venu chercher son dû. C'est l'ancêtre des appartements royaux qui se répandront un peu partout en Europe au cours des siècles suivants.

UNE HISTOIRE HORIZONTALE DE L'HUMANITÉ

Lits de justice

Au XIIe siècle, la résidence du souverain se divise en trois parties : la chapelle, la grande salle (hall) et la chambre à coucher. Dans les cours seigneuriales des îles Britanniques, la chambre est confiée à un maître chambellan qui assure jour après jour le service du roi. Ce dernier étant constamment sous bonne garde, la chambre est un lieu sûr où l'on peut entreposer les objets de valeur, dans ce qu'on appelle alors le Trésor. Avec le temps apparaîtra la garde-robe, où le souverain effectue également ses ablutions (quand il y a l'eau courante), et qui comporte aussi un cabinet particulier dit « d'aisances », avec un seau régulièrement vidé.

Sous le règne d'Henry III (1216-1272), la principale demeure royale, le palais de Westminster, comprend une « chambre peinte » servant à la fois de salle d'audience et de chambre à coucher. Elle mesure vingt-quatre mètres de long sur près de huit mètres de large et dix de haut, et ses murs sont ornés de somptueuses fresques représentant les Vices et les Vertus par paires, ainsi que des figures tutélaires telles que le roi Salomon, censées veiller sur le sommeil du souverain[1]. Malheureusement, cette remarquable salle, qui jouxtait le Grand Hall encore visible aujourd'hui, a entièrement brûlé en 1834, mais il en existe des représentations détaillées. Henry III dépense sans compter pour ses appartements et ceux de la reine, ce qui passe mal auprès de ses sujets accablés d'impôts. Son successeur, Edward Ier (1272-1307), fait poser des vitres aux fenêtres de sa chambre à coucher dans la Tour de Londres afin de l'isoler. À cette époque déjà, les lits royaux sont confortables.

LA CHAMBRE À COUCHER PUBLIQUE

L'écrivain et poète Chaucer intègre à l'âge de vingt-quatre ans la Chambre du roi où, en tant que valet de pied, il a notamment pour mission de faire le « lit de plume » en y disposant « maints coussins » ainsi qu'abondance de tissu soyeux afin que le roi n'ait point à se retourner sur sa couche. Ayant la faveur de Sa Majesté Edward III, et ses œuvres jouissant d'une réputation croissante, il accède bientôt à de plus hautes responsabilités et le souverain le gratifie en 1374 d'une ration d'« un gallon de vin par jour ».

Le lit figure en bonne place dans les inventaires des palais et des grandes demeures. Les plus beaux sont richement décorés, et leurs occupants dorment dans des soieries fines ornées de motifs héraldiques et autres symboles brodés. Ces documents, de même que les testaments parvenus jusqu'à nous, montrent que le lit était un bien précieux. Il était donc logique qu'il devienne en soi un symbole de la royauté, le décor où le monarque exerce son pouvoir et prononce ses jugements. Ce sera le « lit de parade ».

Les rois de France ont longtemps maintenu la tradition consistant à tenir audience dans leur lit. Un « livre de justice » datant du règne de Louis IX (1214-1270), dit saint Louis, déclare que le lit royal doit toujours se trouver là où le roi rend la justice. L'expression « lit de justice » était née*. Près d'un demi-millénaire plus tard,

---

* « Comme dans l'ancien langage un siège couvert d'un dais se nommait *lit*, on a appelé *lit de justice* le trône où le roi siégeait au parlement. [...] On appelait aussi *lit de justice* une séance solennelle du roi au parlement pour y délibérer sur les affaires importantes de l'État. [...] Il est déjà parlé du *lit de justice* du roi dans une ordonnance de Philippe le Long du 17 novembre 1318 », Fr. Noël & L. J. Carpentier, *Philologie française ou Dictionnaire étymologique*, Le Normant Père,

à la question : « Qu'est-ce qu'un lit de justice ? », Fontenelle répondra : « C'est un lit où la justice dort². » À son époque, c'est-à-dire au XVIIᵉ siècle, ce « lit » est une estrade à laquelle on accède en montant sept marches et où le roi est assis ou couché. Ses ministres sont debout autour de lui et les dignitaires de moindre rang, à genoux. Dans la mise en scène de la monarchie, le degré de notabilité est toujours apparent.

Quant au lit de parade, le roi s'y montre dans les grandes occasions en ses plus beaux atours, accompagné de courtisans et conseillers placés selon une hiérarchie complexe et très réglementée. Tout cela est bel et bon tant que le monarque se porte bien, mais ces lits sont hauts, et donc peu adaptés à l'administration des soins. Aussi arrive-t-il que le roi vive ses derniers jours dans un « lit de retrait », parfois un lit d'appoint à roulettes, nettement plus bas et plus humble. Mais quand on sent que la fin est proche, on le transfère promptement dans son « lit d'apparat », où il rend l'âme dans un décor plus digne de son rang. Dès lors, une fois sa toilette faite et son visage rasé de près, il peut être exposé publiquement, et ses sujets défilent devant lui. Son successeur, avant son couronnement, descend d'abord d'un lit installé dans l'archevêché voisin. À l'époque où la plupart des gens sont illettrés et où l'imagerie, la symbolique visuelle, demeure toute-puissante, le spectacle de la monarchie doit en imposer, dans la vie comme dans la mort.

L'accès au lit royal est protégé par une balustre ; les

1831. Voir aussi Sarah Hanley, *Le Lit de justice des rois de France. L'idéologie constitutionnelle dans la légende, le rituel et le discours*, trad. de l'anglais, Aubier, 1991. (*N.d.T.*)

LA CHAMBRE À COUCHER PUBLIQUE

gens ordinaires ne peuvent s'en approcher et un garde spécialement désigné veille en permanence. Une aura de divinité entoure le lit du souverain, à l'image de la monarchie elle-même. On maintient les chiens à distance, hormis les préférés du roi, parfois dressés pour lui tenir chaud aux pieds.

Les lits d'appoint ne sont pas rares dans les chambres royales, car le monarque ne passe jamais la nuit seul : un valet est constamment présent. Dans la chambre de la reine, c'est une dame de compagnie de haute naissance qui y dort, et des courtisans bien nés sont jour et nuit à disposition des souverains. Le lit d'appoint est parfois occupé par un représentant de la plus haute noblesse. Les autres membres de la cour dorment sur des *paillasses** à même le sol. Ces lits sont pourvus de roulettes qui permettent de les ranger, voire de les glisser sous le lit royal, pendant la journée. Ce dernier est souvent d'une dimension telle que le roi peut inviter tel ou tel éminent personnage à y passer la nuit – par exemple pour lui signifier sa faveur –, de manière tout à fait platonique.

Les lits magnifiquement ornés (qui peuvent être de grandes plates-formes) occupent aussi une place de choix dans l'arène publique à l'occasion des noces royales. Le coucher des jeunes époux, voire la consommation du mariage (vérifiée par des témoins), s'entourent de tout un cérémonial, mais aussi de beuveries. Si le couple ne donne pas satisfaction, le mariage peut être annulé sur-le-champ. Le lit construit en 1430 pour Philippe III de Bourgogne, dit Philippe le Bon, et Isabelle de Portugal détient le record

---

* En français dans le texte.

mondial du plus grand lit fonctionnel d'après le *Guinness Book* : 5 mètres 79 de long sur 3 mètres 80 de large[3].

Lits en majesté

Le lit de la reine Elizabeth Ire occupe le cœur même de sa cour. C'est là qu'elle se repose et dort, loin des tensions de la journée[4]. Elle en possède plusieurs, tous agrémentés de luxueuses étoffes et de parures bigarrées. Souvent, quand elle se déplace d'un de ses palais à un autre ou se rend dans de nobles demeures, le plus beau voyage avec elle. Son bois sculpté est enrichi de dorures et d'ornements raffinés, la cantonnière rehaussée de velours et d'argent et la tête de lit tendue de satin cramoisi, coiffée d'exotiques plumes d'autruche. La reine y dort à l'abri de tentures en tapisserie frangées d'or et de pierreries. Ces lits – recherchés, fastueux – sont autant des symboles de son pouvoir que des endroits où dormir. Celui de son palais de Whitehall, à Londres, consiste en un savant assemblage de bois coloré ceint de soieries d'Inde peintes à la main. Lorsqu'elle séjourne à Richmond, elle se repose dans un lit en forme de bateau aux rideaux « vert eau de mer ». Partout où elle pose la tête sur l'oreiller, son lit devient un lit de parade où elle reçoit ses sujets – un lit en majesté. Et partout elle exige des appartements privés, à l'écart de la cour, mais adjacents à la grande salle. Il y a la chambre de présence, la chambre privée, la chambre à coucher... Pour un courtisan, avoir accès à l'une ou l'autre de ces pièces est une manière d'affirmer sa proximité avec la sou-

LA CHAMBRE À COUCHER PUBLIQUE

veraine, une sorte de baromètre d'intimité aux gradations strictement définies.

La cour d'Elizabeth Ire est une véritable institution aux proportions considérables, avec plus de mille domestiques et artisans en tous genres. Brasseurs, boulangers, cuisiniers, tailleurs et valets d'écurie y sont au service d'une petite armée de courtisans et d'ambassadeurs, l'ensemble étant itinérant, car on se déplace en grandes processions entre Whitehall, Hampton Court, Richmond et Windsor. Il faut trois cents charrettes pour transporter mobilier, tapisseries, robes et accessoires. La cour partage aussi les excursions de la reine hors de la capitale.

Pour atteindre la chambre à coucher de la reine, bien isolée du tohu-bohu de la cour, il faut franchir une succession d'espaces bien délimités. La chambre de présence est une grande salle d'audience où se trouve le trône, surmonté d'un dais. C'est là que s'assemblent ambassadeurs, courtisans, évêques et prétendants dans l'espoir d'entrevoir la souveraine. Celle-ci passe le plus clair de son temps dans sa « chambre privée », tandis que veillent étroitement sur elle cent quarante-six hallebardiers de la garde royale. C'est là qu'elle conclut les affaires du gouvernement, reçoit des hôtes, recueille les on-dit et écoute de la musique, parfois même en dansant.

Chambre privée et chambre à coucher communiquent avec la chambre de présence, centre de la cour, cœur secret du royaume. Seules les femmes y sont admises. Celles-ci ne seront au total que vingt-huit à servir la reine dans ses appartements privés pendant la durée de son règne. Ce sont des amies intimes de Sa Majesté, dont certaines ont assisté à son couronnement. Ces dames font la toilette d'Elizabeth, la fardent et la coiffent, choisissent ses vêtements et bijoux et l'aident à s'habiller. Elles supervisent les aliments et boissons qu'on lui sert, les goûtent pour s'assurer qu'ils ne sont ni gâtés ni empoisonnés. Des caméristes font le ménage, vident les cuvettes et refont le lit. Des dames de compagnie très bien nées, célibataires et toutes vêtues de blanc, distraient la reine, principalement par la danse. Elles doivent se tenir constamment à sa disposition, même souffrantes ou enceintes, car ses desidereta priment toute autre considération. Lorsqu'elles accouchent, elles laissent leur enfant aux mains de nourrices et reprennent aussitôt leur service.

Elizabeth vit comme dans un cocon au milieu de ses favorites, qui dorment à ses côtés soit dans son lit, soit dans un lit d'appoint, mais toujours dans l'obscurité de sa chambre. Ces suivantes forment une sorte de garde rapprochée dans une cour divisée entre factions, où la menace de l'assassinat plane en permanence. Plus proches de Sa Majesté que quiconque à la cour, elles sont dans le secret de ses pensées et suivent les fluctuations de ses humeurs, si bien que les ambassadeurs et autres personnages haut placés recherchent leurs faveurs. Un membre avisé du Conseil privé de la reine enjoint ainsi au premier secrétaire de celle-ci : « Tâchez de connaître l'humeur de Sa Majesté avant de vous présenter devant elle en questionnant une des dames de la chambre privée, dont vous aurez soin de vous attirer l'estime[5]. »

Les faits et gestes de la reine sont scrutés en permanence. À l'époque, l'espérance de vie est courte, on peut décéder à tout moment, et les ambassadeurs étrangers informent donc régulièrement leur gouvernement de ses

LA CHAMBRE À COUCHER PUBLIQUE

activités quotidiennes et de sa santé. Celle-ci est fragile depuis la puberté : Elizabeth souffre d'indigestion et d'insomnie chroniques. De plus, on s'inquiète de savoir si elle va enfin se choisir un époux, si elle peut enfanter. En ce temps-là, on pense que les femmes ont des appétits sexuels bien supérieurs à ceux des hommes ; de ce fait, on a du mal à croire qu'une femme, qui plus est célibataire, reste délibérément chaste. Dans le milieu diplomatique, on murmure qu'elle serait stérile, alors que la sécurité et la stabilité de l'Angleterre protestante dépendent de son futur mariage et de son futur héritier. La régularité de son cycle menstruel, notamment, est connue jusque dans les cours étrangères et fait l'objet de maintes spéculations.

Tous les matins, qu'Elizabeth soit en son palais ou en visite, après que les dames de compagnie ont tiré les rideaux du lit royal, elle reste allongée tandis qu'on nettoie sa chambre et qu'on allume le feu dans les cheminées. Elle prend ensuite son petit-déjeuner en chemise de nuit, puis fait une courte promenade dans les jardins ou s'installe pour lire près de la fenêtre. La toilette, le maquillage et la coiffure prennent des heures. Elle devise avec ses suivantes pendant qu'on la revêt de ses pesantes et volumineuses robes. On finit par les bijoux, choisis dans des coffrets tapissés de velours et brodés d'or. Dans la chambre de la reine, ils sont en sécurité autant qu'on peut l'être. Enfin, on lui enfile ses souliers à l'aide d'un chausse-pied en métal. Alors seulement la souveraine est-elle prête à passer dans la chambre de présence et la chambre privée, où elle pourra apparaître en public.

Son existence est chorégraphiée au millimètre près. Les repas eux-mêmes font l'objet d'un cérémonial bien précis :

il est ainsi jugé malséant qu'elle se restaure en public, excepté lors des banquets. À la fin de la journée, elle se retire dans la chambre à coucher afin de procéder à ses ablutions et de se défaire de ses vêtements. Ses dames de compagnie vérifient que matelas et literie ne recèlent ni punaises ni dagues sournoisement dissimulées, et qu'aucun intrus ne s'est caché dans la pièce. Puis la reine se met au lit, lequel est constitué de plusieurs matelas en paille, en bourre et en plume, le plus moelleux sur le dessus ; ses draps en soie brodés reproduisent ses armes et la rose des Tudor. On ferme alors la fenêtre afin d'écarter les dangers de l'air nocturne, on tire les rideaux du lit et on enferme Sa Majesté à double tour pour la nuit.

Une fois, une seule, un individu de sexe masculin entre dans le petit monde de la chambre sans y être officiellement autorisé. En 1599, le comte d'Essex, favori de longue date d'Elizabeth, se présente tout crotté après son retour précipité d'Irlande (en dépit de l'interdiction formelle qui lui en était faite) dans les appartements royaux de Nonsuch Palace (ou palais de Sans-Pareil), dans le Surrey. Franchissant le seuil, il surprend la reine sans perruque, à demi vêtue et non maquillée. Interdite, cette dernière le reçoit tout de même avec grâce tandis qu'il s'agenouille devant elle et implore son pardon. Mais dès le lendemain il sera placé aux arrêts, puis décapité en 1601 pour haute trahison.

Les appartements royaux sont sous haute surveillance même lorsque le monarque est absent, et pour cause. À Versailles, la cour craint qu'on ensorcelle le roi, au point qu'un valet passe toujours la nuit assis près de la balustre – qui sait, un ennemi pourrait l'asperger d'on ne sait quelle

LA CHAMBRE À COUCHER PUBLIQUE

mixture porteuse de maléfices. En 1600, une dénommée Nicole Mignon est ainsi brûlée vive pour avoir tenté de faire empoisonner Henri IV, alors que trois ans plus tôt un tapissier « de la rue du Temple » a été emprisonné pour avoir eu « l'intention d'assassiner le roi », puis pendu et incinéré.

Le lit des souverains figure aussi en bonne place dans les naissances, baptêmes, mariages et décès. On charge celui de la royale parturiente de décorations compliquées à base de tentures en étoffes précieuses, et le coût de ces ornements retient davantage l'attention que le poids du nouveau-né. Comme toutes les futures mères, la reine est censée recevoir ses amies au lit, mais la pratique est parfois poussée à l'extrême : on donne des bals en sa présence, par exemple. Quant à la naissance proprement dite, c'est, à la cour, une affaire éminemment publique, et les témoins doivent respecter un protocole élaboré. Parmi eux doivent se trouver des princes et princesses de sang, des secrétaires d'État et autres hauts officiels afin de prévenir tout soupçon. Dans certains cas, ces précautions n'empêchent pas les commérages malveillants. Ainsi, quand Marie de Modène, épouse catholique du roi Jacques II d'Angleterre, donne en 1688 naissance à un fils en présence de nombreux ministres et courtisans, une rumeur se répand bien vite, alimentée par une puissante aversion pour sa religion et la crainte de voir un catholique accéder au trône : un enfant mâle aurait été subrepticement introduit dans la chambre à l'intérieur d'une bassinoire et substitué à son fils mort-né. À terme, ces bruits concourent au renversement de Jacques II, remplacé la même année par Guillaume II qui, lui, est résolument protestant.

Un des grands avantages de la chambre à coucher est qu'on y remarque les plus infimes nuances de respect. Ainsi, en 1625, lorsque le cardinal de Richelieu rencontre les émissaires de Charles Ier d'Angleterre afin de négocier les termes de son mariage avec Henriette-Marie de France, sœur de Louis XIII, une absurde querelle protocolaire les oppose : « L'affaire fut sur le point d'être rompue pour deux ou trois pas de plus que les ambassadeurs exigeaient auprès d'une porte, et le cardinal se mit au lit pour trancher toute difficulté[6]. »

Louis XIII, à qui Richelieu tenait lieu de Premier ministre, avait mauvais caractère, était bègue et s'intéressait beaucoup plus à la fauconnerie et à la chasse qu'à l'exercice du pouvoir. Les deux hommes firent de la France une monarchie absolue, mais le roi avait des goûts simples, ce qui était rare pour un homme de son rang. Pendant la majeure partie de son règne il n'utilisa que deux lits, l'un peint en noir et décoré de motifs argentés, l'autre violet à ornements dorés. On est bien loin des douze lits luxueux que possédait rien que pour l'hiver Gabrielle d'Estrées, maîtresse de son père Henri IV.

Pas de touche féminine dans la chambre à coucher de Louis XIII, dont le mariage avec Anne d'Autriche n'est pas heureux : les deux époux ne se côtoient guère. Pourtant, le roi ne prendra jamais de maîtresse. Et, après quatre fausses couches, la reine finit par donner naissance en 1638 au futur Louis XIV, lequel accède au trône en 1641, à l'âge de quatre ans (sous la régence de sa mère et du cardinal Mazarin), et régnera durant soixante-douze ans.

En 1660, Molière hérite de son frère récemment décédé la charge de « tapissier et valet de chambre du roi. Elle implique qu'il se trouve chaque matin au lever du roi, un trimestre par an. Son exercice de la comédie ne l'empêchait pas de servir le Roi dans [cette] charge où il se rendait très assidu[7] ». Bien que ne partageant pas les goûts de Louis XIV, il dort à Versailles dans un lit somptueux dont les pieds en bronze imitent des pattes d'aigle et qui, outre un chevet sculpté et orné de dorures, comporte des rideaux de brocart damassés à motifs floraux. Il possède par ailleurs dix-huit chemises de nuit d'un grand raffinement.

Le protocole royal

Le Roi-Soleil croit fermement en la monarchie de droit divin, ce qui l'autorise à gouverner seul, depuis le château de Versailles, une France dont il fait un État très centralisé[8]. Le monarque est en permanence au centre d'une attention soutenue. Les nobles qu'il attire à la cour doivent être à sa disposition nuit et jour s'ils veulent toucher une pension et jouir de certains privilèges. Il leur offre quotidiennement des distractions, cérémonies et spectacles dispendieux, tout en ayant bien soin de les garder à l'œil. En effet, si elle limite le nombre de guerres civiles chroniques qui gangrenaient le règne de ses prédécesseurs, la centralisation du pouvoir affaiblit l'aristocratie. C'est le roi, et lui seul, qui gouverne et guerroie, et tout cela, il le fait depuis son lit. Ou plutôt *ses* lits, car il en possède un grand nombre. Il y met en scène l'exercice du pouvoir et c'est chez lui une véritable obsession. Les inventaires du château de Versailles sous

Louis XIV font état de quelque vingt-cinq modèles de lits, tous différents. Les réserves de lits royaux, elles, en contiennent au moins quatre cents, qui portent souvent le nom des tapisseries dont ils sont ornés. L'une d'elles, « Le triomphe de Vénus », requiert les talents du maître tapissier Simon Delobel pendant douze ans. Le roi offre en outre des lits à sa progéniture et même, en une occasion, à son médecin. On prétend qu'il faisait fixer des miroirs sous l'impériale en lieu et place des classiques peintures suggestives, afin de ragaillardir ses maîtresses modérées. Toutefois, sous les assauts de l'une d'elles, particulièrement énergique, une de ces glaces se fracassa et faillit le tuer. La royale expérience s'arrêta là.

Le lit de Louis XIV à Versailles.

LA CHAMBRE À COUCHER PUBLIQUE

Sous l'influence de la mode lancée par Louis XIV, les dorures et décorations de lit se raffinent sans cesse. Le roi finit par interdire aux officiers d'état civil, notaires, avocats, marchands et artisans ainsi qu'à leurs épouses de posséder du mobilier à dorures ou motifs argentés, sous quelque forme que ce soit, y compris les lits. La sanction pouvait être d'ordre financier ou entraîner la confiscation des meubles malséants, mais il semble que cet édit n'ait pas été respecté longtemps.

Comme bien des souverains avant lui, Louis XIV vit en public. Son règne rappelle celui des pharaons, dont l'activité quotidienne était à chaque instant réglée selon un calendrier détaillé. L'historien Diodore de Sicile écrit, au Ier siècle av. J.-C., que même l'heure à laquelle ils se mettaient au lit avec leur femme était fixée par avance[9]. Il en va de même pour le Roi-Soleil, qui tient audience dans sa chambre de parade tout au long de son règne et dont le lever et le coucher font partie intégrante de l'exercice du pouvoir. « Avec un almanach et une montre, on pouvait, à trois cents lieues de lui, dire avec justesse ce qu'il faisait », écrit le duc de Saint-Simon (1675-1755), filleul du souverain et commentateur invétéré des coulisses du pouvoir[10]. La journée du roi se déroule selon des étapes aussi bien établies que celle de la cour, ce qui permet aux conseillers et ministres de s'organiser en conséquence. Depuis son lit, Louis XIV prend ses décisions, émet ses décrets royaux et reçoit ceux qui ont l'insigne privilège d'approcher d'aussi près Sa Majesté semi-divine, à savoir les courtisans et la famille royale au sens large, mais aussi ses descendants illégitimes (ce qui suscite l'ire de Saint-Simon).

Le lever et le coucher du Roi-Soleil sont aussi prévisibles

que ceux du soleil lui-même, et le monarque va jusqu'à faire réorienter sa chambre pour se trouver face aux premiers feux de l'astre du jour. Son premier valet le réveille officiellement à huit heures et demie, même s'il a déjà ouvert les yeux. Ses premier médecin et premier chirurgien viennent l'examiner, puis entrent quelques gentilshommes, seigneurs et officiers, ainsi que son ancienne nourrice, qui passe toujours l'embrasser. On le toilette, le peigne et le rase (un jour sur deux) devant une assemblée de qualité. Les officiers de la chambre et le grand-maître de la garde-robe l'habillent et lui servent du bouillon en guise de petit-déjeuner. C'est ensuite le grand lever : on tire les rideaux du lit en présence du grand chambellan, des premiers valets et de quelques grands courtisans (qui paient pour ce privilège), assemblés derrière la balustre. Un des nobles peut espérer glisser respectueusement un mot à l'oreille du roi en ce bref instant, qu'on ménage pour laisser croire que le souverain est parfois abordable et qu'on peut même partager son intimité.

À mesure que la matinée avance, la chambre se remplit. Lorsque le roi en est à enfiler bas et souliers, aux observateurs du « petit lever » se sont ajoutés le grand veneur, le grand louvetier et le grand maître des cérémonies, en plus des ministres et secrétaires. C'est lors de la cinquième « entrée » que sont admises les femmes, et à la sixième ce sera le tour des enfants légitimes et illégitimes du roi ainsi que leurs conjoints. Au total, l'assistance peut atteindre cent personnes.

Pendant ce temps, une procession s'est formée dans la galerie des Glaces attenante. À dix heures tapantes, Louis XIV sort des appartements royaux, suivi de ses cour-

LA CHAMBRE À COUCHER PUBLIQUE

tisans qui se pressent autour de lui, cherchant, qui à lui remettre un billet, qui à lui souffler un mot. Une demi-heure plus tard il assiste à la messe dans la chapelle royale, et à onze heures il est de retour dans ses appartements. Là, il conduit les affaires de l'État que lui soumettent cinq ou six de ses grands officiers, et prend connaissance des « placets » qui lui sont présentés. À treize heures, il déjeune seul dans sa chambre, face à la fenêtre. Une solitude toute théorique puisqu'il convie toujours des membres de la cour à ce spectacle. À quatorze heures, il annonce ses intentions pour le lendemain puis sort se promener dans les jardins, à pied ou en calèche, à moins qu'il ne s'adonne à son exercice favori : monter à cheval dans les bois environnants. Il est de retour à dix-huit heures. Les heures suivantes sont consacrées aux « divertissements d'intérieur » et autres « soirées d'appartements », ainsi qu'à la signature de quelque document officiel. À vingt-deux heures il est de retour dans son antichambre, où l'on se presse pour l'observer à son grand souper en compagnie de membres de la famille royale. Il se retire ensuite dans ses appartements privés afin de s'entretenir plus librement avec ses proches. À vingt-trois heures trente c'est la cérémonie du coucher, pendant vespéral des petit et grand levers : le Roi-Soleil imite là aussi, symboliquement, la course de l'astre du jour. C'est dans cette même chambre à coucher que le roi rendra son dernier souffle. L'immense château de Versailles est lui-même la matérialisation de la monarchie absolue, du pouvoir quasi divin de ce roi intouchable et prétendument infaillible, véritable pivot du royaume. Même les jardins « à la française », perpétuellement tirés au cordeau, expriment la puissance de son commandement. Et sa chambre, située à l'étage supérieur, au centre de la façade, est la pièce la plus importante puisque le Roi-Soleil s'y lève et y prend les décisions et décrets qui irradient ensuite aux quatre coins du pays.

Quand la chambre à coucher se fait salle du Conseil

Son successeur, Louis XV, arrière-petit-fils de Louis XIV, ne possède qu'un seul lit et abandonne en quasi-totalité l'« étiquette versaillaise » de la chambre à coucher telle qu'elle était appliquée sous le Roi-Soleil. Harold Walpole, historien de l'art et homme politique anglais qui fut présenté à sa cour en 1765, raconte avoir été introduit dans la chambre à coucher royale alors qu'il enfilait encore sa chemise. Le monarque « [converse] aimablement avec un petit nombre de personnes, regarde les inconnus d'un œil noir, va à la messe, dîne et chasse ». Lors de cette visite, la reine est également présente : assise devant sa coiffeuse, elle bénéficie des soins de « deux ou trois dames âgées[11] ».

Le cérémonial de la chambre à coucher reste imposant, mais impraticable aux yeux de ce roi qui tient à sa vie privée. En 1738, il se fait donc aménager aux Tuileries une chambre plus petite et plus facile à chauffer (elle fait face au sud). Son lit occupe une alcôve, particularité des chambres raffinées qu'on dit originaire d'Espagne. Séparée du reste de la pièce par une balustre, et parfois par de véritables colonnes, c'est en réalité une petite pièce dans la pièce. Outre le lit, l'alcôve de Louis XV contient des sièges et il y reçoit quelques personnes. Au cours du siècle

LA CHAMBRE À COUCHER PUBLIQUE

suivant, les alcôves deviendront de plus en plus petites et réservées à des usages plus intimes.

De 1745 à 1751, sa favorite d'un temps, la marquise de Pompadour, occupe au cœur du palais un appartement de quatre pièces auquel le roi accède directement depuis ses appartements privés. Plus tard, une autre de ses nombreuses maîtresses, la comtesse du Barry, s'installera dans un appartement somptueux dont la chambre est accessible par un escalier dérobé.

La chambre du roi est alors une pièce semi-publique dont le lit ne sert guère à dormir et encore plus rarement à abriter d'ardents ébats. Il faut plutôt y voir une petite « salle du Conseil » où se prennent les royales décisions, l'important étant d'y être admis. Voir le souverain en chemise ou conversant depuis son lit est un insigne honneur, exclusivement accordé aux courtisans et officiers les plus ambitieux et les plus haut placés. Le lit lui-même, signe de la magnificence monarchique, est conçu pour en imposer au visiteur. Certains touchent au sublime, tel celui qu'Anne Stuart, reine d'Angleterre, d'Écosse et d'Irlande, se fait faire en 1714, année de sa mort. Haut de quelque cinq mètres trente, il comporte cinquante-sept éléments, des tentures en velours jaune et pourpre ainsi que de très onéreux matelas en soie. Il coûta six cent soixante-quatorze livres, ce qui représentait à l'époque le prix d'une maison de taille moyenne à Londres, mais personne n'y dormit jamais. Même le lit de voyage fabriqué en 1716 pour le prince de Galles (qui n'avait pas encore accédé au trône sous le nom de George II) est complexe et imposant, bien que censé être pratique à transporter, avec ses cinquante-quatre éléments, ses matelas et ses tentures. En 1771, les lits majestueux et raffinés de type royal sont communément répandus[12]. Toutefois, rares sont ceux qui peuvent rivaliser avec le lit d'apparat de la reine Charlotte de Mecklembourg-Strelitz, épouse de George III d'Angleterre, qui fut exquisément brodé par les pensionnaires du célèbre établissement de Mrs Phoebe Wright, réservé aux filles orphelines ou indigentes de la bonne société et dont la reine elle-même était la bienfaitrice[13].

Lorsque la reine Victoria, petite-fille de Charlotte, accède au trône en 1837, la chambre royale clôt fermement ses portes. La souveraine veille jalousement à préserver sa vie privée, conformément aux mœurs d'une ère désormais marquée par la volonté de dissimuler aux regards chambres et lits. Seules quelques habitudes demeurent, dont la présence requise du ministre de l'Intérieur lors des naissances royales, une pratique qui cessera, comme on l'a dit, à la naissance du prince Charles en 1948.

Ces couches seigneuriales restent toutefois en vogue, surtout dans les familles très fortunées et chez les potentats d'Orient. Peut-être parce qu'on y passe une grande partie de sa vie... et après tout, pourquoi ne pas dormir dans le luxe que permettent la richesse et le raffinement ? Le lit le plus majestueux est sans doute celui de Sadiq Muhammad Khan IV, *nawab* abbaside de l'État de Bahāwalpur, au sein des Indes britanniques, qui fait aujourd'hui partie du Pakistan. En 1882, le prince passe anonymement commande d'un lit à l'orfèvre parisien Christofle (déjà célèbre à l'époque, la maison fournit en argenterie le sultan de Turquie, ainsi que de nobles familles d'Europe et d'Asie, ou encore le palais de l'Élysée et l'Orient-Express, de 1860 à 1940), qui lui fabrique « un lit en palissandre à deux cent quatre-vingt-dix

LA CHAMBRE À COUCHER PUBLIQUE

kilos d'argent poinçonné et gravé, la tête décorée de ses armes [...], flanqué aux quatre coins de statues-automates en bronze [une Française, une Espagnole, une Italienne et une Grecque] nues, grandeur nature, à la peau réaliste et aux cheveux naturels de couleurs différentes, qui éventent les ébats » à l'aide d'un « éventail en crin de cheval ou en plumes d'autruche » et qui, par un mécanisme déclenché par le mouvement du matelas, bougent « les yeux et les membres au son d'un orgue mécanique qui doit jouer l'air du *Faust* de Gounod pendant une demi-heure[14] ». Le lit disparaît à la mort du *nawab* jusqu'à ce qu'on le retrouve dans le palais de Sadiq Garh, toujours dans le district de Bahāwalpur (province du Punjâb). À la mort du dernier *nawab*, en 1966, le Premier ministre ordonnera que soit dressé un inventaire de ses biens. Le fameux lit restera des années dans la Chambre d'argent du palais, placé sous scellés avec tout son contenu en raison d'un contentieux entre héritiers, mais depuis 1992 on ignore où il se trouve.

Le prince ne gouvernait toutefois pas depuis son lit, qui répondait à des exigences strictement privées. De fait, cette pratique (et par extension le « lit de justice ») était typiquement européenne et n'existe plus de nos jours. Les couches royales échappent désormais aux regards publics. Le lit ne sanctionne plus par sa présence l'autorité reçue de droit divin et n'entre plus qu'en toile de fond dans l'Histoire. Pendant toute la Seconde Guerre mondiale, Churchill a gouverné la Grande-Bretagne depuis son lit, avec un mélange d'excentricité et de panache qui prêtait parfois à confusion et entraînait des complications. Son premier conseiller militaire, le « Field Marshal » lord Alanbrooke, qui a passé de nombreuses heures dans sa chambre, se plaint dans son journal de rencontrer des difficultés lorsqu'il doit traiter avec le Premier ministre. Ainsi note-t-il le 27 janvier 1942 :

> *Cet entretien fut représentatif de ceux, nombreux, qui eurent lieu par la suite. Sa chambre à coucher offrait invariablement le même spectacle, dont je regrette qu'il n'y ait pas eu un peintre pour en tirer un tableau. Sa robe de chambre rouge et or valait le détour à elle seule, et à nul autre que Winston il ne serait venu à l'idée de l'endosser. On aurait dit quelque mandarin chinois ! Les rares cheveux qui hérissaient encore sa tête chauve étaient tout en désordre. Il avait un gros cigare au coin de la bouche. Son lit était jonché de documents et de dépêches en tous genres. Parfois, le plateau de son petit-déjeuner inachevé traînait encore sur sa table de chevet. Il sonnait sans arrêt ses secrétaires, dactylographes ou sténotypistes, quand ce n'était pas son fidèle valet Sawyers[15].*

L'histoire ne dit pas si Churchill tenait conciliabule dans son lit dans le but inavoué de déstabiliser les personnages importants qui lui rendaient visite. Cela n'aurait pas été étonnant de sa part. Quoi qu'il en soit, on ne saurait imaginer contraste plus saisissant entre ses audiences matinales et les levers et couchers soigneusement scénographiés de Louis XIV.

9

Le refuge de l'intime

Et c'est ainsi qu'après avoir témoigné de l'évolution du lit depuis son invention, nous en venons enfin à parler du nôtre – le lit tel que nous le connaissons aujourd'hui. Si vous êtes comme la plupart des Occidentaux, il est caché dans votre chambre, le plus souvent à l'étage ou à l'arrière de la maison, si vous en avez une. Liée aux notions d'intimité, de sexualité et de sommeil, la chambre à coucher est généralement la pièce à laquelle seuls quelques rares élus ont accès et peuvent voir votre lit. Et quand la jeune plasticienne britannique Tracey Emin a exposé en public son lit défait (voir frontispice), à la fin des années 1990, elle a provoqué un tollé. Acerbe, le critique d'art Jonathan Jones se demandait encore en 2008 dans le *Guardian* si elle avait un quelconque talent, outre celui d'exhiber ses blessures intimes. Pourtant, au XVIe siècle, le « meilleur lit » se trouvait dans la pièce principale afin que les visiteurs puissent l'admirer et se dire que vous aviez décidément bien de la fortune, pour posséder deux lits. Et lorsque Shakespeare lègue à sa femme, Anne Hathaway, après trente-quatre ans de mariage, son « deuxième lit en qualité » et non le premier, ce n'est donc pas un camouflet, comme on pourrait le croire, mais un geste de tendresse, car il s'agit là de leur lit de noces. Alors, que s'est-il passé entre-temps pour que le lit soit passé dans la sphère de l'intime ?

Préserver sa vie privée

Quand l'Américain Vint Cerf, considéré comme l'un des inventeurs d'Internet et employé par Google depuis 2005, laisse entendre en 2013 qu'à l'ère moderne, la vie privée est devenue une anomalie[1], il s'attire de vifs reproches. Pourtant, d'un point de vue historique, il a tout à fait raison. Le sens actuel de cette expression, qui implique de se réfugier dans l'intime, de se soustraire aux regards extérieurs, ne date que de cent cinquante ans au plus, même si ses racines sont, bien sûr, beaucoup plus anciennes. On notera avec intérêt que l'apparition de la chambre moderne ne date elle-même que de deux siècles. Jusqu'à la révolution industrielle, la vie privée passe après tout le reste, et ce dans toutes les sociétés. Par rapport à l'argent, au prestige, à la sécurité et aux considérations pratiques de la vie quotidienne, le huis clos est loin d'être une priorité.

Aux temps préhistoriques, le besoin de se réchauffer et de se protéger mutuellement prime la quête d'intimité. Et il est probable que les enfants voient leurs parents faire l'amour : ils dorment tout près d'eux, ou en tout cas dans la même hutte. Dans son célèbre livre sur la vie sexuelle des Trobriandais, publié en 1929, Malinowski note bien que les adultes ne prennent aucune précaution particulière pour cacher leurs ébats à leurs enfants[2]. Ils ne les rabrouent que si ceux-ci les observent un peu trop attentivement, et leur ordonnent alors de se couvrir la tête avec une natte. En revanche, dans les sociétés traditionnelles de chasseurs-cueilleurs, ou celles qui pratiquent l'agriculture de subsistance, les relations sexuelles se déroulent plutôt en dehors des lieux où l'on dort, pour se mettre à l'abri des curieux ou avoir davantage de liberté de mouvement. Quoi qu'il en soit, quand on vit dans un environnement inhospitalier ou des contrées peuplées de bêtes sauvages, l'absence d'intimité est le prix à payer pour avoir la vie sauve. Dans les sociétés traditionnelles arctiques, par exemple, rechercher la solitude en extérieur est jugé très dangereux, et pour tout dire stupide.

Nul ne sait à quel moment la notion de vie privée a fait irruption sur la scène. Peut-être a-t-elle accompagné le creusement du fossé entre les chefs, l'aristocratie, d'une part, et le commun des mortels d'autre part. Les pharaons dormaient dans des lits surélevés, imités en cela par les notables, alors que le reste de la population se contentait de tapis à même le sol. Les Athéniens, si doués pour la géométrie architecturale, savaient construire des demeures laissant entrer le maximum de lumière sans que l'on voie du dehors ce qui se passait dedans. À Rome, le mot *privatus* – qui a donné « privé » et désignait simplement un citoyen sans charge officielle – dérivait de *privo, privare* (« priver de » mais aussi « libérer de »)[3]. Comme aujourd'hui, le concept était sujet à controverse. Certains Grecs, tel Socrate, désapprouvent ceux qui se cachent pour préserver leur intimité. Il aurait dit : « Là où l'on n'a pas jour sur les mœurs les uns des autres et où elles restent cachées dans les ténèbres, il est impossible d'attribuer correctement à chacun les honneurs, les magistratures, la justice qu'il mérite[4]. » Beaucoup moins égalitaires, les Romains aiment à étaler leurs richesses – somptueuses villas à la campagne, étangs poissonneux aménagés, opulentes maisons de ville... D'ailleurs, la résidence des riches attire les curieux et joue un peu le rôle de nos musées. Pline le Jeune écrit à ce propos dans le *Panégyrique de Trajan* (environ 113 apr. J.-C.) : « La grande fortune a cela de particulier qu'elle ne laisse rien de caché, rien de secret ; elle ouvre non seulement les demeures des princes, mais même [...] leurs intimes retraites ; elle exhibe et expose aux yeux de la renommée tous les arcanes[5]. » De fait, bien des grandes demeures romaines n'ont pas à proprement parler de chambres à coucher : les lits sont portatifs et on les déplace d'une pièce à l'autre selon les besoins du moment.

Aux bains publics non plus les Romains ne dissimulent rien, et les latrines voisines sont collectives : les gens y prennent place côte à côte, sauf en de rares cas où, comme l'ont révélé les fouilles archéologiques, des cloisons séparent les fosses en cabines individuelles. Pour se soulager, on prend place sur des bancs percés de trous en forme de U, puis on s'essuie à l'aide de chiffons ou en se passant une éponge plantée au bout d'un bâton, le tout en conversant sans la moindre gêne. Ce sont des lieux de sociabilité où l'on vient en groupe. À côté de l'étalage d'opulence dont jouissent les privilégiés, les citoyens ordinaires occupent des logements souvent construits à la va-vite où l'intimité n'existe tout simplement pas – ce qui ne dérange personne. La fréquentation des prostituées (les « femmes publiques ») n'est pas non plus un plaisir dont on se cache, mais auquel on s'adonne (du moins quand on est un homme) en toute liberté. Nous en voulons pour preuve ce graffiti retrouvé à Pompéi : « Les bains, le vin, le sexe corrompent nos corps, mais font que la vie vaut la peine d'être vécue[6]. »

Dans le reste du monde non plus, on ne cherchait pas à se mettre à l'abri des regards. Les *kang* chinois chauffés qui apparaissent dès l'an 5000 av. J.-C. n'ont jamais été l'équivalent de nos chambres à coucher privatives : on y dormait, on y mangeait, on s'y livrait ensemble à tous les aspects de la socialisation. C'est vers l'an 1000 av. J.-C. que les couchages au sol disparaissent peu à peu au profit des lits surélevés. Par la suite, les lits historiés et dorés de l'élite – meubles de prix plus que de repos – serviront autant à dormir qu'à recevoir. Certains seront même pourvus de compartiments où ranger ses vêtements.

En fait, on peut même penser que seule l'activité religieuse a de tout temps requis isolement et confidentialité. Les archéologues que nous sommes perçoivent le huis clos dans la quasi-totalité des contextes mystiques : temples yéménites de l'âge de fer dissimulant leurs sanctuaires tripartites dans leurs secteurs les plus reculés ; rites d'embaumement secrets des prêtres égyptiens ; grandes peintures rupestres de l'ère glaciaire, de préférence exécutées dans les profondeurs inaccessibles des grottes habitées, etc. Le secret sous-entend le pouvoir et l'illusion de l'intervention divine. Un des plus puissants catalyseurs de l'intimité (dans sa version occidentale) fut le christianisme. Le retrait de la société, à l'image des quarante jours de Jésus dans le désert, en est un des principes fondamentaux. Obsédés par la mort et le péché dans un monde où le mal était partout, les plus dévots renonçaient au monde – même monastique – pour s'absorber dans la contemplation de Dieu et de la condition humaine loin des distractions générées par la compagnie de leurs semblables. Au IVe siècle, par exemple, saint Antoine d'Égypte – dit Antoine l'Ermite ou « du désert » – écrit : « De même que les poissons meurent lorsqu'ils restent sur la terre aride, ainsi les moines perdent leurs forces quand ils passent leur temps avec vous et qu'ils séjournent dans votre compagnie. Il faut donc, comme le poisson s'empresse de rentrer dans la mer, que nous nous hâtions de retourner à notre monastère, de peur qu'un trop long séjour dans le monde ne nous fasse oublier la vie intérieure[7]. » Le jeûne et l'érémitisme deviennent une pratique courante, et leurs adeptes les plus extrêmes sont les Pères d'Égypte, qui partent vivre seuls dans des grottes isolées. Un de ces anachorètes, Jean Cassien, contemporain de saint Antoine, nous a laissé la composition de son régime alimentaire austère, à base de gâteaux secs, d'huile mesurée goutte par goutte, avec parfois quelques légumes ou poissons séchés. Un chercheur contemporain a calculé que cela représentait environ 930 calories par jour. Cassien dit que l'âme croît à mesure que le corps s'amenuise. Si les Pères du désert avaient suivi à la lettre ce régime de famine, ils auraient donc atteint la sainteté en moins de six mois. Cette solitude volontaire était moins une volonté de fuir les regards qu'une manière d'expier les souffrances de Jésus sur la Croix.

On l'a dit, il n'y avait pas réellement de mot pour exprimer la notion de « vie privé » chez les Romains, et il n'en existera pas plus dans l'Angleterre médiévale ; seule existait celle de « privation ». La reine Elizabeth Ire a un

« [Conseil] privé » auquel elle tient beaucoup, mais le mot est emprunté au vieux français « privé », qui désigne à l'époque les latrines. C'est à la Renaissance que l'idée prend plus ou moins son sens actuel, avec le décret du quatrième concile de Latran (1215) imposant à tous la confession « auriculaire » (à l'oreille du prêtre) en lieu et place de la confession publique. Il ressort de ce canon qu'en prenant conscience de ses péchés, le fidèle parvient, via la contemplation, à une forme de moralité, de rectitude intérieure, qu'il ne peut exprimer qu'en toute confidence. La lecture est désormais encouragée, surtout après l'invention de l'imprimerie, qui révolutionne l'accès aux textes. Les lectures de chacun nourrissent l'individualisme, qui se répand à travers l'Europe. Des communautés telles que les « Frères et Sœurs de la vie commune », aux Pays-Bas, disséminent toute une littérature prônant la vénération du Christ dans la simplicité. Ces enseignements incitent artistes, poètes et théologiens à se détourner du monde matériel pour se consacrer de tout leur cœur à Dieu. Les moines de l'ordre des Chartreux, dits cartusiens, ont désormais des cellules individuelles et font vœu de silence afin de mieux s'absorber dans la contemplation. Le gouvernement de soi s'intériorise peu à peu, devient solitaire et privé.

Subdivisions

Jusqu'au XVIe siècle et même au-delà, les maisons formées d'une grande salle commune chauffée par une cheminée à évacuation centrale en brique sont les plus répandues, peut-être parce que ce sont elles qui, en hiver, offrent la meilleure protection contre le froid. L'une de ces maisons, composée de sept pièces, fut construite en 1732 à Newport, dans l'État de Rhode Island, et appartenait à l'oncle de Bill Frucht, éditeur du présent ouvrage. Au rez-de-chaussée comme à l'étage, Bill s'en souvient, chacune avait sa cheminée, le tuyau d'évacuation commun occupant le cœur de la bâtisse. Les riches avaient parfois leurs appartements privés au sein de leur demeure, mais il était plus commode, ne serait-ce justement que pour des questions de chauffage, de côtoyer en permanence les autres occupants, y compris les domestiques, si bien que l'intimité était toute relative. Un exemple : en 1751, l'épouse du marquis Francesco Albergati Capacelli demande l'annulation du mariage pour cause d'impuissance. Mais lors du procès, dont on a conservé les minutes, le valet, qui avait servi le mari pendant onze ans, déclare avoir vu sans le moindre doute, et en raison même de sa charge, « en trois ou quatre occasions ledit marquis se lever de son lit avec une parfaite érection de l'organe mâle tandis qu'il mettait sa chemise[8] ».

En ce temps-là le lit est un endroit où l'on se repose et où l'on lit, mais plutôt en compagnie. On a coutume de s'y rassembler, et il n'est pas rare qu'un hôte de passage y passe la nuit avec tout ou partie de la famille. Comme le lit royal, c'est en quelque sorte un lieu public. Le lit strictement individuel apparaît d'abord à l'hôpital, où désormais on n'entasse plus les enfants sans distinction de pathologies. (On imagine bien que dans ces conditions, les maladies contagieuses se répandaient comme autant de traînées de poudre.)

La notion d'intimité et le repli sur la vie de famille ne commencent à s'imposer qu'à la fin du XVIIIe siècle. La sociabilité masculine s'exerce dès lors hors du domicile, dans les clubs, les cafés, les tavernes et les rues, tandis que les femmes (respectables) restent à l'arrière-plan. De puissants facteurs s'allient pour faire du domicile un abri où fuir les tensions nouvelles d'une société en mutation. Parmi eux, l'avènement du protestantisme évangélique, pour lequel la famille est un puissant moyen d'entretenir des relations solides à l'intérieur et à l'extérieur de la communauté. Le foyer chrétien devient un microcosme où doivent régner l'amour et la générosité, en réaction aux contraintes sans merci du monde du travail. En rentrant le soir, les hommes doivent trouver un foyer sécurisant où ils se sentent entourés d'affection et de sérénité. Indépendamment de l'élément religieux, ces notions se sécularisent et s'enracinent au point de devenir la norme.

Avec la révolution industrielle, la grande majorité des Européens deviennent des citadins. En 1800, 20 % seulement de la population britannique vit en ville ; un siècle plus tard, cette proportion s'élève à 80 % et, avec ses quatre millions d'habitants, Londres est la plus grande agglomération du monde. La plupart des petites maisons mitoyennes qu'on y trouve encore aujourd'hui en grand nombre, construites au tout début du XXe siècle, correspondent à un besoin de retrait vis-à-vis d'un rythme de vie de plus en plus effréné. On observe la même chose à Paris. Malgré les formes diverses que revêt la croissance des villes, en 1900, environ les deux tiers des Français travaillent encore chez eux alors qu'aujourd'hui, en Europe, presque tout le monde est employé au-dehors. Le lieu d'exercice des différentes professions a radicalement changé : usines, horaires et strictes conditions de travail sont désormais la règle[9]. Ce transfert à l'extérieur du domicile concerne aussi bien les employés que les professions libérales. Les médecins n'exercent plus sous leur toit. Les femmes qui secondaient leur mari commerçant en servant derrière le comptoir ou en tenant les comptes vivent désormais des existences séparées, centrées sur le foyer. Elles deviennent... des femmes au foyer.

Au fil du XIXe siècle, on part s'installer en masse dans les banlieues pour y chercher plus d'espace, tout en continuant à travailler en centre-ville. Une dislocation qui devient une vision du monde à part entière, tant et si bien que l'individu recèle désormais en lui deux personnes distinctes, avec deux façons de vivre selon qu'il est au travail ou chez lui. Ce principe fut consacré par le journaliste et écrivain Arnold Bennett dans un manuel à succès au titre optimiste, publié en 1908 : *Comment vivre vingt-quatre heures sur vingt-quatre*. Il y affirme que dans l'ensemble, on n'a aucune autonomie quant à sa journée de travail et que la vraie vie se déroule en dehors ; il faut donc se plonger dans la philosophie antique, et non perdre son temps à lire le journal. Quant à John James Ruskin, père du célèbre auteur et critique d'art John Ruskin, il oppose dans une lettre à son épouse datée de 1831 « la grisaille et la monotonie » de toute activité menée en société, « fût-elle de la meilleure espèce », au « cercle de mon propre foyer, en compagnie de la femme que j'aime, laquelle, assise face à moi près du feu, irradie alentour, et de cet extraordinaire enfant qu'est mon fils [...][10]. » Cette division bien nette entre les différentes composantes de la vie se répercute jusque dans l'organisation de la maison. Celle-ci ne se compose plus comme avant de pièces sans usage défini entre lesquelles on déplace les meubles à loisir (n'oublions pas que « meuble » signifie à l'origine « bien mobile ») ; chacune est à présent dédiée à une activité bien précise, ce qui implique de faire la distinction entre employeurs et domesticité, mais aussi entre « public » et « privé » : pour la première fois, on trouve une chambre à coucher *stricto sensu* dans toutes les maisons.

Chambres discrètes

Lorsque, au XIXe siècle, cette chambre à usage unique devient la norme dans les familles occidentales privilégiées, les domestiques, qui, par le passé, dormaient au même endroit que les maîtres, ou tous ensemble dans les salles communes ou les cuisines, logent maintenant dans leur chambre particulière. Le foyer est placé sous la responsabilité de la maîtresse de maison, la fée du logis ou, pour reprendre l'expression typiquement victorienne de Dickens, « l'ange qui préside au bonheur des ménages[11] » et règne sur la maisonnée, même si son pouvoir est subordonné à celui de son mari. Cette nouvelle structuration de l'espace est particulièrement bien illustrée par la chambre à coucher de la classe moyenne, qui ne sert plus de « salon avec lit », mais est exclusivement dévolue au sommeil. Aux yeux des Victoriens, plus une demeure compte de pièces spécialisées, mieux cela vaut ; aussi mari et femme ont-ils parfois des chambres séparées, qui peuvent être communicantes, chacune flanquée de son dressing. Dans ces milieux, la maîtresse de maison a le loisir de se retirer dans son « boudoir » – un mot français également en usage en anglais et dérivé du verbe « bouder ».

UNE HISTOIRE HORIZONTALE DE L'HUMANITÉ

Le magazine *Architect* publie en 1875 un article autoritaire sur la chambre à coucher : elle ne doit servir qu'à dormir, toute autre utilisation étant malsaine, immorale, contraire au principe souverain selon lequel toute activité importante doit être conduite dans une pièce réservée à cet effet. Le partage du lit n'est pas seulement réprouvé pour des raisons morales (même les plus petits logements urbains se doivent de comporter deux chambres, une pour les parents, une pour les enfants) : des considérations d'ordre hygiénique entrent aussi en ligne de compte. Car au XIXe siècle, avec l'augmentation subite de la pression démographique, on se préoccupe activement de la santé publique. On croit encore que les maladies sont générées spontanément par l'eau souillée ou les miasmes, et l'immobilité du corps endormi est source d'inquiétudes. Ainsi, en 1880, un médecin du nom de B.W. Richardson déconseille-t-il aux adultes de partager le lit avec leurs enfants, de peur d'en aspirer « la chaleur vitale ».

La multiplication des chambres à coucher est une aubaine pour le commerce, en pleine expansion à l'époque : la fabrication à la chaîne d'objets et de meubles destinés aux enfants est une invention victorienne. Ce ciblage ne remonte pas bien loin dans le temps : même le code consistant à « genrer » en bleu ou en rose jouets, vêtements et mobilier (ce qui oblige les parents à tout acheter en double) ne date que de l'après-guerre. Mais à l'inverse d'aujourd'hui, une publication professionnelle spécialisée dans la mode déclarait en 1918 : « On s'accorde généralement sur la règle qui veut que le rose soit réservé aux garçons et le bleu aux filles. La raison en est que le rose, étant une couleur plus hardie, plus vigoureuse, sied mieux au petit garçon,

LE REFUGE DE L'INTIME

tandis que le bleu, plus délicat et plus doux, est plus joli pour la petite fille[12]. »

Cette séparation des fonctions n'affecte toutefois pas encore les citadins les plus pauvres. Entassés dans des pièces uniques sordides et des immeubles surpeuplés, ils vivent au vu et au su de leurs congénères. Quand une femme tombe malade, toute la rue est au courant car elle s'alite au milieu des siens. Mais le débat sur l'intimité et la vie privée s'intensifie. En décembre 1890, dans la *Harvard Law Review*, un article signé Louis Brandeis, futur juge à la Cour suprême, traite du respect de ce qui, selon lui, devrait être un droit : « L'intensité et la complexité de la vie participant de l'avancement de la civilisation rendent essentielle une certaine mesure de retrait du monde [...] L'individu accorde désormais une importance majeure à la solitude et l'intimité[13]. » La Cour avait déjà conclu en 1868 que cette notion était pour l'homme le moyen de revendiquer son droit absolu sur la vie publique et privée de sa femme, y compris celui de lui administrer des châtiments corporels.

En ce siècle où l'Empire britannique s'étend sur la majeure partie du globe, les valeurs et pratiques du chez-soi victorien vont s'enraciner dans des contrées aussi lointaines que l'Australie et la Nouvelle-Zélande, en passant par de grands territoires d'Inde, d'Asie et d'Afrique. Lorsqu'ils vont rejoindre leur poste, les administrateurs coloniaux emportent avec eux leurs meubles, leurs objets de décoration intérieure et leur chambre à coucher, avec lit et literie. À la fin du XIXe siècle, la conception bourgeoise du droit à la vie privée, tout particulièrement en ce qui concerne la chambre, est profondément implantée aux

États-Unis, alors que deux siècles plus tôt, les maisons de Nouvelle-Angleterre ne comprenaient au rez-de-chaussée qu'une grande salle où l'on faisait la cuisine et prenait ses repas, entre autres activités domestiques ; plus tard est arrivée la salle de séjour (*parlor*), où la famille installait ses biens les plus précieux, dont le « beau lit », ainsi que la table et les chaises de salon. C'était là que dormaient le maître et la maîtresse de maison. Au sein de chaque demeure, l'espace était réparti en fonction de la signification et de la valeur de ce qui s'y trouvait, et non de son emploi. Au XVIIIe siècle, étaient devenus à la mode les passages, couloirs et escaliers, qui facilitaient grandement les déplacements à l'intérieur des maisons. Souvent on dormait déjà dans des chambres à coucher dignes de ce nom, où le lit s'accompagnait de tentures, chaises et rideaux assortis, mais où on pouvait aussi se reposer tranquillement ou recevoir des proches. (On pouvait également s'y rassembler de manière plus cérémonielle lors des naissances ou des décès.)

Lits séparés

Nous sommes au XIXe siècle : lits et matelas n'ont plus rien à voir avec leurs ancêtres médiévaux, simples sacs bourrés de foin ou de paille, mais il est encore rarissime qu'on y dorme seul. On l'a vu, le couchage partagé persiste, en dépit de l'obsession victorienne pour la vie privée. On l'a vu aussi, la séparation entre la chambre à coucher et les autres pièces multifonctions est accentuée par la multiplication, à l'intérieur des demeures, des couloirs et escaliers grâce auxquels les domestiques et autres membres de la maisonnée peuvent passer d'une pièce à l'autre[14]. Maintenant que le personnel a ses propres quartiers (à l'entresol ou sous les combles), on le sonne. Et puisque le siège du pouvoir se déplace de la chambre à coucher royale aux bureaux officiels réservés à l'exécutif ou au corps législatif de l'État, on observe une évolution similaire dans toute la société, où l'on privilégie dès lors l'intimité à l'opulence.

Dans la chambre conjugale, il est fréquent que mari et femme aient chacun leur lit, surtout dans les pays anglo-saxons. Cela permet à la fois d'éviter les maladies prétendument liées à une trop grande promiscuité et de souscrire à l'exacerbation de la pudeur caractéristique de l'époque victorienne – notions qui persisteront au XXe siècle. Le code de la censure instauré à Hollywood dans les années 1930, baptisé « code Hays », impose aux acteurs formant un couple à l'écran d'occuper des lits séparés et, s'ils s'embrassent, l'un des deux doit garder en permanence un pied posé au sol. Dans les années 1960, les grands magasins et catalogues de vente par correspondance proposent encore des lits jumeaux pour couples mariés ; c'est seulement dans les années 1970 qu'on commencera à les trouver pudibonds et vieux jeu.

Cela dit, des études récentes montrent que les conjoints dorment mieux dans des lits séparés[15], surtout quand l'un des deux ronfle ou bouge tout le temps, comme dans la pièce du poète dramatique Thomas Otway *L'Athée* (1684) : l'infortunée Sylvia y décrit le mari typique sous les traits d'un « lourdaud, un bon à rien qui se couche faible et comme à contrecœur, et qui sans cesse se retourne, grogne et ronfle ». Ces reproches multiples expliquent pourquoi

30 à 40 % des couples font lit (ou chambre) à part, y compris Donald et Melania Trump. « Ils ont chacun leur chambre », révéla en effet une source anonyme au magazine people *Us Weekly*. « Ils ne passent jamais la nuit ensemble – jamais. » Une autre source bien informée affirma toutefois le contraire (ils dormiraient dans la même chambre, mais pas dans le même lit) en ajoutant : « Tout à fait comme un couple "royal". »

Conseils sur la chambre

La spécialisation des pièces amène les architectes à se pencher sur les relations entre les chambres à coucher et le reste. Au XIXe siècle, ordinairement situées au rez-de-chaussée (surtout la chambre conjugale), elles communiquent avec les salons et autres pièces « publiques ». L'idée est de séparer la famille des domestiques, les adultes des enfants et, souvent, parmi ceux-ci, les aînés des petits. Les autres membres de la maisonnée dorment à l'étage, et les domestiques sous les toits, le statut social décroissant en fonction du nombre de marches à monter. Cette organisation perdurera pendant des générations, puis le rez-de-chaussée finira par être entièrement consacré aux activités diurnes, les chambres à coucher étant reléguées dans les étages, chacune au bout de son couloir si on a la place. L'intimité s'en trouve accrue. Mais que faire des chambres quand on a une maison de plain-pied ou un appartement en ville ? Deux solutions se profilent. L'une consiste à les regrouper de chaque côté d'un même couloir, l'autre à les aménager à proximité immédiate des espaces de sociabilité. Dans les demeures modestes, avec une chambre pour les parents et une pour les enfants, la domesticité dort dans la cuisine, souvent située en sous-sol ou à l'entresol.

En Grande-Bretagne, un flot ininterrompu de manuels dispensent des conseils aux jeunes épouses, notamment sur la chambre à coucher. En 1888, la redoutable Jane Ellen Panton, fille d'un célèbre peintre de l'époque, William Powell Frith, a des idées bien arrêtées sur toutes sortes de choses. Elle exhorte notamment les femmes à fuir la chambre « classique » de leur enfance, comme celle qui fut la sienne dans les années 1850-60, avec son « épouvantable » papier peint « tout en roses bleues et lys jaunes ou, pire encore, à base d'orange et de vert olive, quand ce ne sont pas volutes sur volutes de verdure et feuillages[16] ».

Le mobilier est souvent en piteux état, car récupéré dans les pièces principales. Quand un meuble montre de trop grands signes d'usure, on le déplace à nouveau, cette fois dans la nursery ou les quartiers des domestiques. Cette migration concerne surtout les tapis et carpettes, qui progressent de pièce en pièce à mesure qu'ils s'éliment ; parfois, ils rendent longtemps de bons et loyaux services dans les salons avant d'échoir dans les chambres des maîtres, pour finir leur vie en lambeaux dans celles des domestiques. Aucun visiteur n'étant plus admis dans la chambre principale, peu importe désormais qu'elle ait belle allure. « J'ai bien peur de ne pas être une maîtresse de maison orthodoxe », déclare plus loin J. E. Panton en conseillant à « Angelina », sa ménagère imaginaire, de choisir « les couleurs qui lui font plaisir » et d'éviter ce recyclage. Nous subissons l'influence de ce qui nous entoure, explique-t-elle, et si d'aventure on vient à passer quelque temps au lit suite à une indisposition, il ne faudrait pas que ces affreuses couleurs aient de funestes conséquences sur le moral[17].

Chez les couples aisés avec enfants, où l'on a donc désormais chacun sa chambre, on n'aurait pas idée de dormir dans le même lit. C'est aussi à cette période qu'apparaissent les stores en tissu ou à lamelles, dits « vénitiens », car on se livre encore dans la chambre à certaines opérations aujourd'hui réservées à la salle de bains. On y trouve invariablement des meubles de toilette pourvus d'une cuvette et d'un miroir – le sofa ou la méridienne sont un plus. Ces meubles ont un porte-serviettes, et parfois un dos carrelé pour protéger le mur des éclaboussures. Ces lavabos, comme les baquets à bain de siège, sont remplis par une femme de chambre ou un valet, qui transportent l'eau chaude depuis la cuisine dans des brocs en cuivre ou en laiton. Le mobilier de la chambre se compose en outre d'une table centrale, d'une coiffeuse ou d'une commode pour les accessoires de toilette, avec quelques sièges, le tout parfois complété par une petite bibliothèque. Jusqu'à l'invention des toilettes à chasse d'eau, qui passent alors de l'extérieur à l'intérieur de la maison (au tout début du XXe siècle), le pot de chambre fait aussi partie des éléments incontournables de la chambre à coucher. J. E. Panton recommande l'usage d'une penderie « quand on en trouve », et de ce qu'elle appelle une « chaise longue », sorte de lit de repos pliant qui peut se transformer en fauteuil ou en divan d'appoint, quand on doit s'allonger « parce qu'on est dépassée par les événements ». Le paravent est jugé indispensable, tant pour dissimuler le lit que pour arrêter les courants d'air.

L'éclairage est un problème constant. Certains déconseillent les lampes à gaz dans les chambres, accusées de consumer l'oxygène. La bougie est préférable. Dans les maisons cossues, on pose un chandelier double sur la cheminée et un autre sur la coiffeuse. La boîte d'allumettes est en évidence : il faut pouvoir mettre la main dessus dans le noir. Là encore, Mrs Panton a la solution : on la cloue au-dessus du lit, on la recouvre d'une couche de peinture, et on accroche un tableau au-dessus.

Où ranger ses vêtements ? Le portemanteau tel que nous le connaissons ne se popularise qu'au XXe siècle ; jusque-là, on suspend simplement ses habits à un crochet dans l'armoire, ou on les plie dans des malles ou des coffres. Tous les meubles de chambre à coucher ou presque possèdent des compartiments à vêtements. Mais les volumineuses robes des femmes victoriennes posent de sérieux problèmes. « Pour les robes de bal comme pour les couvertures d'appoint et les robes de tous les jours », Mrs Panton conseille la banquette-coffre recouverte d'un joli tissu et les petits placards à disposer çà et là, particulièrement pratiques pour les souliers et les bottes, qu'il ne faudrait tout de même pas laisser traîner par terre[18].

De nombreuses publications proposent une définition précise de la chambre à coucher. Tout le monde en a une, mais on met l'accent sur leur personnalisation. L'une de ces spécialistes, Ella Rodman Church, note en 1877 qu'on reconnaît au premier coup d'œil la chambre d'une mère à son grand lit confortable, son fauteuil et sa table. Un décor tout prêt à « accueillir de nombreux visiteurs », là où une chambre d'homme célibataire contiendra journaux, pipes, cigares et photographies d'actrices. Celle de la grand-mère se caractérise par son lit à baldaquin, sa commode haute et son fauteuil confortable. La chambre reflète le tempérament de son occupant et renferme ses affaires personnelles, ces « innombrables petites choses qui expriment si bien le caractère de chacun[19] ». La chambre conjugale fait exception à cette règle : elle est aussi celle du mari mais porte surtout la marque de l'épouse, avec coiffeuse et psyché.

Si la personnalisation est une chose, les considérations hygiéniques en sont une autre. Au milieu du XIXe siècle, les auteurs américains intéressés par la décoration intérieure déconseillent les rideaux de lit, le papier peint et les tapis, qui sont de véritables nids à poussière. On se fait volontiers le chantre de l'aération, voire de la ventilation, et on affirme qu'une chambre exposée au sud attire une brise plus saine. On recommande aussi d'orienter le lit face à l'est afin que le corps soit aligné sur la trajectoire du soleil. Le *Ladies' Home Journal*, entre autres, incite ses lectrices à dormir sur une mezzanine close, attenante à la chambre à coucher. On peut aussi opter pour un sac de couchage spécialement conçu, voire une « tente d'intérieur » ou « d'aération » qui dépasse de la fenêtre[20] ; côté chambre, une ouverture permet à l'occupant de converser avec des personnes restées à l'intérieur. Il arrive que toute la famille dorme dans la même chambre-mezzanine.

Publicité de 1886 pour le mobilier de chambre à coucher de la marque Maple of London comprenant un ensemble blanc avec « lits à baldaquin fer et cuivre ».

Les meubles de chambre à coucher se généralisent à peu près à la même époque. Assortis, conçus avec soin, ils sont centrés autour du lit, simple ou à baldaquin, plus raffiné. L'éclairage, comme on l'a vu, est principalement assuré par des bougies, très dangereuses à proximité des lits, surtout quand on s'endort avant de les souffler. Mrs Panton, encore elle, conseille la lanterne à bougie et des becs de gaz muraux stratégiquement placés de manière à dispenser le plus de lumière possible. Elle apprécie également les plantes d'intérieur – en nombre raisonnable – et pense qu'il est préférable de laisser au moins une petite fenêtre ouverte la nuit. La chambre dans son ensemble doit être « jolie, calme, décorée avec goût », pensée et meublée avec autant de soin que la salle à manger ou la salle de séjour. Il faut que tout soit « coquet ».

Comme on fait son lit, on se couche !

Dans ce contexte, c'est forcément le lit qui demande le plus d'attention. En 1860, le baldaquin commence peu à peu à passer de mode. Les autorités recommandent désormais les lits métalliques, moins susceptibles d'abriter des insectes. Les estrades – en bois ou en métal capitonné – sur lesquelles ils sont juchés sont parées de moult couvertures, édredons, draps, matelas et sommiers en crin, en plume ou en paille. Mrs Panton avoue une aversion certaine pour le chevet, qui selon elle abrite « de petites bêtes qui y font mystérieusement leur apparition, ce qui oblige perpétuellement à les démonter, les récurer et les réassembler[21] ». Si par malheur le lit est occupé par un malade contagieux, il finit « au feu ». Pour elle, il faut opter pour un cadre en cuivre ou en fer, plus « propre et sain ». Elle-même a un matelas à ressorts « entièrement fait de chaînettes finement tissées », très supérieur aux « matelas à ressorts à l'ancienne » qui grincent dès qu'on se retourne, « si bien qu'on s'agite sans trouver le sommeil ». Un autre manuel victorien pour ménagère accomplie vante les mérites exclusifs du lit à chevet métallique, avec surmatelas épais pour amortir les ressorts, un édredon et trois ou quatre couvertures ; il importe aussi de glisser les oreillers dans des housses, en plus des taies. Il convient de retourner celles-ci tous les matins, ainsi que le matelas, et de les changer deux fois par jour : elles doivent être jolies la nuit et plus ordinaires dans la journée.

Isabella Beeton, qui fait autorité en la matière, se montre encore plus méticuleuse ; elle explique notamment qu'il faut sortir les fauteuils en velours de la chambre avant d'y faire le ménage, de peur que la poussière ne les abîme. Quant à la manière de faire le lit, « on tiendra compte des préférences de chacun ; untel aime que la tête soit un peu surélevée, avec un creux au milieu, tandis que pour un autre, le lit doit être parfaitement plan ». Il faut donc que la femme de chambre l'adapte au goût de ses maîtres, en prenant bien soin de secouer la literie, de battre le matelas et surtout de le retourner, sans oublier de remettre dans la housse les plumes qui se seraient échappées. Quand on arrive enfin au bout du processus, « on étend sur le tout la courtepointe, qui doit retomber en plis gracieux[22] ». Cette tâche interminable est minutieusement planifiée afin d'éviter de « se hâter et s'agiter inutilement en tous sens » – on plaint les soubrettes contraintes de suivre ces instructions à la lettre.

Une véritable armée de domestiques œuvrait à la bonne tenue des lits victoriens dans l'intérêt de la propreté, de l'hygiène et des procédures que régissait un code complexe. Si l'on avait peu de domestiques, voire pas du tout, le ménage de la chambre revenait à la maîtresse de maison.

Pour Shirley Forster Murphy, premier responsable des questions de santé publique auprès de l'autorité municipale de Londres à partir de 1890, la poussière des foyers est « la boue des rues de Londres réduite en poudre » où se mêlent la crasse des chaussées, le résidu de toutes sortes de matières en décomposition, « les déjections des chevaux et autres animaux, les entrailles des poissons [...] les cadavres de chats crevés et le contenu varié des poubelles[23] ». En plus de tout cela, il faut savoir que les centaines de milliers de logements et bâtiments industriels ou commerciaux de la ville étaient presque tous chauffés au charbon, dont le poussier s'infiltrait partout. Tout était noir de suie, au point que les ménagères soigneuses recouvraient les meubles de housses lavées régulièrement. Cette suie encrassait jusqu'aux brosses à cheveux. L'omniprésence de ces sources de saleté est difficile à imaginer pour les Occidentaux modernes, l'air des villes étant beaucoup plus propre aujourd'hui.

Les matelas étaient le plus souvent bourrés de laine ou crin de cheval, voire de vache, et posés sur un sommier rempli de paille. À la fin du XIXe siècle, les matelas coûteux ont très souvent des ressorts, mais nécessitent tout de même un surmatelas en crin. Les autres sont protégés de la suie envahissante par une housse, et on ajoute parfois un matelas en plume posé sur une couverture. Tout cela a un prix et demande beaucoup d'entretien. Si l'on retourne et secoue quotidiennement les matelas, c'est pour empêcher que les fibres ne s'amalgament. Le premier matelas, celui que l'on superpose au sommier, intègre un drap qui a lui aussi pour fonction d'arrêter la suie. On y tend un drap de dessous, un drap de dessus, on ajoute des couvertures – jusqu'à quatre par temps froid –, un traversin et des oreillers. Nettoyer tout cela représente une tâche considérable. Plusieurs auteurs conseillent de laver les couvertures (à la main, n'oublions pas) tous les quinze jours, et les draps une fois par mois. Histoire d'alléger un peu cette corvée, on ne lave pas tous les draps en même temps : pendant que celui du dessous part à la lessive, on le remplace par celui du dessus, auquel on substitue un drap propre.

Deux fois par an, au printemps et à l'automne, on fait une grande lessive (d'où l'expression « nettoyage de printemps »). Selon Mary Haweis, autre grande figure de la gestion domestique, l'on ne saurait tolérer la présence de puces dans une chambre qui se respecte[24]. Il faut donc aérer matelas et oreillers en extérieur. Dans les bonnes maisons, tous les deux ou trois ans on charge les domestiques d'éventrer sommiers et matelas, de nettoyer les housses et de tamiser la plume afin d'évacuer la poussière. Une fois par semaine au moins, il est capital de rechercher d'éventuelles puces et autres insectes. Au besoin, on démonte le lit et on en passe les éléments au chlorure de chaux et à l'eau. La chambre elle-même est méticuleusement nettoyée et désinfectée, portes et fenêtres fermées. Si l'invasion est trop importante, on place le lit dans une pièce elle aussi hermétiquement close où l'on fait brûler du soufre. Comme le note dans son journal la célèbre auteure de livres pour enfants Beatrix Potter, « il arrive qu'on trouve dans un lit un peu trop d'Histoire naturelle ».

Et on ne parle pas des messieurs négligents qui tiennent à rédiger leurs divers écrits au lit. Les accidents sont inévitables : les encriers se renversent et les taches sont indélébiles. Sans réfléchir, le coupable s'empare d'une serviette de toilette et éponge le tout, avec des conséquences désastreuses. Connue pour être une « arbitre de la mode en matière de décoration intérieure », Mrs Haweis s'oppose fermement à cette pratique et recommande de placer à portée de main de ces messieurs un porte-serviettes où l'on aura préventivement accroché des chiffons. Mais il y a pire : en 1973, Ingeborg Bachmann, écrivaine autrichienne tourmentée, meurt dans un incendie parti de son lit. On sait qu'elle prenait beaucoup de médicaments ; il est possible qu'elle se soit endormie avec une cigarette allumée.

Un auteur du début du XXᵉ siècle prophétisa la disparition pure et simple de la chambre : les générations à venir, écrivit-il, dormiront tout simplement sur le sol parfaitement sain de la bibliothèque ou du salon. Mais on n'en est pas encore là. De fait, le lit et ce qui s'y passe a toujours structuré le rôle de la chambre, indépendamment des événements annexes.

La chambre actuelle provient, on l'a vu, du besoin de trouver un refuge dans le chahut du monde urbain hyperindustrialisé. Aujourd'hui, c'est elle qui abrite la quasi-totalité de la vie privée – même la salle de bains familiale et les toilettes sont semi-publiques, puisque utilisées par tout le monde, y compris les visiteurs. Centrée autour du lit, avec son matelas et ses oreillers moelleux, la chambre est dans l'idéal un lieu de confort et de sérénité. L'atmosphère paisible de la chambre individuelle est un des legs majeurs du XIXᵉ siècle finissant dont l'usage s'est répandu dans la totalité du monde industrialisé et toutes les belles demeures du globe.

Toutefois, chaque société lui confère son style, que ce soit sur le plan esthétique ou idéologique. En Chine, par exemple, on respecte encore les principes du *feng shui*, qui rappellent les « chartes de naissance » d'antan : on ne place pas le lit en face de la porte, mais sa tête doit se trouver contre un mur ; on ne le dispose pas en diagonale, ce qui créerait un espace vide négatif, ni au-dessous d'une poutre maîtresse, ce qui absorberait le *qi* ou *chi*, l'énergie vitale de chacun. On ne le positionne pas non plus sous une fenêtre, ni contre le mur séparant chambre et cuisine ou chambre et salle de bains. Il y a parfois là du bon sens, mais la pensée sous-jacente frôle le mysticisme. Ainsi, qui veut faire les choses bien doit tenir compte de son chiffre *kua*, calculé à partir du sexe et de la date de naissance, et définir la place du lit dans la chambre en situant d'abord sur une grille les différentes orientations et les emplacements favorables ou défavorables. On se dit qu'après tous ces efforts de réflexion, on doit effectivement bien dormir...

Quel que soit son agencement, l'apparition de la chambre à coucher est une évolution récente, comme est récente la notion de lit individuel, et le temps qu'on y passe n'a jamais été aussi paisible. Du moins il le serait si – au mépris des conseils des spécialistes – on n'y faisait pas entrer le monde par le biais du numérique...

10

L'avenir du lit

Si sa conception de base a peu évolué au fil des millénaires, les fonctions de ce meuble a priori prosaïque, elles, ont connu de formidables variations selon les lieux et les époques. L'humble *charpoy* en témoigne, lui qui, purement pragmatique, simplissime mais affichant des différences notables selon les régions, facile à transporter sur la véranda pour écouter un récital de poésie, comme au Pakistan, ou sur le toit pour dormir à la fraîche, peut aussi être dressé verticalement en guise d'hommage[1].

De tous les objets manufacturés qui nous entourent, c'est le lit qui revêt le caractère le plus universel. Dans l'Occident contemporain c'est d'ordinaire un meuble passif, poussé dans un coin, et qui ne suscite pas de commentaires. C'est ce qu'on en fait, ou ce qu'on y fait, qui est intéressant. John Lennon et Yoko Ono nous ont remis cette évidence en mémoire lorsque, en 1969, ils ont transformé de luxueux lits d'hôtel en arène politique et en *bed-in* pour la paix dans le monde. Ils y ont passé une semaine peu après leur mariage, d'abord au Hilton d'Amsterdam, puis au Queen Elizabeth de Montréal. Ils y engageaient des discussions passionnées avec leurs visiteurs (un peu comme jadis lors des « petits levers » de Louis XIV – s'en sont-ils souvenus ? Probablement pas), touchant par là même des millions de gens.

John Lennon et Yoko Ono tenant leur mythique bed-in *pour la paix durant leur lune de miel.*

Retour vers le futur

Les futurologues ont formulé à propos du lit de multiples prophéties qui, pour la plupart, relèvent du fantasme total. Pour Thomas Frey, fondateur et « futurologue en chef » du Da Vinci Institute[2], faire l'amour sur un lit en lévitation obligerait par exemple les gens à se montrer plus créatifs. De fait, on doit s'attendre à ce que des tendances fortes viennent structurer les relations entre les êtres humains et leurs lits, la principale étant sans doute la perspective inquiétante de populations urbaines en perpétuelle augmentation, avec la recrudescence parallèle de ce qu'on appelle par euphémisme le « logement à forte densité » – concrètement, cela se traduit par des gratte-ciel (voir les extraordinaires paysages urbains de Pékin, Shanghai, New York ou San Francisco) où le mètre carré à l'achat et à la location atteint des prix astronomiques. En bref, on passe sa vie entière dans des appartements minuscules. Des dizaines de milliers de citadins dorment dans leur salon à quelques pas de la cuisine. Cette exiguïté sollicite de manière tout à fait inédite l'ingéniosité des concepteurs de lits et de matelas.

Les lits d'appoint comme ceux qu'on roulait sous le baldaquin des monarques existent toujours. De même que les canapés-lits, jadis inconfortables et désormais améliorés, avec des charnières plus solides et des matelas plus épais. On l'a vu, les lits pliants ont une longue histoire. Les catalogues de vente par correspondance en proposaient déjà il y a des décennies sous leur forme « moderne », mais l'ancêtre de ces inventions destinées à nous faire gagner de la place a été conçu par William Lawrence Murphy (1876-1957), fils d'un immigrant irlandais attiré par la ruée vers l'or qui, né en Californie, élève des chevaux, conduit une diligence et devient même shérif d'une petite ville avant de s'installer autour de 1890 à San Francisco dans un studio où le lit tient toute la place. Or, d'après la légende, il est amoureux d'une chanteuse d'opéra qu'il ne peut décemment inviter à lui rendre visite : il est alors inconvenant, pour une célibataire, d'entrer dans la chambre d'un homme. Qu'à cela ne tienne : Murphy a l'idée de fabriquer un lit escamotable qui se rabat contre le mur en pivotant sur des gonds et se range dans un faux placard. Si l'on en croit ses descendants, il a fini par épouser sa dulcinée, dont le père lui a prêté la somme nécessaire pour déposer le brevet et lancer la production de son invention. Celle-ci remporte déjà un vif succès lorsque survient le grand tremblement de terre de 1906 à San Francisco (mais en ce jour funeste, plusieurs d'entre eux se referment brusquement, tuant au moins un occupant). À l'époque, les gens affluent en masse vers les grandes villes en expansion, où les logements sont donc rares et exigus, et le « Murphy Bed » répond à la demande des nouveaux arrivants. Il se vendra surtout au début du XXe siècle, mais la marque existe encore aujourd'hui.

Le « Murphy Bed » n'a pas de matelas à ressorts mais repose sur un plateau mobile en bois ou un sommier grillagé que des sangles maintiennent en place lorsqu'on le redresse. De nos jours, les lits escamotables ne se relèvent plus forcément : certains se transforment en bibliothèque, en table ou en bureau pliants, voire en canapé ou en espace de rangement.

L'AVENIR DU LIT

Un « Murphy Bed » dans un appartement new-yorkais.

C'est la solution idéale dans les immeubles où la place est chère, surtout depuis qu'ils sont équipés de pistons hydrauliques pour aider à la manœuvre. Il convient toutefois de bien respecter la procédure : ivre, un homme est mort en 1982 dans un « Murphy Bed » replié et, en 2005, deux femmes qui s'y sont retrouvées coincées ont péri asphyxiées en raison d'une installation fautive. Le « Murphy Bed » a en outre été la vedette d'un film de Charlie Chaplin (*Une heure du matin*) en 1916, et dans *On ne vit que deux fois* James Bond y est pris au piège avant de se faire tirer dessus à travers le lit. On craint un instant pour sa vie, mais bien sûr il s'en tire.

D'autres solutions ingénieuses ont été mises au point

pour pallier le manque de place, par exemple des lits suspendus au plafond. Il peut être agréable de prendre de la hauteur pour dormir, sans parler de l'espace économisé au sol, mais le plafond doit être renforcé et le lit correctement posé. Autre idée : la mezzanine surmontant un module placard/penderie/bibliothèque/meuble télé + hi-fi. Mais on ne peut y mettre qu'un lit pour une personne, il faut une échelle pour y accéder et on risque d'en tomber... Aussi l'avenir est-il plutôt au « mobilier intelligent ». La marque Ori Living est pionnière en la matière : grâce à ses meubles robotisés, on peut reconfigurer toute une pièce rien qu'en appuyant sur un bouton, ou via une application pour smartphone ou encore un système à commande vocale. Elle vise en particulier les habitants des zones « à haute densité urbaine » dont nous parlions plus haut, et ses vidéos de présentation vous promettent sur un rythme entraînant de « réinventer votre manière de vivre dans votre espace [...] en démultipliant sa "vivabilité" et son efficacité[3] ». Tous les éléments sont fournis : fausses cloisons, dressings, bureaux et meubles entiers, le tout glissant sur des rails magnétiques raccordés aux prises électriques. Les murs reculent ou avancent, dégageant par exemple un salon avec canapé là où, quelques secondes plus tôt, se trouvait un placard. Dans la « Studio Suite » d'Ori, la dernière incarnation en date du lit d'appoint rentre intégralement à l'arrière d'un meuble qui, côté face, se transforme en mini salon/salle à manger. On nous assure évidemment que tous ces modules se figent net dès qu'ils rencontrent sur leur chemin un obstacle pesant plus de deux ou trois kilos et peuvent être déplacés manuellement en cas de panne d'électricité.

Espaces en évolution

Actuellement, de plus en plus de gens « télétravaillent ». Alors quand la place est comptée, et si on ne veut ou ne peut pas adopter ces solutions robotiques, on remodèle son intérieur – on a vu l'exemple de la mezzanine, fréquemment utilisée dans les chambres d'enfants (plus disposés à grimper que leurs parents).

Les Japonais, qui ont depuis longtemps l'habitude de vivre à l'étroit, ont dormi des siècles durant sur des *shikibuton*, fins matelas conçus pour être rangés sur une étagère pendant la journée et déroulés le soir par terre. Épais d'une dizaine de centimètres, composés de coton bio, de latex et de laine, ce sont des sommiers très denses à placer sous ce que nous appelons *futon*, et ils ont l'énorme avantage de libérer de l'espace tout en étant plus fermes qu'un ensemble matelas/sommier conventionnel. Il faut les retourner toutes les deux ou trois semaines pour en aplanir les irrégularités, et bien les rouler pendant la journée pour ne pas qu'ils moisissent. On peut aussi acheter des *shikibuton* pliants en mousse, lesquels ont beaucoup de succès à San Francisco. Certaines personnes, dont les fameux « nomades du numérique » – plutôt des Occidentaux jeunes, riches, et très au fait des technologies de pointe –, ont opté pour un mode de vie itinérant, et le cabinet d'architecture hollandais Studio Makkink & Bey a imaginé un lit pour ce segment de marché. Futuriste et modulable, sa ligne « Nomade » a recours à des matériaux naturels, notamment le bois, la laine, et une grande quantité de coton blanc. Évocateurs d'une vie bucolique idyllique, c'est-à-dire sans la boue, ces lits se transportent confortablement, en paquetage, sur le dos.

Ces solutions ont pour but de ménager au lit le plus de place possible dans un espace restreint. Trois siècles après le début de la révolution industrielle, des millions de gens – familles entières, couples ou simples colocataires – vivent plus à l'étroit que leurs grands-parents ou arrière-grands-parents. Cette promiscuité est en passe de redéfinir une fois de plus la notion de vie privée héritée du XIXe siècle. L'intimité garantie par le lit pendant des générations au sein de la classe moyenne n'a plus cours. La vie en appartement implique le coude-à-coude avec les membres de sa famille ou les personnes avec qui on partage l'espace – lesquelles sont bien souvent, au moins au départ, de parfaits inconnus. Alors, comment s'isoler ? La réponse à cette question passe par des solutions plus astucieuses que les simples écouteurs anti-bruit. Même ceux qui disposent de chambres classiques ou évoluent dans des logements spacieux aspirent de temps à autre à la solitude totale, véritable luxe dans un monde de téléviseurs qui beuglent et de smartphones omniprésents.

Dormir sur ses deux oreilles

Si l'on se base sur la presse – papier ou en ligne –, nous autres Occidentaux serions obsédés par la promesse d'une bonne nuit dans les bras de Morphée, ces huit heures magiques, et peut-être mythiques, de sommeil ininterrompu. Cette quête est essentiellement centrée sur les solutions traditionnelles (les plantes) ou médicamenteuses, et sur l'abstinence (pas d'alcool en soirée, pas de café après le déjeuner, pas de dîners trop copieux). L'oreiller a été revu dans le but de faciliter l'endormissement (voir le MyFace-Pillow, ou YourFacePillow, avec ses côtés relevés et son creux pour la tête, censés nous maintenir bien calés sur le dos). Mais cet idéal reste en grande partie centré sur le lit, dont la lente évolution reflète autant les moments de rupture technologique que les fluctuations de la mode. Les innovations majeures interviennent au niveau du matelas, avec d'intéressantes échappées, ainsi le succès du lit à eau, qui fut « dans le vent » au cours des années 1960. En fait, ce lit existait bien avant cela, et certaines sources (que rien ne vient accréditer de façon certaine, malheureusement) affirment même qu'il serait apparu en Mésopotamie. Toujours est-il qu'en 1968, un élève ingénieur de la San Francisco State University conçoit avec des amis, pour son mémoire de fin d'études, un matelas en vinyle rempli d'eau[4], après avoir fait une tentative infructueuse avec cent trente-six kilos de gel à base de fécule de maïs et même de gelée pour desserts (qui avait une fâcheuse tendance à se décomposer). Après avoir décroché son diplôme, Charles Hall commercialise son invention sous le nom de Pleasure Pit (Fosse aux plaisirs) auprès de trente points de vente à travers la Californie. Parmi ses premiers clients, les membres des groupes Jefferson Airplane et Smothers Brothers. Mais le marché est bientôt... inondé de piètres imitations, et il ne réussit pas à imposer son brevet. Une de ces sous-marques, baptisée Wet Dream (Rêve humide), insiste surtout sur ses avantages érotiques : le lit à eau permettrait d'intéressantes positions sexuelles inédites, et Hugh Hefner, fondateur de *Playboy*, s'en fait fabriquer un recouvert d'opossum de Tasmanie. Au début ces lits sont aussi adoptés par les gens qui souffrent de mal de dos ou sont allergiques aux composants des matelas classiques. Ils apparaissent également au cinéma et à la télévision, où ils ont fortement tendance à exploser ou à répandre inopinément leur contenu. Fait remarquable, en 1982 ils représentent 22 % des matelas vendus aux États-Unis. Mais il y a des inconvénients : pour les remplir il faut les relier à un tuyau, au risque d'inonder la chambre à coucher pendant la manœuvre (sans parler des éventuels ruissellements en pleine nuit), et pour les vider il faut s'équiper d'une pompe électrique ; de plus, les premiers modèles sont très lourds. Et puis on s'aperçoit parfois que finalement, on n'aime pas tant que ça les gargouillis. Dans les années 1990, les fabricants mettent au point des modèles de matelas classiques innovants, plus légers, plus moelleux et plus souples. Le lit à eau ne survit pas longtemps face à cette concurrence, et devient un marché de niche. Aujourd'hui, ils se composent plutôt de « poches » en vinyle à insérer dans une housse en mousse ou en fibres multicouches dont la température est réglable, tout comme les déplacements de l'eau. Certains sont assortis d'ambiances sonores et d'éclairages apaisants (voire « thérapeutiques »), et d'un surmatelas simulant l'apesanteur, comme dans les navettes spatiales. Leurs adeptes leur vouent une passion exclusive, mais la plupart des gens se laissent décourager par l'obligation de passer un tuyau d'arrosage par la fenêtre. Charles Hall lui-même dort toujours sur un lit à eau chez lui, à Bainbridge Island, dans l'État de Washington, et travaille à en raffiner le principe. Avec l'aide d'un ami propriétaire d'une chaîne de magasins d'ameublement, il les teste en Floride. L'idée est peut-être à

L'AVENIR DU LIT

nouveau dans l'air du temps grâce à la nouvelle génération, celle qui n'a pas connu les révolutions « branchées » des années 1970. Les marques de matelas classiques exploitent un marché encombré, mais lucratif, spécialement en Amérique du Nord. Certaines se déploient maintenant sur les autres continents en tablant – sans doute à raison – sur le marché naissant des riches clients d'Asie et d'ailleurs. Les arguments de vente sont peu novateurs, mais le lit a de nombreuses variantes. La marque Sealy propose ainsi pour ses sommiers « toute une gamme de réglages » : on peut en commander un dont seule la tête est ajustable, ou investir dans le modèle Reflexion 4® et son éventail quasi illimité de positions ergonomiques pour la tête *et* pour les pieds. Ils sont tous accompagnés d'une télécommande sans fil, et le Reflexion peut même vous masser en deux endroits différents. Un modèle haut de gamme à mémoire de forme, le Tempur-Pedic® – évidemment « élaboré avec le plus grand soin » –, est recouvert d'un coutil cachemire et soie, et son sommier « tapissier » à parements latéraux est « rehaussé de diamants »...

On se demande quels miracles de confort nous attendent encore. Les matelas grand luxe sont devenus un marché en soi. Les Duxiana (Suède) contiennent par exemple trois matériaux de soutien différents auxquels s'ajoute un système de soutien lombaire modulable entièrement personnalisable. Quant à la société Hastens (suédoise elle aussi), qui fabrique des lits depuis plus de cent cinquante ans, elle fournit aux ultra-riches des matelas cousus main que ses employés mettent trois cents heures à fabriquer. Les prix sont compris entre treize mille et cent quarante mille dollars. Là aussi, ils sont personnalisables à partir de matériaux exotiques :

fourrures, étoffes de luxe, métaux précieux... Il y en a pour tous les goûts ! Le tout fait main, bien entendu, avec des raffinements qu'on n'a jamais vus dans les matelas pour simples mortels. Les Hastens durent si longtemps qu'on se les transmet de génération en génération. Le « Palais royal », un peu moins cher et fabriqué par Kluft en Californie, contient des milliers de ressorts ensachés dans de petites pochettes en coton cousues main, deux couches de crin de cheval et quelque dix autres couches contenant quatre kilos et demi de cachemire de Nouvelle-Zélande. Il faut dix artisans et trois jours de travail pour fabriquer votre matelas personnel. Quant à l'anglais Vispring, il propose des matelas intégralement personnalisables dont on peut choisir la tension, entre autres, et bien sûr les tissus ; si vous optez pour une couche de laine de vigogne, vous rajouterez soixante et onze mille dollars à l'addition. On dit que c'est incroyablement doux, qu'on a l'impression d'être étendu sur un nuage.

Au-delà d'un certain point, on s'éloigne toutefois de l'intérêt concret des matériaux utilisés pour pénétrer dans le seul règne du privilège et du prestige. Le lit n'est même plus un signe *extérieur* de richesse ; les gens qui y mettent des sommes colossales souhaitent seulement posséder ce qu'il y a de mieux, même si leur sommeil n'est pas amélioré pour autant. La quête du matelas parfait se poursuivra indéfiniment, et avec la même intensité, à mesure que les fabricants se disputeront les parts de marché.

En dehors des technologies toujours plus perfectionnées qui visent à améliorer l'objet lui-même, l'innovation concerne les accessoires. Le lit est de plus en plus l'endroit où l'on va se mettre à l'abri des dures réalités d'un monde qui va trop vite. De nos jours, on insiste avant tout sur le besoin de paix et de sérénité, et on donne aux gens le choix entre rester connectés ou se couper complètement de ce monde. Parfois, la sérénité concerne aussi les animaux domestiques. Selon l'association américaine des fournisseurs de produits pour animaux, environ la moitié des chiens (62 % des bêtes de petite taille, 41 % de celles de taille moyenne, et 32 % des gros) dorment sur le lit de leur maître ou de leur maîtresse. En plus de leur tenir chaud, cela procure à nos compagnons un sentiment de sécurité. Pour les 50 % restants, le couffin représente un marché non négligeable. Sur les catalogues en ligne, on voit souvent un labrador qui s'y prélasse, à la limite de l'indécence. Les modèles haut de gamme sont à mémoire de forme, avec bords surélevés, et les différents éléments sont lavables. Il en existe même où l'animal peut s'enfouir entièrement, comme dans un terrier, à l'image d'un sac de couchage ou presque. On trouve aussi de simples coussins et bien sûr, au cas où nous n'y aurions pas pensé, des couffins pour la voiture. La marque de vêtements de plein air Orvis, qui est d'abord et avant tout un fournisseur d'accessoires de pêche, vend des lits-couffins pour chiens résistant aux morsures et « capables d'encaisser toutes sortes de mauvais traitements » ; on propose même de vous rembourser intégralement si votre animal réussit l'exploit de déchirer les matériaux à coups de griffes ou de dents. Ils existent en différentes couleurs et textures – du doux au rêche – et vous pouvez y faire broder le nom de votre toutou.

Rêves futurs

L'avenir est peut-être au « lit capsule » à même de satisfaire tous les désirs de qui s'y prélasse. Ils existent déjà, d'ailleurs, mais tout le monde n'y a pas accès, loin de là. Ils ont toute la connectique possible et imaginable et ajustent leur température, leur éclairage et leur insonorisation de manière autonome en mesurant votre degré de confort pendant que vous dormez. Naturellement, ces capsules possèdent aussi un système de massage automatique incorporé qui berce imperceptiblement le lit et vous réveille en douceur. Les modèles à dôme intègrent un écran multifonction permettant à un couple de regarder la télévision ou de naviguer sur le Web sans se lever. Quand il est l'heure de dormir, il suffit de presser un bouton et un store vient le masquer. Certains de ces modules proposent même un projecteur haute définition et des consoles de jeux intégrés. Vous imaginez bien qu'on peut régler le lit de mille manières et faire coulisser des stores dans les moments d'intimité. Il y a aussi le lit « vert », dit écotypique, avec plantes vertes à croissance favorisée par un éclairage à LED, haut-parleurs pour s'endormir en musique, et même un générateur. Toute l'activité enregistrée autour et à l'intérieur du lit est convertie en énergie. Moelleux, le modèle baptisé « Nuage » flotte au-dessus d'un socle magnétique, ce qui en fait un bon lit pour se reposer ou dormir, mais pas pour le reste : réservé, donc, à ceux qui mènent une vie chaste...

Ce concept est souvent associé aux « hôtels capsule », une formule qui se popularise à grande vitesse, surtout en Asie du Sud-Est. Ces établissements sont destinés aux gens qui voyagent pour affaires ou aux touristes économes qui ont des besoins simples : un endroit où dormir, un Wifi rapide, des prises pour recharger leurs appareils et, éventuellement, un petit bureau. Ils séduisent les jeunes citadins mobiles qui veulent se loger à la carte en centre-ville. L'accent est mis sur ce côté simple et pratique, et dans certaines régions du monde on peut même louer un module à l'heure – ce qui est commode aux abords des aéroports, par exemple, mais aussi pour les relations sexuelles tarifées, même si cette possibilité est souvent passée sous silence.

Les premiers hôtels capsule sont nés au Japon pour loger les gens qui avaient juste besoin d'une chambre réduite au strict minimum, sans interaction ou presque avec les autres résidents, mais le concept a évolué depuis : à présent, ces chaînes d'hôtels ont des espaces de *coworking* et autres lieux de sociabilité. On peut même « instagrammer » sa capsule high-tech personnalisée. Il existe d'ingénieuses formules à thème (mais c'est un marché de niche) telles que les hôtels capsule « librairies » de Kyoto et Tokyo où l'on peut carrément dormir au milieu des livres, entre les rayonnages. Les lits proprement dits y sont les mêmes qu'ailleurs, c'est l'environnement qui est de plus en plus technoïde et « customisé ». Fini, le même lit pour tout le monde. Capsules, dômes, lits magnétiques et lits à eau de luxe ont donc maintenant un dénominateur commun, la « connectivité », concept encore inconnu il y a quelques années. Certains sommiers sont d'ores et déjà dotés de ports USB ou Bluetooth. Bientôt votre lit sera intégralement synchronisé avec votre smartphone pour vous permettre de surfer sur le Net ou de discuter virtuellement avec d'autres gens pendant votre « petit lever » et votre « coucher » à vous, Roi-Soleil moderne que vous êtes. Ce n'est qu'une question de temps. On imagine déjà les technologies futuristes grâce auxquelles le lit saura de lui-même à quel moment monter et baisser la température, le volume sonore de la musique ou l'intensité de l'éclairage. On n'aura plus qu'à s'abandonner à l'ambiance créée par l'ordinateur. Avec l'aide de la « réalité virtuelle », vous pourrez ordonner à votre lit de vous emmener dormir à la belle étoile dans un pré fleuri ou au sommet de l'Empire State Building. Dans un avenir proche, vous pourrez vous procurer un matelas ménageant des « zones de confort » personnalisées pour chaque occupant, avec réglage de température et de climatisation individuel. Et tôt ou tard, quelqu'un va bien imaginer des hologrammes « compagnons ou compagnes de lit » qui nous liront des histoires pour nous endormir. En ce qui nous concerne, nous préférerions investir dans un matelas autonettoyant, bactériorésistant, et à l'abri des punaises !

Comme nos ancêtres, les dormeurs de demain ou d'après-demain préféreront sûrement dormir sur une surface confortable. Mais les futurologues, eux, ne l'entendent pas de cette oreille. Certains ne jurent que par la suspension sur air pulsé pour pouvoir moduler la puissance des jets et flotter comme dans sa petite navette spatiale personnelle. Les oreillers contiendront des puces (électroniques !) et autres capteurs destinés à surveiller vos constantes ainsi que la structure de votre sommeil, et définiront votre heure de réveil optimale. Murs et plafond émettront une lumière imitant les conditions d'éclairage du jour et de la nuit. On parle aussi de casques et d'écouteurs pour « smartphones de lit » ainsi que de thermostats à commande vocale ou fonctionnant grâce à des palpeurs. Et au vu de la « pression démographique » et de nos surfaces d'habitation de plus en plus réduites, on évoque sérieusement le mobilier modulable dont nous avons parlé plus haut, capable de transformer un salon en chambre à coucher. Les pièces verticales seront partout, et nous y dormirons peut-être dans des sacs de couchage suspendus, comme les astronautes. Mais comment créerons-nous l'apesanteur nécessaire au confort de ce type de couchage ?

Dans notre grande majorité, nous dormons encore sur des matelas que nos grands-parents n'auraient pas de mal à identifier comme tels – sauf qu'ils sont sans doute plus confortables que les leurs. Pourquoi y ajouter les technologies de l'hyperconnectivité ? Avons-nous vraiment envie que l'électronique suive à la trace non seulement nos problèmes de santé, mais aussi nos goûts musicaux, nos lectures préférées du soir, nos préférences en matière d'achats ? Pour les gens, de plus en plus nombreux, qui dépendent de montres connectées constamment à l'écoute de leur forme physique et d'*app* comptant les calories, la réponse est probablement oui. On pourra sous peu acheter un matelas à pisteur de sommeil inclus, donc non plus stable dans le temps, mais évolutif. Il y a des gens pour affirmer que cette surveillance nous procurera un sommeil plus « intelligent » (on se demande bien ce que ça veut dire). Mais si un matelas peut créer les conditions optimales du sommeil, il ne pourra pas vous soulager si vous avez du mal à dormir. Dans l'ensemble, à part renoncer à notre emploi et établir nos propres horaires, la solution reste de suivre un régime alimentaire rationnel, de se coucher à une heure décente, de faire régulièrement de l'exercice et de folâtrer au lit en bonne compagnie.

Le lit d'autrefois, ce lieu animé où se jouait l'existence entière, ce lit-là a disparu dans l'ombre. Celui d'aujourd'hui nous promet une sociabilité virtuelle. Pour l'artiste américaine Laurie Anderson, « la technologie est le feu de camp autour duquel nous racontons nos histoires ». Elle a en partie raison : grâce à la technologie, nous pouvons décider des personnes ou des idées que nous allons introduire dans notre lit... mais sans le contact physique, matériel, que nos ancêtres jugeaient normal.

Infiniment connecté, infiniment isolé, le lit d'aujourd'hui reflète la vie comme il le faisait hier. En cherchant à savoir ce qu'il sera demain, c'est l'avenir du monde qu'on révèle – comme on enlève successivement courtepointe, édredon, draps et couvertures – et qu'on regarde à la loupe, avec ses cauchemars atomistes, mais aussi ses rêves interconnectés.

Remerciements

Même dans nos rêves les plus fous, jamais nous n'aurions imaginé qu'un jour, en tant qu'archéologues, nous écririons un livre sur le lit, cet élément de mobilier où nous passons un tiers de notre existence. Et de fait, l'ouvrage qui devait être une vue d'ensemble s'est transformé en cours de route en une histoire à part entière de ce qu'on y fait.

Aussi exigeant que passionnant, ce projet est né d'un concours de circonstances. À l'origine, Brian devait prononcer une conférence sur l'histoire du lit devant un petit groupe de cadres des deux fabricants de matelas Serta et Simmons, alors sur le point de fusionner. Mis au courant, Bill Frucht, éditeur de Yale University Press, l'a convaincu d'écrire un livre sur le sujet ; à son tour, Brian a sollicité la collaboration de son amie et fidèle co-autrice Nadia Durrani.

Nous tenons à remercier de nombreuses personnes. Brian ressent une profonde gratitude envers Chris Cooper et Mary Larson (Mobilis Strategic Advisors Inc., Montréal) pour l'avoir inclus dans leur équipe de consultants en vue du projet Serta/Simmons, et donc pour avoir rendu ce livre possible, sans parler de leurs précieux conseils. Nous remercions tous deux Bill Frucht, de Yale University Press, pour ses constants encouragements, et Shelly Lowenkopf pour ses inestimables idées. Quant à notre correcteur, Lawrence Kenney, nous avons eu grand plaisir à travailler avec lui en finalisant ce livre. Nous exprimons toute notre reconnaissance aux nombreux amis et collègues qui nous ont prodigué leurs commentaires, avis et recommandations – si nombreux, en fait, que nous ne pouvons tous les citer ici. Veuillez accepter ces remerciements collectifs ! Nous avons une pensée toute particulière pour Aidan Dodson, John Herbert, Matthew Hillier, Caroline Malone, George Michaels, Ortrun Peyn, Samina Riaz, Vernon Scarborough et Kathleen Sharp.

Pour finir, merci du fond du cœur à nos familles pour avoir supporté nos absences au fil du long processus d'écriture. Ce livre n'aurait jamais vu le jour sans elles. Merci à tous, sans oublier le Roi des Chats, Atticus Catticus Catamore Moose.

Notes

1. Le lit mis à nu

1. Lawrence Wright, *Warm and Snug : The History of the Bed*, Sutton Books, 2004.
2. Donald R. Samson, « The Chimpanzee Nest Quantified : Morphology and Ecology of Arboreal Sleeping Platforms within the Dry Habitat Site of Toro-Semiliki Wildlife Reserve, Uganda », in *Primates* 53, 2012, p. 357-364.
3. Megan S. Thoemmes *et al.*, « Ecology of Sleeping : The Microbial and Arthropod Associates of Chimpanzee Beds », in *Royal Society Open Science* 5, n° 5 : 180382 DOI : 10.1098/rsos./180382, 2018.
4. Lyn Wadley *et al.*, « Middle Stone Age Bedding Construction and Settlement Patterns at Sibudu, South Africa », in *Science* 334, 2011, p. 6061.
5. Dani Nadel, « Continuity and Change : The Ohalo II and the Natufian Dwelling Structure (Jordan Valley, Israel) », in *The Last Hunter-Gatherers in the Near East*, ed. C. Delage, BAR International Series, 2004, p. 75-84.
6. Harry J. Shafer et Vaugh M. Bryant Jr, *Archeological and Botanical Studies at Hinds Cave, Val Verde County, Texas*, Anthropological Laboratory, Special Series 1, 1977.
7. Vere Gordon Childe, *Skara Brae*, HM Stationery Office, 1983.
8. Colin Richards, *Dwelling among the Monuments*, MacDonald Institute, 2005 ; Colin Richard et Richard Jones (dir.), *The Development of Neolithic House Societies in Orkney*, Oxbow Books, 2016.

9. Mike Parker Pearson, *Stonehenge : Exploring the Greatest Stone Age Mystery*, Simon and Schuster, 2012.
10. C. Malone et S. Stoddart, « Figurines of Malta », in *The Oxford Handbook of Prehistoric Figures*, dir. T. Insoll, Oxford University Press, 2016, p. 729-753.
11. Michael Tetley, « Instinctive Sleeping and Resting Postures : An Anthropological and Zoological Approach to Treatment of Lower Back and Joint Pain », in *British Medical Journal* 321, 2000, p. 1616. Pour une description générale des pratiques de couchage au sol, voir : https://www.ncbi.nlm.nih.gov/pmc/articles/PMC1119282/.
12. Aidan Dodson et Dyan Hilton, *The Complete Royal Families of Egypt*, Thames and Hudson, 2004.
13. Nicholas Reeves, *The Complete Tutankhamun*, Thames and Hudson, 1990.
14. Diodore de Sicile, *Bibliothèque historique, tome I, livre I* (seconde partie), trad. F. Hoefer, 1846.
15. Annie Carlano et Bobbie Sumberg, *Sleeping Around : The Bed from Antiquity to Now*, University of Washington Press, et Santa Fe, Museum of International Folk Art, 2003. Voir aussi Paul Chrystal, *In Bed with the Romans*, Amberley, 2015.
16. Pour la « courtepointe Tristan », voir le site Web du Victoria & Albert Museum : http://collections.vam.ac.uk/item/098183/the-tristan-quilt-bed-cover-unknown/.
17. https://www.pepysdiary.com/diary/1666/08/15.
18. Rosalind Ormiston et Nicholas W. Wells, *William Morris : Artist, Craftsman, Pioneer*, Flame Tree, 2010.
19. http://www.retailtimes.co.uk/bed-overtakes-sofa-used-piece-furniture-british-homes-made-com-reports/

2. Le sommeil à travers les âges

1. Sir William Vaughan (env. 1575–1641), auteur gallois, écrivit notamment en faveur de la colonisation de Terre-Neuve. La citation

NOTES

est tirée de *Approved Directions for Health, Both Natural and Artificiall*, chap. 3, 1609.
2. William Phiston, *The Schoole of Good Manners, or A New Schoole of Vertue*, W. White pour William Inoes, 1609.
3. Roger A. Ekirch, *At Day's Close : The Night in Times Past*, Norton, 2005.
4. Sigmund Freud, *L'Interprétation des rêves*, tr. I. Meyerson, PUF, 1926.
5. Jim Horne, *Sleepfaring : The Secrets and Science of a Good Night's Sleep*, Oxford University Press, 2007.
6. https://kellybulkeley.org/about-kelly-bulkeley.
7. E. den Boer, « Spirit Conception : Dreams in Aboriginal Australia », in *Dreaming* 22, n°3, 2012, p. 192-211.
8. Thomas Wehr, « In Short Photoperiods, Human Sleep Is Biphasic », in *Journal of Sleep Research* 1, n°2, 1992, p. 103-107.
9. Ekirch, *op. cit.*
10. Katie Glaskin et Richard Chenhall, *Sleep Around the World : Anthropological Perspectives*, Palgrave Macmillan, 2013.
11. Gandhi Yetish *et al.*, « Natural Sleep and Its Seasonal Variations in Three Pre-industrial Societies », in *Current Biology* 25, n°21, 2015, p. 2862-2868.
12. Arianna Huffington, *La Révolution du sommeil : Transformez votre vie, nuit après nuit*, Fayard, 2017.
13. Matthew Walker, *Pourquoi nous dormons*, trad. P. Soulat, La Découverte, 2018.
14. Benjamin Reiss, *Wild Nights : How Taming Sleep Created Our Restless World*, Basic Books, 2017.
15. Jim Horne, *Sleepfaring : The Secrets and Science of a Good Night's Sleep*, Oxford University Press, 2007.
16. Winston S. Churchill, *Churchill by Himself*, Rosetta Books, 2013.
17. Extrait d'un entretien avec Edison par Edward Marshall, *The New York Times*, 6 février 1927.
18. D. F. Kripke *et al.*, « Mortality Associated with Sleep Duration and Insomnia », in *Archives of General Psychiatry* 59, n° 2, 2002, p. 131-136.

UNE HISTOIRE HORIZONTALE DE L'HUMANITÉ

3. Le Big Bang

1. Tacite, *Annales*, 15:37-41. Néron (37-68 apr. J.-C.), empereur extravagant et tyrannique, se suicida en apprenant sa condamnation à mort *in absentia* au titre d'« ennemi public ».
2. Paul Chrystal, *In Bed with the Romans*, Amberley, 2015.
3. Charlotte Booth, *In Bed with the Ancient Egyptians*, Amberley, 2015.
4. Jerold S. Cooper, « Virginity in Ancient Mesopotamia », in *Sex and Gender in the Ancient Near East*, SAA, 2002.
5. Xénophon, *L'Économique*, trad. P. Chantraine, Les Belles Lettres, 2008.
6. Cicéron, *Traité des devoirs* (*De officiis*), 1001 nuits, 2011.
7. Wright, *op. cit.*
8. Reay Tannahill, *Sex in History*, Stein and Day, 1980.
9. Mrs Grundy, *A History of Four Centuries of Morals in Great Britain and the United States Intended to Illuminate Present Problems*, réédité par Whitefish Press en 2010. Voir aussi Anthony Patterson, *Mrs Grundy's Enemies : Censorship, Realist Fiction and the Politics of Sexual Representation*, Peter Lang, 2013.
10. Bronislaw Malinowski, *La Vie sexuelle des sauvages du nord-ouest de la Mélanésie*, Payot, 1970.
11. *L'Épopée de Gilgamesh : Le grand homme qui ne voulait pas mourir*, présenté et traduit de l'akkadien par J. Bottéro, Gallimard, 1992.
12. Collectif, *Amour et sexualité en Occident,* coll. Points « Histoire », trad. J. Bottéro, p. 30. (*N.d.T.*)
13. Chrystal, *op. cit.*
14. Tannahill, *op. cit.* Voir aussi Robert H. Van Gulik, *Sexual Life in Ancient China : A Preliminary Survey of Chinese Sex and Society from ca. 1500 B.C. till 1644 A.D.*, Brill, 1994.
15. Tannahill, *op. cit.* Voir aussi le chapitre 8 pour une évocation plus détaillée et Alain Daniélou, *Kâma Sûtra : Le Bréviaire de l'amour, traité d'érotisme,* Éditions du Rocher, 2003.
16. Xénophon, *Le Banquet*, II, 9.

NOTES

17. Plutarque, « Vie de Lycurgue », 19.
18. *Beowulf et les premiers fragments épiques anglo-saxons*, trad. Walter Thomas, Henri Didier, 1919. (*N.d.T.*)
19. Christian D. Knudsen, « Naughty Nuns and Promiscuous Monks : Monastic Sexual Misconduct in Late Medieval England », thèse de doctorat, université de Toronto, 2012.
20. Thomas A. J. McGinn, *The Economy of Prostitution in the Roman World*, University of Michigan Press, 2004.
21. Wright, *op. cit.*
22. Tannahill, *op. cit.*
23. *In* Bernhardt J. Hurwood, *The Golden Age of Erotica*, Sherbourne Press, 1965. (*N.d.T.*)

4. Faites venir la sage-femme !

1. L'expertise des dents du fœtus, réalisée en 2017, a révélé que la mère et l'enfant avaient péri entre la 31e et la 33e semaine de la grossesse et que tous deux avaient été soumis à un stress extrême durant leurs deux derniers mois et demi de vie. Pour le compte rendu détaillé et illustré, voir Alessia Nava, *et al.*, « Virtual Histological Assessment of the Prenatal Life History and Age at Death of the Upper Paleolithic Fetus from Ostuni (Italy) », disponible dans les comptes rendus scientifiques de Nature.com, 7, article n° 9527, 2017.
2. Genèse, 3:16.
3. La Dame assise de Çatalhöyük (avec reconstitution de la tête) est exposée au musée des Civilisations anatoliennes d'Ankara, en Turquie. Voir : kultur.gov.tr.
4. Pour les chiffres exacts, voir le site de l'OMS : http://www.who.int/gho/child_health/mortality/mortality_under_five_text/en/.
5. *Papyrus Westcar* : www.revolvy.com. Contexte et description : voir Booth, *op. cit.*, et A. V. Blackman, *The Story of King Cheops and the Magicians*, J. V. Books, 1988.
6. John Francis Nunn, *Ancient Egyptian Medicine*, University of Oklahoma Press, 2002.

UNE HISTOIRE HORIZONTALE DE L'HUMANITÉ

7. Sushruta, ou Susruta, surnommé le Père de la chirurgie, naît autour de 600 av. J.-C. dans l'actuel État d'Uttar Pradesh, en Inde. Son traité, la *Sushruta Samhita*, rédigé en sanscrit, est un des plus importants textes médicaux qui nous soient parvenus. Voir Bhishagratna, Kaviraj Kunjalal, *The Sushruta Samhita : An English Translation Based on Original Texts*, Cosmo Publications, 2006.

8. Helen King, *Greek and Roman Medicine*, Bristol Classical Press, 2005, et Soranos d'Éphèse, *Maladies des femmes. Tomes I & II*, trad. P. Burguière, D. Gourevitch et Y. Malinas, Les Belles Lettres, 1988.

9. Posidippe, poète satirique du IIe siècle av. J.-C. Voir Annie Allély, « Accueillir ou abandonner ? L'exposition des petites filles à Rome sous la République et sous le Principat », https://journals.openedition.org/abpo/3692#ftn36.

10. Constance Cook et Xinhui Luo, *Birth in Ancient China : A Study of Metaphor and Cultural Identity in Pre-Imperial China*, State University of NY Press, 2017.

11. Extrait tiré de l'*Ishinpo*, 23.8 a. L'*Ishinpo*, qui compte trente volumes, est le plus ancien texte médical japonais qui soit parvenu jusqu'à nous ; il fut achevé en 984 apr. J.-C. par Ramba Yasuyori. Cité par Jen-der Lee, « Childbirth in Early Imperial China », in *Bulletin of the Institute of History and Philology, Academia Sinica* 67, n° 3, 1996, p. 533-642. Voir : www.brill.nl.

12. Extrait de Wang Tao citant l'œuvre de Cui Zhiti (681 apr. J.-C.), auteur de très nombreux textes sur la médecine de l'accouchement. *In* Jen-der Lee, art. cit.

13. Extrait de l'*Ishinpo*, *op. cit.*, cité par Jen-der Lee, art. cit.

14. Amy Licence, *In Bed with the Tudors : The Sex Lives of a Dynasty from Elizabeth of York to Elizabeth I*, Amberley, 2012.

15. Les noix amélioreraient les fonctions cérébrales grâce à leurs propriétés antioxydantes.

16. Licence, *op. cit.*

17. Extrait d'une étude de Roger Schofield, « Did the Mothers Really Die ? » [Est-il vrai que les mères mouraient ?], *in* Peter Laslett, dir., *The World We Have Lost,* Cambridge University Press, cité par A. Licence, *op. cit.*

18. François Mauriceau (1637-1709), illustre chirurgien, a été le

premier médecin accoucheur de l'Hôtel-Dieu. C'est lui qui établit l'obstétrique comme une science et conseilla l'accouchement dans un lit plutôt que sur la chaise de travail.

19. https://gallica.bnf.fr/ark:/12148/bpt6k6280119b, p. 243. (N.d.T.)

20. Alexandra Kleeman, « The Bed-Rest Hoax : The Case against a Venerable Pregnancy Treatment », in *Harper's Magazine*, décembre 2015.

5. La mort et au-delà

1. À ce jour, la Dame de Cao n'a pas fait l'objet d'une publication exhaustive, mais Nadia Durrani en donne une description assez détaillée dans un article de vulgarisation paru dans *Current World Archaeology* (2009, n° 35), dont s'inspire largement ce passage. Voir : https://www.world-archaeology.com/travel/moche-route-the/.

2. *L'Épopée de Gilgamesh,* traduit de l'arabe et adapté par Abed Azrié, http://www.kedistan.net/wp-content/uploads/2017/11/epopee-de-gilgamesh-abed-azrie.pdf.

3. Elizabeth P. Baughan, *Couched in Death : Klinai and Identity in Anatolia and Beyond*, University of Wisconsin Press, 2013.

4. George Reisner, *Excavations at Kerma*, Peabody Museum, Harvard University, 1923.

5. Barry Kemp *et al.*, « Life, Death and beyond in Akhenaten's Egypt : Excavating the South Tombs Cemetery at Amarna », in *Antiquity* 87, n° 335, 2013, p. 64-78.

6. Raffaella Bianucci *et al.*, « Shedding New Light on the 18th Dynasty Mummies of the Royal Architect Kha and His Spouse Merit », PLOS One DOI : 10.1371/journal.pone.0131916.

7. Nicholas Reeves, *The Complete Tutankhamun*, Thames and Hudson, 1990.

8. Le contenu de la tombe de Khâ est exposé au Museo Egizio (Musée égyptien) de Turin. Voir : https://www.museoegizio.it/en/.

9. L'archéologue Kathleen Kenyon, responsable des fouilles, a

UNE HISTOIRE HORIZONTALE DE L'HUMANITÉ

publié ses travaux sur la tombe H18 de Jéricho en 1960. Voir Elizabeth P. Baughan, *Couched in Death, op. cit.*
10. *Ibid.*
11. Joseph Needham et Ho Ping-Yü, « Elixir Poisoning in Medieval China », in *Janus* 48:221-51. Rééd. in *Clerks and Craftsmen in China and the West : Lectures and Addresses on the History of Science and Technology*, Cambridge University Press, 1970, p. 316-339.
12. Anna Whitelock, *Elizabeth's Bed : An Intimate History of Elizabeth's Court*, Picador, 2013.
13. Whitelock, *op. cit.*
14. « La personne endeuillée doit renverser son lit, car elle est responsable d'avoir renversé l'image de Dieu en péchant, lequel péché est à l'origine de la mort. » Extrait de Jean-Jacques Lavoie, « Quelques réflexions anthropologiques et religieuses sur la permanence, les modifications et la disparition de certains rites juifs autour de la mort », in *Frontières*, vol. 26, n° 1-2, 2014-2015, *Vivre avec la mort au travail.* Disponible sur https://www.erudit.org/fr/revues/fr/2014-v26-n1-2-fr02300/1036284ar/. (*N.d.T.*)
15. Platon (né entre 430 et 425 av. J.-C.) rapporte la mort de Socrate (399 av. J.-C.) dans le dialogue intitulé *Phédon*, également connu des lecteurs de l'époque sous le titre « De l'âme ».
16. Tacite naît en 56-57 apr. J.-C., sous Néron. La citation est tirée des *Annales, livre XV*, chap. 60-64.
17. https://twitter.com/therealnimoy/status/569762773204217857?lang=en.
18. https://twitter.com/reevasteenkamp?lang=en.
19. Thomas Hardy, *Tess d'Urberville, une femme pure*, trad. M. Rolland, Le Livre de poche, 1995.
20. *Psaume* 90:10. (*N.d.T.*)
21. Des photos et extraits de documentaires sur les Torajas sont disponibles à l'adresse suivante : http://www.bbc.co.uk/news/magazine-39603771.

NOTES

6. Compagnons de fortune

1. On peut désormais admirer le Grand Lit de Ware au Victoria & Albert Museum de Londres, pièce 57. Voir : www.vam.ac.uk. Louis Ier d'Anhalt-Köthen (1579-1650) était aussi un prince héritier exceptionnel qui préférait l'agriculture à la guerre. La citation provient de www.greatbedofware.org.uk.
2. Shakespeare, *La Nuit des rois*, acte III, scène 2, trad. François-Victor Hugo.
3. Voir sur le site du Victoria & Albert Museum : http://www.vam.ac.uk/content/articles/p/andrew-motion/.
4. Ekirch, *op. cit.*
5. Herman Melville, *Moby Dick*, trad. H. Guex-Rolle, 1970.
6. L. H. Butterfield, *Diary and Autobiography of John Adams*, vol. 3, Belknap Press, 1961. Voir : http://www.masshist.org/publications/adams-papers/view?id=ADMS-01-03-02-0016-0187.
7. Jean Liedloff, *Le Concept du continuum*, trad. Véronique Van den Abeele, éditions Ambre, 2014.
8. John Wesley Mayhew Whiting (1908-1991) et son épouse Beatrice (1914-2003), anthropologues psychologues de premier plan, furent les premiers à se livrer à une étude comparée du développement de l'enfant, tout d'abord à l'université de Yale puis à celle d'Harvard. Whiting, J. W. M. et B. B., *Children of Six Cultures : A Psycho-Cultural Analysis*, Harvard University Press, 1975. Pour un compte rendu général de leurs travaux (qui portent sur six sociétés très éloignées les unes des autres, les Nyansongos, peuple Gusii du Kenya ; les Rajputs du village de Khalapur (Inde) ; Taira : un village d'Okinawa (Japon) ; les Mixtèques de Juxtlahuaca (Mexique) ; Tarong, en pays Ilocos (Philippines), et le bourg d'Orchard Town en Nouvelle-Angleterre (États-Unis), voir Carolyn P. Edwards et Marianne Bloch, « The Whitings' Concepts of Culture and How They Have Fared in Contemporary Psychology and Anthropology », University of Nebraska-Lincoln, publications de la faculté, département de psychologie, https://digitalcommons.unl.edu/psychfacpub/501/. Voir

aussi Kurt Pawlik et Mark R. Rosenzweig, eds, *The International Handbook of Psychology*, Sage Publications Inc., 2000, pour en savoir plus sur les travaux cités ici.

9. Annie Carlano et Bobbie Sumberg, *Sleeping Around : The Bed from Antiquity to Now,* University of Washington Press et Museum of International Folk Art, 2006.
10. Sasha Handley, *Sleep in Early Modern England,* Yale University Press, 2016.
11. Ekirch, *op. cit.*
12. *Ibid.*
13. Tomalin, *op. cit.*
14. Diana Adis Tahhan, « Sensuous Connections in Sleep : Feelings of Security and Interdependency in Japanese Sleep Rituals », in *Sleep around the World : Anthropological Perspectives,* dir. Katie Glaskin et Richard Chenhall, Palgrave Macmillan, 2013, p. 61-78.
15. *In* Maurice Castelain, *La Vie et l'œuvre de Ben Jonson,* 1907, p. 667. (*N.d.T.*)
16. Soranos et Temkin, 1991. Voir aussi Soranos d'Éphèse, *Maladies des femmes, op. cit.*
17. Pour les travaux de James McKenna, voir : https://cosleeping.nd.edu.
18. Annie Carlano et Bobbie Sumberg, *op. cit.*
19. *Ibid.*
20. Paul Murray Kendall, *Louis XI,* chapitre 19, Fayard/Pluriel, 2014. (*N.d.T.*)
21. Brooke Borel, *Infested : How the Bed Bug Infiltrated Our Bedrooms and Took Over the World,* University of Chicago Press, 2015.
22. In W. W. Hall, *Sleep : Or the Hygiene of the Night,* Hurd & Houghton, 1870. (*N.d.T.*)
23. Gizelle Schoch, communication personnelle des auteurs.
24. Benjamin Reiss, *op. cit.*

NOTES

7. Le lit en mouvement

1. Rossella Lorenzi, « Fit for a King : Tut's Camping Bed Was an Ancient Marvel », in *Live Science*, 1er août 2017, https://www.livescience.com/59999-king-tut-camping-bed-ancient-marvel.html.
2. Mark Lehner et Zahi Hawass, *Giza and the Pyramids*, Thames and Hudson, 2017.
3. L'*Odyssée,* « Chant IV », trad. U. de Séguier, Didot, 1896, p. 57-85.
4. *Ibid*, « Chant XX ».
5. Wilfred Thesiger, *Les Arabes des marais. Tigre et Euphrate*, trad. P. Verdun, Plon, 1983. Cité in Christophe Migeon, *Wilfred Thesiger : Gentleman barbare*, Paulsen, 2017. Notons que cette traduction paraît bien édulcorée par rapport à l'original : « You must be a couple of pansies. » (*N.d.T.*)
6. *In* Migeon, *op. cit.*
7. Owen Lattimore, *Mongol Journeys*, Jonathan Cape, 1941.
8. Martin du Bellay (1495 ?-1559), *Collection universelle des mémoires particuliers relatifs à l'histoire de France, tome XVII*, https://gallica.bnf.fr/ark:/12148/bpt6k22642f/f114.image. (*N.d.T.*)
9. Robert III de la Marck (1491-1536), *Nouvelle collection des mémoires pour servir à l'histoire de France,* vol. 1 : https://gallica.bnf.fr/ark:/12148/bpt6k308808/f573.image. (*N.d.T.*)
10. Glenn Richardson, *The Field of the Cloth of Gold*, Yale University Press, 2014.
11. Source : https://stockportheritagetrust.co.uk/.
12. Ce mémorialiste anglais, correspondant de Samuel Pepys, a abordé maints sujets, y compris l'horticulture, la théologie et le végétarisme, dans son *Journal* (dont certaines parties sont plutôt des Mémoires, car ajoutées ultérieurement), tenu entre 1640 et 1706. La citation est extraite de *The Diary of John Evelyn*, publié sous la direction de Guy de la Bédoyère, Boydell Press, 1995.
13. Ibn Battûta, *Voyages, tome III*, trad. S. Yerasimos et C. Defremery, La Découverte, 1997.

UNE HISTOIRE HORIZONTALE DE L'HUMANITÉ

14. Soldat devenu prêtre, G. R. Gleig (1796-1888) est l'auteur de plusieurs volumes consacrés à la vie militaire, dont une biographie de Wellington : *The Life of Arthur, Duke of Wellington*, Longmans, Green, Reader, & Dyer, 1871.
15. Fondation Napoléon : https://www.napoleon.org/histoire-des-2-empires/objets/lit-de-campagne-de-napoleon/.
16. Warren Hastings Miller, *Camp Craft. Modern Practice And Equipment*, Ananda Publishers, 1915.
17. Ethan Startzman, « A Brief History of Sleeping Bags », 2014, https://ezinearticles.com/?A-Brief-History-of-Sleeping-Bags&id=8266462, 21 janvier 2014.
18. Ledyard Frink et Margaret A. Frink, *Journal of a Party of California Gold Seekers*, 1897, *in* K. L. Holmes, *Best of Covered Wagon Women*, University of Oklahoma Press, 2008.
19. A. E. Richardson et H. Donaldson Eberlein, *The English Inn Past and Present*, Batsford, 1925.
20. Liston Edgington Leyendecker, *Palace Car Prince : A Biography of George Mortimer Pullman*, University Press of Colorado, 1992.
21. Voir Jim Morrison, « Commemorating 100 Years of the RVs », 24 août 2010 : https://www.smithsonianmag.com/history/commemorating-100-years-of-the-rv-56915006.

8. La chambre à coucher publique

1. Wright, *op. cit.*
2. Louis-Sébastien Mercier, *Histoire de France depuis Clovis jusqu'au règne de Louis XVI, tome VI*, Cérioux, 1802.
3. Whitelock, *op. cit.*
4. *Ibid.*
5. *Ibid.*
6. *Grand dictionnaire universel du XIXe siècle, tome VII*, part. 3, article « Étiquette », Larousse, p. 1056.
7. Georges Forestier et Claude Bourqui, *Molière : Œuvres complètes*, Gallimard, 2010.

NOTES

8. Nancy Mitford et Philip Mansel, *The Sun King*, NYRB Classics, 2012.
9. *Bibliothèque historique*, vol. 1, chap. 70.
10. Saint-Simon, célèbre écrivain et commentateur, servit également dans l'armée et observa sans relâche la société de la cour de Versailles. À ce titre, ses *Mémoires* sont précieux, quoique pas toujours fiables. Voir : https://www.gutenberg.org/files/17044/17044-h/17044-h.htm.
11. Wright, *op. cit.*
12. https://www.spectator.co.uk/article/exhibition-what-really-goes-on-in-a-royal-bedchamber.
13. https://regencyredingote.wordpress.com/2012/06/01/mrs-phoebe-wrights-celebrated-establishment/. (*N.d.T.*)
14. Texte et photos : http://babo-gazettedesarts.blogspot.com/2011/08/ca-cetait-du-bling-bling.html. Voir aussi Carl A. Skoggard, « Asleep with Painted Ladies », in *Nest – A Quarterly of Interiors*, 10, 2000, https://lib.cairn.edu/eds/detail?db=rft&an=A87508 et https://bibliolore.org/2011/12/06/the-nawabs-musical-bed/.
15. Alex Danchev et Daniel Todman, éds, *Field Marshall Lord Alanbrooke : War Diaries, 1939-1945*, Weidenfeld & Nicholson, 2001, cité in *L'espoir change de camp : Carnets de guerre du Field Marshal Viscount Alanbrooke*, adaptés et présentés par sir Arthur Bryant, trad. partielle P. A. Cousteau, Plon, 1959.

9. Le refuge de l'intime

1. Lors d'un atelier de la Federal Trade Commission consacré à l'« Internet des objets » (connectés).
2. Bronislaw Malinowski, *op. cit.*
3. Voir *The Atlantic*, « Why People Probably Won't Pay to Keep Their Web History Secret », https://www.theatlantic.com/technology/archive/2015/02/why-people-probably-wont-pay-to-keep-their-web-history-secret/385765/.
4. Platon, *Lois*, livre V. (*N.d.T.*)

UNE HISTOIRE HORIZONTALE DE L'HUMANITÉ

5. Pline Le Jeune, *Panégyrique de Trajan*, préfacé, édité et commenté par Marcel Durny, Les Belles Lettres, 1938. (*N.d.T.*)
6. Thomas A. J. McGinn, *The Economy of Prostitution in the Roman World*, University of Michigan Press, 2004.
7. Athanase d'Alexandrie, *Vie de saint Antoine*, trad. Ch. de Rémondange, Émile Protat, 1874.
8. Donald J. Olsen, *The Growth of Victorian London*, Penguin, 1976.
9. John Tosh, *A Man's Place : Masculinity and the Middle-Class Home in Victorian England*, Yale University Press, « Introduction » et chap. 1, 1999.
10. Van Akin Burd, dir., *The Ruskin Family Letters : The Correspondence of John James Ruskin, His Wife, and Their Son, John, 1801-1843*, 1973 (épuisé), cité *in* Judith Flanders, *Inside the Victorian Home : A Portrait of Domestic Life in Victorian England*, Norton, 2003.
11. In *Le Mystère d'Edwin Drood*, trad. Ch. B. Derosne, Hachette, 1880, p. 303.
12. *Earnshaw's Infants' Department*, juin 1918.
13. Samuel D. Warren et Louis D. Brandeis, « The Right to Privacy », *Harvard Law Review 4*, n° 5, 1890, p. 193-220.
14. Flanders, *op. cit.*
15. Ekirch, *op. cit.*
16. Jane Ellen Panton, *From Kitchen to Garrett : Hints for Young Householders*, Ward and Downey, 1888, p. 182.
17. *Ibid*, p. 183. Disponible en ligne : https://www.gutenberg.org/files/51590/51590-h/51590-h.htm.
18. *Ibid*, p. 140.
19. Isabella Beeton, *Mrs Beeton's Book of Household Management*, Chancellor Press, 1982.
20. Texte et illustrations : http://iaste.org/swp/wp-content/uploads/2012/09/2019/05/20.2d-Spr09hailey-sml.pdf. (*N.d.T.*)
21. Panton, *op. cit.*, p. 140.
22. Beeton, *op. cit.*
23. Flanders, *op. cit.*
24. M. E. Joy Haweis, *The Art of Housekeeping*, Chatto & Windus, 1889.

NOTES

10. *L'avenir du lit*

1. Texte et photos : www.stringbedco.com.
2. Thomas Frey, *Epiphany Z : Eight Radical Visions for Transforming Your Future*, Morgan James, 2016.
3. https://oriliving.com/.
4. Rebecca Greenfield, « The Rise and Fall of the (Sexy, Icky, Practical) Waterbed », in *The Atlantic*, 13 août 2010.

Bibliographie

Nous avons consulté pour ce livre des centaines d'articles, d'ouvrages et de sites Web, souvent difficiles d'accès dans tous les sens du terme. Nous ne citerons ici que nos principales références. Dans bien des cas, la bibliographie que proposent ces travaux eux-mêmes fournit des pistes vers des publications plus spécialisées. Sauf mention contraire, nos citations proviennent donc des sources suivantes, selon le thème abordé :

Baughan, Elizabeth P., *Couched in Death : Klinai and Identity in Anatolia and Beyond*, Madison, University of Wisconsin Press, 2013
Beard, Mary, article paru dans *The Guardian* : https://www.theguardian.com/books/2009/mar/2/philosophy
Bédoyère, Guy de la, dir., *Diary : John Evelyn*, Woodbridge, Boydell Press, 1995
Beeton, Isabella, *Mrs Beeton's Book of Household Management*, Londres, Chancellor Press, 1982
Bhishagratna, Kaviraj Kunjalal, *The Sushruta Samhita : An English Translation Based on Original Texts*, New Delhi, Cosmo Publications, 2006
Bianucci, Raffaella, *et al.*, « Shedding New Light on the 18th Dynasty Mummies of the Royal Architect Kha and

His Spouse Merit », PLOS One DOI : 10.1371/journal. pone.0131916, 2015

Blackman, A. V., *The Story of King Cheops and the Magicians*, Hemet, CA, J. V. Books, 1988

Blakeney, E. H., ed., *Tacitus : The Annals. Vol. 1*, Londres, J. M. Dent.

Blundell, Sue, *Women in Ancient Greece*, Cambridge, Harvard University Press, 1995

Booth, Charlotte, *In Bed with the Ancient Egyptians*, Stroud, Grande-Bretagne, Amberley, 2015

Borel, Brooke, *Infested : How the Bed Bug Infiltrated Our Bedrooms and Took Over the World*, Chicago, University of Chicago Press, 2015

Butterfield. L. H., *Diary and Autobiography of John Adams. Vol. 3*, Cambridge, Belknap Press, 1961

Carlano, Annie, et Bobbie Sumberg, *Sleeping Around : The Bed from Antiquity to Now*, Seattle, University of Washington Press, et Santa Fe, Museum of International Folk Art, 2006

Childe, Vere Gordon, *Skara Brae* (éd. rév.), Londres, HM Stationery Office, 1983

Churchill, Winston S., *Churchill by Himself*, Londres, Rosetta Books, 2013

Cook, Constance, et Xinhui Luo, *Birth in Ancient China : A Study of Metaphor and Cultural Identity in Pre-Imperial China*, Albany, State University of New York Press, 2017

Cooper, Jerold S., « Virginity in Ancient Mesopotamia » in *Sex and Gender in the Ancient Near East*, dir. S. Parpola et R. Whiting, Helsinki, SAA, 2002.

Chrystal, Paul, *In Bed with the Romans*, Stroud, Grande-Bretagne, Amberley, 2015

Danchev, Alex, et Daniel Todman, éds, *Field Marshall Lord Alanbrooke : War Diaries, 1939-1945*, Londres, Weidenfeld and Nicholson, 2001

BIBLIOGRAPHIE

Daniélou, Alain, *The Complete Kama Sutra,* New York, Simon and Schuster, 1993

den Boer, E., « Spirit Conception : Dreams in Aboriginal Australia » in *Dreaming* 22, n° 3, p. 192-211, 2012

Dodson, Aidan, et Dyan Hilton, *The Complete Royal Families of Egypt,* Londres, Thames and Hudson, 2004

Edwards, Carolyn P. et Marianne Bloch, « The Whitings' Concepts of Culture and How They Have Fared in Contemporary Psychology and Anthropology », publications de la faculté, département de Psychologie, 2010, disponible en ligne à l'adresse suivante : http:// digitalcommons.unl.edu/psychfacpub/501

Ekirch, Roger A., *At Day's Close : The Night in Times Past,* New York, Norton, 2005

Elyot, Thomas, *The Castell of Helth,* Londres, Thomas Bethelet, 1539

Fagan, Brian, *Fish on Friday : Feasting, Fasting, and the Discovery of the New World,* New York, Basic Books, 2004

Fagles, Robert, *The Odyssey : Homer,* New York, Viking, 1996

Flanders, Judith, *Inside the Victorian Home : A Portrait of Domestics Life in Victorian England,* New York, Norton, 2003

Freud, Sigmund. *L'Interprétation des rêves,* trad I. Meyerson (1re éd. : 1926), Paris, PUF ; nouvelle éd. révisée : 1967

Frey, Thomas, *Epiphany Z : Eight Radical Visions for Transforming Your Future,* Hampton, VA, Morgan James, 2016

Frink, Ledyard, et Margaret A. Frink, *Journal of a Party of California Gold Seekers,* Oakland, CA, éditeur inconnu, 1897

George, Andrew, *The Epic of Gilgamesh,* éd. rév. New York, Penguin Classics, 2016

Glaskin, Katie, et Richard Chenhall, dir., *Sleep Around the World : Anthropological Perspectives,* New York, Palgrave Macmillan, 2013

Gleig, George Robert, *The Life of Arthur, Duke of Wellington,* Londres, Longmans, Green, Reader, and Dyer, 1871

Goodman, Ruth, *How to Be a Tudor,* New York, Liveright, 2017

Greenfield, Rebecca, « The Rise and Fall of the (Sexy, Icky, Practical) Waterbed », in *The Atlantic,* 13 août 2010

Grundy, Mrs, *A History of Four Centuries of Morals in Great Britain and the United States Intended to Illuminate Present Problems,* rééd. Whitefish, MT, Kessinger, 2010

Handley, Sasha, *Sleep in Early Modern England,* New Haven, Yale University Press, 2016

Hardy, Thomas, *Tess d'Urberville, une femme pure,* trad. M. Rolland, Paris, Le Livre de poche, 1995

Haweis, Mary Eliza Joy, *The Art of Housekeeping,* Londres, Chatto and Windus, 1889

Horne, Jim, *Sleepfaring : The Secrets and Science of a Good Night's Sleep,* Oxford, Oxford University Press, 2007

Huffington, Arianna, *La Révolution du sommeil : Transformez votre vie, nuit après nuit,* Paris, Fayard, 2017

Ibn Battûta, *Voyages : De la Mecque aux steppes russes et à l'Inde,* trad. S. Yerasimos et C. Defremery, Paris, La Découverte, 1997

James, H. E. M., *The Long White Mountain, or a Journey in Manchuria,* Londres, Longmans, Green, 1888

Ker, James, *The Deaths of Seneca,* Oxford, Oxford University Press, 2009

Kemp, Barry *et al.*, « Life, Death and Beyond in Akhenaten's Egypt : Excavating the South Tombs Cemetery at Amarna », in *Antiquity* 87, n° 335, p. 64-78, 2013

King, Helen, *Greek and Roman Medicine,* Bristol, Grande-Bretagne, Bristol Classical Press, 2005

Kleeman, Alexandra, « The Bed-Rest Hoax : The Case against a Venerable Pregnancy Treatment », in *Harper's Magazine,* décembre, 2015

Knudsen, Christian D., « Naughty Nuns and Promiscuous

Monks : Monastic Sexual Misconduct in Late Medieval England », thèse de doctorat, University of Toronto, 2012
Kripke, D. F. et al., « Mortality Associated with Sleep Duration and Insomnia », in Archives Of General Psychiatry 59, n° 2, p. 131-36, 2002
Lattimore, Owen, Mongol Journeys, Londres, Jonathan Cape, 1941
Lee, Jen-der, « Childbirth in Early Imperial China » in Bulletin of the Institute of History and Philology, Academia Sinica 67, n° 3, p. 533-642, 1996. Trad. S. Wilms, 2005, disponible à l'adresse suivante : www.brill.nl
Le Goff, Jacques, Saint Louis, Paris, Gallimard, 1996 ; rééd. 2014
Lehner, Mark, et Zahi Hawass, Giza and the Pyramids, Londres, Thames and Hudson, 2017
Leyendecker, Liston Edgington, Palace Car Prince : A Biography of George Mortimer Pullman, Boulder, University Press of Colorado, 1992
Licence, Amy, In Bed with the Tudors, Stroud, Grande-Bretagne, Amberley, 2012
Liedloff, Jean, The Continuum Concept : In Search of Happiness Lost, New York, Da Capo Press, 1975
Lorenzi, Rossella, « Fit for a King : Tut's Camping Bed Was an Ancient Marvel » in Live Science, 1er août 2017, disponible sur : www.livescience.com
Malinowski, Bronislaw, La Vie sexuelle des sauvages du nord-ouest de la Mélanésie, Paris, Payot, 1929 ; rééd. 1970
Malone, C. et S. Stoddart, « Figurines of Malta », in The Oxford Handbook of Prehistoric Figurines, éd. T. Insoll, Oxford, Oxford University Press, 2016, p. 729-753
Malone, C. A. T., « Metaphor and Maltese Art : Explorations in the Temple Period » in Journal of Mediterranean Archaeology 21, n° 1, 2008, p. 81-108

Marshall, Edward, « Edison at 80 Views a World He Changed », in *The New York Times*, 6 février 1927

Mauriceau, François, *Les Maladies des femmes grosses et accouchées*, Paris, Henault, d'Houry, de Ninville, Coignard, 1668

McGinn, Thomas A. J., *The Economy of Prostitution in the Roman World*, Ann Arbor, University of Michigan Press, 2004

Meigs, Charles, *On the Nature, Signs and Treatment of Childbed Fevers*, Philadelphie, Blanchard and Lea, 1854

Melville, Herman, *Moby Dick* (1851), trad. Henriette Guex-Rolle, rééd. Paris, Flammarion, 2020

Miller, Warren Hastings, *Camp Craft*, rééd. Calcutta, Ananda Publishers, 1915

Mitford, Nancy et Philip Mansel, *The Sun King*, New York, NYRB Classics, 2012

Nadel, Dani, « Continuity and Change : The Ohalo II and the Natufian Dwelling Structures (Jordan Valley, Israel) », in *The Last Hunter-Gatherers in the Near East*, dir. C. Delage, Oxford, BAR International Series, 2004, p. 75-84

Nava, Alessia *et al.*, « Virtual Histological Assessment of the Prenatal Life History and Age at Death of the Upper Paleolithic Fetus from Ostuni (Italy) », disponibles dans les comptes rendus scientifique de Nature.com, 7, article n° 9527, 2017

Needham, Joseph et Ho Ping-Yü, « Elixir Poisoning in Medieval China » in *Janus*, chap. 48, p. 221-251. Rééd. in *Clerks and Craftsmen in China and the West : Lectures and Addresses on the History of Science and Technology*, Cambridge, Cambridge University Press, 1970, p. 316-339

Nunn, John Francis, *Ancient Egyptian Medicine*, Norman, University of Oklahoma Press, 2002

Olsen, Donald J., *The Growth of Victorian London*, New York, Penguin, 1976

Ormiston, Rosalind et Nicholas W. Wells, *William Morris : Artist, Craftsman, Pioneer*, éd. rév. Londres, Flame Tree, 2010

BIBLIOGRAPHIE

Panton, Jane Ellen, *From Kitchen to Garrett : Hints for Young Householders*, Londres, Ward and Downey, 1888
Parker Pearson, Mike, *Stonehenge : Exploring the Greatest Stone Age Mystery*, Londres, Simon and Schuster, 2012
Patterson, Anthony, *Mrs Grundy's Enemies : Censorship, Realist Fiction and the Politics of Sexual Representation*, Berne, Suisse, Peter Lang, 2013
Pawlik, Kurt et Mark R Rosenzweig, éds, *The International Handbook of Psychology*, Londres, SAGE, 2000
Pepys, Samuel, *Journal de Samuel Pepys*, trad. R. Villoteau, Paris, Le Mercure de France, 2001 ; rééd. 2020
Phiston, William, *The Schoole of Good Manners, or A New Schoole of Vertue*, Londres, W. White pour William Inoes, 1609
Platon, *Phédon*, trad. M. Dixsaut, Paris, Garnier Flammarion, 1999
Pline l'Ancien, *Histoire naturelle*, trad. É. Littré, Paris, Les Belles Lettres, 2016
Reeves, Nicholas, *The Complete Tutankhamun*, Londres, Thames and Hudson, 1990
Reisner, George, *Excavations at Kerma*, Cambridge, Peabody Museum, Harvard University, 1923
Reiss, Benjamin, *Wild Nights : How Taming Sleep Created Our Restless World*, New York, Basic Books, 2017
Richards, Colin, éd., *Dwelling among the Monuments*, Cambridge, MacDonald Institute, 2005
Richards, Colin et Richard Jones, éds., *The Development of Neolithic House Societies in Orkney*, Oxford, Oxbow Books, 2016
Richardson, A. E. et H. Donaldson Eberlein, *The English Inn Past and Present*, Londres, Batsford, 1925
Richardson, Glenn, *The Field of the Cloth of Gold*, New Haven, Yale University Press, 2014
Saint-Simon, Louis de Rouvroy, duc de, *Mémoires*, Paris, Folio Classiques, 1990

Samson, Donald R., « The Chimpanzee Nest Quantified : Morphology and Ecology of Arboreal Sleeping Platforms within the Dry Habitat Site of Toro-Semiliki Wildlife Reserve, Uganda », in *Primates* 53, 2012, p. 357-364.
Shafer, Harry J. et Vaughn M. Bryant Jr, *Archaeological and Botanical Studies at Hinds Cave, Val Verde County, Texas*, College Station, Texas A&M University, *Anthropological Laboratory*, Special Series 1, 1977
Sicile, Diodore de. *Bibliothèque historique*, trad. C. Durvye, Paris, Les Belles Lettres, 2018
Skoggard, Carl A., « Asleep with Painted Ladies », in *Nest* 10, 2000, p. 100-105.
Soranos d'Éphèse, *Maladies des femmes, tomes I & II*, trad. P. Burguière, D. Gourevitch et Y. Malinas, Paris, Les Belles Lettres, 1988
Speert, Harold, *Obstetrics and Gynecology : A History and Iconography*, 3ᵉ éd., Boca Raton, FL, CRC Press, 2004
Startzman, Ethan, « A Brief History of Sleeping Bags », www.ezinearticles.com, 21 janvier 2014
Szpakowska, Kasla et John Baines, *Through a Glass Darkly : Magic, Dreams, and Prophecy in Ancient Egypt*, Swansea, Grande-Bretagne, Classical Press of Wales, 2006
Tahhan, Diana Adis, « Sensuous Connections in Sleep : Feelings of Security and Interdependency in Japanese Sleep Rituals », in *Sleep around the World : Anthropological Perspectives*, dir. Katie Glaskin et Richard Chenhall, New York, Palgrave Macmillan, 2013, p. 61-78
Tannahill, Reay, *Sex in History*, New York, Stein and Day, 1980
Tetley, Michael, « Instinctive Sleeping and Resting Postures : An Anthropological and Zoological Approach to Treatment of Lower Back and Joint Pain », in *British Medical Journal* 321, 2000, p. 1616

Thesiger, Wilfred et John Lee Anderson, *The March Arabs*, rééd. Baltimore, Penguin Classics, 2008
Thoemmes, Megan S. *et al.*, « Ecology of Sleeping : The Microbial and Arthropod Associates of Chimpanzee Beds », in *Royal Society Open Science* 5, n° 5 : 180382 DOI:10.1098/rsos.180382, 2018
Tomalin, Claire, *Samuel Pepys ou monsieur moi-même*, trad. Fr. Thouvenot, Ceyzérieu, Champ Vallon, 2014
Tosh, John, *A Man's Place : Masculinity and the Middle-Class Home in Victorian England*, New Haven, Yale University Press, 1999
Van Gulik, Robert, *La Vie sexuelle dans la Chine ancienne*, Paris, Gallimard, « Tel », 1987
Van Meilj, Toon, « Maori Collective Sleeping as Cultural Resistance », in *Sleep around the World : Anthropological Perspectives*, dir. Katie Glaskin et Richard Chenhall, New York, Palgrave Macmillan, 2013, p. 133-150
Vaughan, William, *Approved Directions for Health, Both Natural and Artificiall,* Londres, T. Snodham pour Roger Jackson, 1609
Wadley, Lyn *et al.*, « Middle Stone Age Bedding Construction and Settlement Patterns at Sibudu, South Africa », in *Science* 334, 2011, p. 6061.
Walker, Matthew, *Pourquoi nous dormons*, trad. P. Soulat, La Découverte, 2018
Warren, Samuel D. et Louis D. Brandeis, « The Right to Privacy », in *Harvard Law Review* 4, n° 5, 1890, p. 193-220.
Wehr, Thomas, « In Short Photoperiods, Human Sleep Is Biphasic », in *Journal of Sleep Research* 1, n° 2, 1992, p. 103-107
Whitelock, Anna, *Elizabeth's Bed : An Intimate History of Elizabeth's Court,* New York, Picador, 2013
Whiting, John et Eleanor Hollenberg Chasdi, dir., *Culture and Human Development : The Selected Papers of John Whiting*, Cambridge, Cambridge University Press, 2006

Wilkinson, Richard, *Louis XIV*, Abingdon, Grande-Bretagne, Routledge, 2017
Worsley, Lucy, *If Walls Could Talk : An Intimate History of the Home*, New York, Bloomsbury, 2012
Wright, Lawrence, *Warm and Snug : The History of the Bed*, Stroud, Grande-Bretagne, Sutton Books, 2004
Xénophon, L'*Économique*, trad. P. Chantraine, Paris, Les Belles Lettres, 2008
Yetish, Gandhi *et al.*, « Natural Sleep and Its Seasonal Variations in Three Pre-industrial Societies », in *Current Biology* 25, n° 21, 2015, p. 2862-2868

Crédits iconographiques

p. 8 *My Bed*, de Tracey Emin, exposé au Tate Modern à Londres en 1999. © Paul Quayle/Alamy Stock Photo.

p. 27 Une maison à Skara Brae, dans l'archipel des Orcades, en Écosse, avec à gauche et à droite de l'entrée ce qui était sans doute des lits en pierre. © Vincenzo Iacovoni/Alamy Stock Photo.

p. 32 La Dame endormie de Hal Saflieni, Malte, aux environs de 3000 av. J.-C. © Heritage Image Partnership Ltd/Alamy Stock Photo.

p. 38 Les lits de Toutânkhamon dans l'antichambre de son tombeau, 1922. © Jan Walters/Alamy Stock Photo.

p. 90 Fresque érotique du *lupanare* à Pompéi. © VPC Travel Photo/Alamy Stock Photo.

p. 112 Femme en couches (XVIIIe siècle). © Chronicle/Alamy Stock Photo.

p. 135 Le lit de mort chrétien dans toute sa splendeur. Ici, les derniers instants du révérend John Wesley (lithographie datant d'environ 1840). © Archive Images/Alamy Stock Photo.

p. 148 Le Grand Lit de Ware exposé au Victoria & Albert Museum de Londres. © Artokoloro Quint Lox Limited/Alamy Stock Photo.

p. 161 Jeunes filles dans une chambre. Deux jeunes Japonaises dormant sur un tatami. Photographie de Kusakabe Kimbei. © Chronicle/Alamy Stock Photo.

p. 175 Le lit pliant en trois parties de Toutânkhamon. © Griffith Institute, University of Oxford.

p. 181 Vieil homme se reposant sur un *charpoy* en fibre de coco (lit portable sur pieds à sommier tressé) au Rajasthan. © Dinodia Photos/Alamy Stock Photo.

p. 183 Reconstitution historique du lit de camp de Napoléon et de la chambre/bureau de son quartier général à la veille de la bataille de Waterloo (1815). © Arterra Picture Library/Alamy Stock Photo.

p. 212 Le lit de Louis XIV à Versailles. © Norimages/Alamy Stock Photo.

p. 241 Publicité de 1886 pour le mobilier de chambre à coucher de la marque Maple of London comprenant un ensemble blanc avec « lits à baldaquin fer et cuivre ». © Chronicle/Alamy Stock Photo.

p. 250 John Lennon et Yoko Ono tenant leur mythique *bed-in* pour la paix durant leur lune de miel. © Keystone Pictures USA/Alamy Stock Photo.

p. 253 Un « Murphy Bed » dans un appartement new-yorkais. © Patti McConville/Alamy Stock Photo.

Table

Introduction 9

1. Le lit mis à nu 19
2. Le sommeil à travers les âges 47
3. Le Big Bang 67
4. Faites venir la sage-femme ! 95
5. La mort et au-delà 121
6. Compagnons de fortune 147
7. Le lit en mouvement 173
8. La chambre à coucher publique 199
9. Le refuge de l'intime 221
10. L'avenir du lit 249

Remerciements 267
Notes 269
Bibliographie 285
Crédits iconographiques 295

Composition : Nord Compo
Impression : Normandie Roto s.a.s. en août 2021
Éditions Albin Michel
22, rue Huyghens, 75014 Paris
www.albin-michel.fr

ISBN : 978-2-226-44917-7
N° d'édition : 23904/01 – N° d'impression : 2103475
Dépôt légal : octobre 2021
Imprimé en France